本书为暨南大学中华文化港澳台及海外传承传播协同创新中心项目"中国现当代文学在葡语国家的传播：现状、问题与对策"（JNXT2021019）的阶段性成果

葡语世界华人、华语及中华文化传播现状

黄 欣◎著

中国华侨出版社

·北京·

图书在版编目（CIP）数据

葡语世界华人、华语及中华文化传播现状 / 黄欣著.
-- 北京：中国华侨出版社，2024.2
ISBN 978-7-5113-8944-2

Ⅰ.①葡…　Ⅱ.①黄…　Ⅲ.①葡萄牙语－国家－华人
－现状－研究②葡萄牙语－国家－汉语－现状－研究③中
华文化－文化传播－研究　Ⅳ.①D634.3②G125

中国版本图书馆 CIP 数据核字（2022）第 245079 号

葡语世界华人、华语及中华文化传播现状

著　　者：黄　欣
责任编辑：桑梦娟
封面设计：刘典典
经　　销：新华书店
开　　本：710 毫米×1000 毫米　1/16 开　印张：17　字数：255 千字
印　　刷：北京天正元印务有限公司
版　　次：2024 年 2 月第 1 版
印　　次：2024 年 2 月第 1 次印刷
书　　号：ISBN 978-7-5113-8944-2
定　　价：49.80 元

中国华侨出版社　　北京市朝阳区西坝河东里77号楼底商5号　　邮编：100028
编辑部：（010）64443056-8013　　传　真：（010）64439708
网　　址：www.oveaschin.com　　E-mail：oveaschin@sina.com

如发现印装质量问题，影响阅读，请与印刷厂联系调换。

序

　　黄欣博士在她的大作《葡语世界华人、华语及中华文化传播现状》即将付梓之际，特邀我为之作序。我本不擅此道，对自己不熟悉的专业，也不敢妄言，但无奈盛情难却，更何况，作为同事和前辈，见证了黄欣博士多年来的努力和成长，而今面对这份凝聚着她无数心血的硕果，我又有了赘言几句的冲动，一是想表达自己的兴奋之情，二是为年轻人呐喊助威。

　　中华文化源远流长，历久弥新。在世界局势风雷激荡、波谲云诡的今天，树立牢固的文化自信，才能铸就我们民族精神的钢铁长城，抵御前进道路上的风雨侵蚀。考察中华文化的对外传播，尤其是他国人民对中华文化的接受、仰慕，有利于我们反过来认识自身文化的伟大和魅力，进一步树立文化自信。

　　同时，西方资本主义文明经过几百年的发展，尤其是自19世纪进入帝国主义阶段之后，已日益显露其弊端。不少西方有识之士如莱布尼茨、罗素、杜威等先后把目光投向了东方的中国，渴望从中华文明中找到拯救西方文明危机的良药。今天，作为多极世界中的一极，中国进一步拥抱世界，在全世界范围内交朋友、求合作、觅发展，发出自己的声音，展现自己的魅力。这些都要求我们树立牢固的文化自信，并寻求中华文化"走出去"的有效途径。

　　在这一背景下，可以说，黄欣博士的大作，体现了一代青年学人的时代使命感。这无疑是让人十分欣慰的。

　　暨南大学自建校以来，便以传播中华文化为使命。翻译学院经过十余年的办学实践，也取得了骄人的成绩。学院的翻译专业先后获批广东省重点专业，国家级一流本科专业建设点。经过不懈的努力探索，学院逐渐凝练出了以中华文化外译为主要方向的办学特色，几年来已获批10多项国家社科基金中华学术外译项目，并策划主持了中华文化外译书系（目前已出版19部）。

在学科建设和发展中，学院特别注重展示中华文化精髓，讲好中国故事、传播好中国声音，展现"可信、可爱、可敬的中国形象"。所谓"德不孤，必有邻"，已有越来越多的有志青年响应这一时代的号召，会聚到翻译学院。同时，也有越来越多的老师像黄欣博士一样，在专业研究上向着这一大方向靠拢，日益彰显出学院的办学特色。

葡语国家作为世界版图的重要一部分，为中华文化在国际舞台上展现风采提供了不可或缺的平台。这本书着眼于华人、华语和中华文化特别是近年来的中国文学在葡语国家和地区的传播现状和发展趋势。相较于以往的主要关注西方发达地区的中华文化传播研究，本研究开阔了视野，为中华文化传播研究拓展了更加广阔的空间。本书掌握了最新、最详尽的数据，讨论了葡语世界间接翻译的重要性，强调了全面传播策略的必要性，促使传播者关注发展中国家和地区传播的需求和机会，为中华文化传播提供了新的思考和启示。此外，本书对实际问题的见解也发人深思。从文化传播的渐进性、培养翻译人才，到重新评价中国文学、关注国外读者兴趣和性别平等，这些观点都蕴含着深刻的思考和实际的价值，也将会在中华文化外译实践中起到借鉴作用。

书中丰富的思想和独到的观点，让我深受启发。而这背后所承载的作者对中华文化传播的热忱和使命感，以及在学术研究中的艰辛努力，也让我无比动容。最后，我衷心祝愿本书能够惠泽学林，激发更深入的思考，为中华文化的传承与传播谱写新的篇章。是为序。

廖开洪

暨南大学翻译学院院长、教授

2023 年 6 月于暨南园

目　录

下 篇

引 言

1556 年，一位身材高大，穿着黑色长袍的异域男子，缓缓地走在广州的街头。他就是来自葡萄牙的传教士加斯帕德·达·克鲁兹（Gaspar da Cruz）。他用好奇的目光，不停地打量着这座城市：

广州的城墙很坚固，建得很好。城墙周长一万二千三百五十步，上面有八十三座堡垒。城四周有七座城门。座座都非常高大、雄伟，建造得非常精致、坚固。城里的街道条条笔直，没有任何弯曲之处，有些主要街道比里斯本的铁匠新街还宽。所有街道和胡同的地面都铺砌得很好，两边房屋很高。主要街道上有漂亮而又高大的过街牌楼，使街道显得更加美丽，城市显得更加雄伟；街道两边的房屋有屋檐遮挡，屋檐和凯旋门下有各种货物出售。①

这是自 1517 年，也就是印度果阿邦葡萄牙殖民总督派遣商人及官员费尔南·佩雷兹·德·安德拉德（Fernão Pires de Andrade）率舰队前往中国以来，葡萄牙人对中国印象的最早的文字记录之一。《中国见闻录》也在整个欧洲产生了巨大的影响。500 年后的今天，澳门已经回归中国，广州也已成为一座国际化的现代大都市。高耸入云的摩天大楼和灯火通明的商业街区构成了中国南方的璀璨风景。而葡萄牙曾经历了辉煌的大航海时代，帝国兴起又衰落，唯有在世界各个角落残留着历史的遗迹。中国和葡语世界之间的交流，也不再局限于同一空间的贸易活动，而是得到了空前的扩展和深化。人口的流动带动了更深层次和持久的语言、民俗和习惯的传播；互联网普及使得文化的传播更广泛地覆盖了文学、艺术、哲学、科学等领域。

---

① Cruz, F. G. d. Tratado das cousas da China（《中国见闻录》），1569—1570 出版，载自 1996《中国情况》，澳门海事博物馆。

在现代国际社会，可以观察到文化传播的三个主要层面。它们相互交织、相互影响，共同构建了当代文化传播的多元格局。

第一个层面是实地的文化传承与交流。这是文化接触中出现得最早的交流方式。旅行者或移民者来到目的地，将其本族语言、习俗和生活方式带到新的目的地。旅行者或移民者在本社区内部通过语言的交流，实现了语言和文化的传承。移民语言社区的存在保持了该社区的独特文化身份，培养了移民归属感。在外部，移民社区则通过和更大的社区或所接触的社区进行互动来传播文化。社区间的互动促进了目的地当地的文化多样性，丰富了接收社区的文化理解。最早的中葡交流，是大航海时期发生在亚洲的人际面对面交流，主要目的在于贸易和宗教传播。随着民间交流的增多，移民数量增多，语言社区形成，交流成果趋于多元。中国的海外华人社区常常举办庆祝活动，如春节的舞龙舞狮表演、传统音乐演奏以及摆放食品摊位等，这些活动使母语得以保留，增强了社区成员的归属感和身份认同。同时，社区活动也对外部社区开放，吸引了当地居民和其他社区的参与，促进了不同文化之间的交流和理解。

第二个层面是文化融合消费品的创新。文化融合消费品是指在跨文化交流中，基于不同文化的交融和组合而产生的各类物品。这些物品，包括食品、服饰、家具以及其他生活用品，甚至是生活方式，融合了不同文化的元素，具有跨文化特点，反映了文化间的交流和互动。移民或旅行者带来了新的语言、新的食物、新的用品、新的艺术和新的生活理念。当目的地社区接受了这些外来物品时，把异域元素运用到物品的设计中，创新出混合文化产品。当"咕咾肉"这道中餐菜肴在巴西融合了柠檬、大蒜、洋葱等当地食材和更辛辣酸甜的口味后，它成了餐桌上的美食盛宴，点燃了跨文化交流的火花。中华文化在创新的过程中得到了传承。

第三个层面是思想形态的跨媒介传播。承载了意识形态、价值观、战略思想、文化理念的文字作品，通过翻译、再阐释、图像化、影视化等手段，脱离了原语言的外壳，以目的语的形式出现在目的语受众面前。消除了语言的障碍，这类文化产品往往能够更迅速、更灵活地直达受众，成为受众的精神食粮。在网络时代，翻译作品和影视作品经常利用社交媒体、电视广播以及在线流媒体等渠道加速传播速度。这种传播方式促进了不同文化之间的思想交流和对话，帮助受众更加全面地了解和体验来自不同文化背景的思想和价值观。在这一层面上，中国古代兵书《孙子兵法》的海外传播是一个典型的例子。经过多次翻译、转译和再阐释,《孙子兵法》在海外形成了多语言、多版本、多解读的格局。《孙子兵法》的二次创作,结合了现代行业和当地文化背景的注释和解读,让全球读者得以深入了解这部古代军事经典在当今社会所蕴含的深刻思想和智慧。

毫无疑问,在葡语世界,这三个层面在中华文化的传播中发挥着重要作用。在此背景下,《葡语世界华人、华语和中华文化传播现状》一书,旨在全面呈现和分析葡语世界华人及华语文化的现状和发展趋势,对于探索文化传播的多元层面具有重要意义。

本书聚焦于巴西、葡萄牙、安哥拉、莫桑比克、几内亚比绍、佛得角、圣多美和普林西比、东帝汶和赤道几内亚等葡语国家及地区的华人和华语传承的状况,深入分析中国文学在葡语世界的当代传播情况。本书根据文化传播的三个层面,分为上篇和下篇。上篇以文化的实地传播和文化融合消费品的创新为导向,以葡语国家和地区华人和华语的总体情况为主题,论述了各国的地理、人口、产业、华人分布、华人和华语教育、孔子学院状况和中国文化在葡语世界的影响等。下篇以思想形态的跨媒介传播为导向,聚焦中国文学在葡语世界的当代传播情况。第一章展示以葡语出版的中国文学的数量、版本、问题及读者群体的总体情况,揭示它们在葡语世界范围传播的状况、挑战与机遇。第二章以"幻想的星空"为主题,结合巴西科幻传统和市场,通过分析《三体》在巴西的出版过程和葡语读者的评价,揭示其受欢迎的原因。第三章以"异邦的乡土"为题,对比《白鹿原》在汉语读者和葡语读者中的关注点,了解葡语读者对中国乡土小说的独特解读。第四章以"虚拟的华夏"为题,以《铁寡妇》为例,关注网络传播手段对于推动文学作品在新一代读者中的作用。第五章以"错位的凝视"为题,以《中国的好女人们》为例,指出跨文化传播存在的文化误读问题。第六章以"诺奖的期待"为题,介绍莫言《变》的两个葡语译本,聚焦葡语读者对莫言作品的理解与反应。经过全面深入的梳理、发掘、研究,本书将为葡语世界华人及华语文化状况和发展趋势提供更加立体、深入的认识。

上篇

葡萄牙语国家和地区及华人、华语简介

葡萄牙语（Português）属于印欧语系罗曼语族，在地理大发现时期被广泛散播。1415 年，葡萄牙王子，也是著名航海家恩里克（Infante D. Henrique）率领士兵占领了北非港口城市休达，让世界史上第一个也是持续时间最长的世界性帝国——葡萄牙帝国，开启了称霸海洋的进程。数名航海家连续的地理大发现，让葡萄牙在之后的 100 年间在非洲建立了数十个殖民地。然而，由于葡萄牙本国的居民太少，不可能断续向非洲内陆派遣大军。因此，他们在非洲大陆的边缘，几乎在包围了整个非洲的西海岸、南海岸和东海岸，形成了一条大约 100 公里宽的"葡萄牙带"。虽然这条环带后来几乎完全消失了，但是，葡萄牙仍然影响着今天非洲的佛得角、几内亚比绍、圣多美和普林西比、赤道几内亚、安哥拉、莫桑比克等地。往南美，葡萄牙经历了与西班牙的争夺之战，获得了巴西东部，随后扩张了势力范围。往东方，继瓦斯科·达·伽马（Vasco da Gama）发现了通往印度的海上航线后，葡萄牙帝国经过了两个世纪的探索和战斗，甚至不惜与中国明朝军队交战，在澳门和东帝汶留下了历史的足迹。

一、葡萄牙语的世界版图

葡萄牙帝国持续了近 600 年，留下遍布世界的历史印记。如今，葡萄牙语仍是几个国家和地区的官方语言：葡萄牙、巴西、安哥拉、佛得角、东帝汶、几内亚比绍、赤道几内亚、莫桑比克、圣多美和普林西比以及中国澳门。葡萄牙语按母语使用人数排列在世界语言中排名第七，在许多非母语国家也被广泛使用或作为第二语言学习。葡萄牙语拥有超过 2 亿母语人士，是世界上为数不多的拥有如此广泛地域分布的语言之一。巴西是拥有葡萄牙语母语者最多的国家——巴西拥有 2.13 亿居民，有 90% 以上的人口讲葡萄牙语，约占南美洲人口的 51%。葡萄牙语也是南美洲使用最广泛的语言之一。

表 1　葡萄牙语人口分布

国家 / 地区	地域	官方语言	占比	母语总人数
巴西	南美洲	是	93.20%	200,672,000
安哥拉	中非	是	36.60%	13,026,000
葡萄牙	南欧	是	99.00%	10,275,000
莫桑比克	东非	是	10.70%	3,528,000
法国	西欧	否	1.20%	815,000
美国	北美洲	否	0.20%	667,000
加拿大	北美洲	否	0.70%	273,000
几内亚比绍	西非	是	8.10%	171,000
巴拉圭	南美洲	否	2.20%	149,000
瑞士	西欧	否	1.20%	105,000
卢森堡	西欧	否	13.00%	85,000
圣多美和普林西比	中非	是	34.60%	79,000
佛得角	西非	是	10.00%	59,000
赤道几内亚	中非	是	1.20%	20,000
中国澳门	东亚	是	2.00%	14,000
安道尔	南欧	否	10.80%	9000
泽西岛	北欧	否	4.60%	5000
东帝汶	东南亚	是	0.20%	3000

资料来源：https://www.worlddata.info/languages/portuguese.php

　　葡萄牙语也是欧洲联盟、南方共同市场和非洲联盟的官方语言之一。近年来，葡萄牙语作为第二语言使用的人数在非洲、亚洲和南美洲逐年上升。葡萄牙语国家共同体，是 9 个以葡萄牙语为官方语言的独立国家组成的共同体，也是一个重要的国际组织。

　　葡萄牙语和西班牙语一样，还是作为西方语言使用人数增长最快的语言之一。据联合国教科文组织的估计，葡萄牙语作为非洲南部和南美洲的国际交流语增长潜力巨大。在巴西与其他南美国家如阿根廷、乌拉圭和巴拉圭等进入南方共同市场（MERCOSUR）后，南美国家对学习葡萄牙语的热情有所增加。且由于巴西在南美大陆的人口比重很大，葡萄牙语在该地区的强势地位只增不减。

近几十年来，葡萄牙语也开始在亚洲流行起来。这主要是由于东帝汶在近十年来使用葡萄牙语的人数有所增加。澳门也正在成为中国的葡萄牙语学习的中心，虽然其在 21 世纪初葡语使用量曾有所下降，但随着中国与葡语国家外交和金融合作的加强，葡萄牙语又成为一种交流潜力巨大的国际语言，使用人数开始增长。

葡语国家共同体（CPLP）是一个以葡萄牙语为官方语言的国家组成的友好国际组织，其成员国包括葡萄牙、巴西、安哥拉、佛得角、东帝汶、几内亚比绍、莫桑比克、圣多美和普林西比 8 个传统的葡语国家以及 2014 年申请加入的赤道几内亚。葡萄牙语国家和地区，指的是以葡萄牙语为官方语言的独立国家和地区，除了上述 9 个国家之外，还包括中国澳门特别行政区。

1. 巴西

第一大葡语国家巴西，正式名称为巴西联邦共和国（葡萄牙语：República Federativa do Brasil），是南美洲最大的国家，也是世界第五大国家。巴西国土总面积约为 851 万平方公里，毗邻太平洋，与阿根廷、玻利维亚、巴拉圭、法属圭亚那、苏里南、秘鲁、乌拉圭、委内瑞拉及哥伦比亚 10 个国家接壤。巴西人口达 2.13 亿，其中大部分是拉美裔和非裔白人，少部分是印第安人，是世界上文化和种族最具多样性的国家之一。巴西官方语言为葡萄牙语，是美洲唯一以葡萄牙语为官方语言的国家。巴西的非官方语言有西班牙语和印第安语言等，宗教以罗马天主教为主，其人口最多的城市是圣保罗。

巴西的行政中心和首都是巴西利亚。政府由总统和议会两个机构组成，分别负责国家行政和立法工作。巴西是世界上最大的贸易和金融中心之一，其经济形态为混合经济，主要的经济活动为矿业、农业及工业。巴西的货币为雷亚尔，其国土蕴藏着丰富的自然资源，如铁矿、金矿、淡水、森林、油气等。

巴西 2022 年 GDP 位居全球第 12 位，按购买力平价计算位居第 9 位，是拉丁美洲经济最发达的国家，其在南美洲拥有最大的全球财富份额。作为一个区域中等大国，巴西通常被认为是一个世界新兴大国，它是人类发展指数较高的发展中国家，是一个发达的新兴经济体。

巴西华人是巴西最大的少数族裔之一。2017年，巴西华人人口约为25万（另说35万，Wikipedia）。他们主要分布在圣保罗、里约热内卢、萨尔瓦多、贝伦等大城市。其中，圣保罗拥有最多的巴西华人人口，约20万人（Wikipedia），也有说18万人[1]。这些华人的祖先大多来自中国的广东、江西、福建等地，为了寻找更好的生活和工作机会，辗转来到巴西。他们的移居始于19世纪初，之后绝大多数的移民活动发生在20世纪和21世纪[2]。

虽然华人很早就来到了巴西，但他们在巴西有很长一段时期处于劣势地位。许多华人为了谋生，不得不从事低收入的体力劳动，社会地位较低。近年来，巴西华人的生活有了显著的改善。他们的教育水平不断提高，社会地位也在不断改善。许多华人已经成为巴西财富阶层的一部分，在科技、商业、教育等领域作出了贡献，成为巴西社会的重要组成部分。

2. 安哥拉

第二大葡语国家安哥拉，原名葡属西非，曾是葡萄牙最具经济价值和最富庶的殖民地。现正式名称为安哥拉共和国（葡萄牙语：A República de Angola），通称安哥拉（葡萄牙语：Angola），为非洲西南部的一个独立国家。安哥拉位于南纬5~18度，东接赞比亚，南连纳米比亚，北接刚果（布）和刚果（金），西濒南大西洋，隔海遥对圣赫勒拿群岛。全国总面积约12.5万平方公里，海岸线长约1650公里，首都是罗安达。截至2021年，安哥拉人口约为3450万。

安哥拉实行多部门的议会制、民主的总统制，由总统和一个议会组成。总统是国家行政的最高权力机关，议会是国家的最高立法机构。安哥拉的经济以石油、钻研采、农业和服务业为主，石油矿产储量占全国总产量的80%。安哥拉经济发展高度不平衡，国家的大部分财富集中在极少数人手中。其农业主要以种植水稻、玉米、棉花、咖啡、花生、甘蔗和剑麻为主；服务业以旅游、金融和保险业为主，石油产业是其国民经济的主要来源。安哥拉是一个多民族的国家，也是一个多宗教的国家，主要有天主教、基督教、伊斯兰教和原始宗教，历史遗迹丰富。安哥拉的自然资源丰富，有石油、天然气、矿产、森林及水产资源等，也是一个有着美丽自然风光的国家。

安哥拉的中国人主要是几十年来因当地建筑业的兴起而来的建筑工人、工程师、规划师和团队的医生及厨师。2002年安哥拉内战结束后，中国有500多家公司在安哥拉开展业务。随着"一带一路"倡议的提出，中国人来到安哥拉的高峰期是在 2012 年前后，当时，有 25 万~30 万名中国人居住在安哥拉，其中绝大多数持工作签证。但自 2014 年石油危机以来，中国人开始陆续离开安哥拉，2017 年后，在安哥拉的中国人口下降至大约 5 万。2022 年，安哥拉经济经历了多年的萎缩，且安中关系发生了变化，在安哥拉的中国人口减少到 2 万人[3]。

3. 葡萄牙

葡萄牙语的发源地葡萄牙，是位于欧洲伊比利亚半岛西南部的一个共和制国家，本土总面积达 92,212 平方公里，是欧洲最西端的国家，也是欧盟成员国之一。葡萄牙人口约 1015 万，首都是里斯本，是欧洲最古老的都市之一。葡萄牙的居民主要信仰天主教，它也是全球最大的天主教国家之一。

葡萄牙在十五六世纪就成为一个海上强国，在欧洲政治、经济和军事各方面发挥着重要作用。葡萄牙的殖民历史最为悠久，几乎持续到现代，其语言葡萄牙语也成为世界第六大语言。然而，19 世纪，随着最大的殖民地巴西的独立，葡萄牙的国势渐渐衰弱。1910 年 10 月 5 日，葡萄牙发生了革命，推翻了君主制，建立起不稳定的民主政权。接下来，葡萄牙经历了长达数十年的军政府统治。1974 年康乃馨革命爆发，葡萄牙在民主政治方面又迈出了重大一步，重新成为民主国家，开始民主化进程。1999 年，葡萄牙与中华人民共和国完成了澳门政权移交，这标志着葡萄牙作为殖民国家的历史宣告结束。

葡萄牙拥有丰富的历史文化以及独特的语言和风土人情，有着温和的气候，每年吸引着大量的游客前来旅游。

葡萄牙华人社区是葡萄牙最大的亚洲社区，也是欧洲大陆最古老的华人社区之一。

最早的中国人作为奴隶于 16 世纪被贩卖到葡萄牙，于 20 世纪中叶形成了中国人的小社区。第二次世界大战后，大量澳门土生葡人开始定居葡萄牙，还有一些打算在澳门政府工作的华裔也抵达葡萄牙，进行学习或职业培训。因此，葡萄牙的华人主要来自中国广东省和澳门，还有一小部分来自香港和台湾。20 世纪 80 年代后，随着贸易的往来，许多新移民来自浙江。另外，20世纪 70 年代后由于莫桑比克的去殖民化进程，莫桑比克华人社区的一些成员也移居葡萄牙。葡萄牙华人在葡萄牙社会中发挥着重要的作用，其社会影响力也不容小觑（Wikipedia）。

4. 莫桑比克

莫桑比克共和国是位于非洲东南部的一个主权国家，东临印度洋，北接坦桑尼亚，西与马拉维、赞比亚和津巴布韦接壤，南临南非。2021 年莫桑比克人口约为 3083 万，国土面积为 79.94 万平方公里。

1498 年，瓦斯科·达·伽马的航行宣告了葡萄牙人的到来。他们在 1505 年开始了殖民和定居，维持了四个多世纪的葡萄牙统治。1975 年，莫桑比克从葡萄牙手中获得了独立，在不久后成立了莫桑比克人民共和国。

莫桑比克拥有丰富且分布广泛的自然资源。该国的经济以农渔业为基础，旅游业正在扩大。莫桑比克与葡萄牙保持着密切的关系，其主要贸易伙伴是南非和葡萄牙。21 世纪以来，莫桑比克的 GDP 增长一直蓬勃发展，但莫桑比克仍然是世界上最贫穷和最不发达的国家之一，人均 GDP、人类发展指数、不平等指标和平均预期寿命等方面排名都比较低。

葡萄牙语是莫桑比克的官方语言。大约 1/4 的人口使用葡萄牙语，还有许多人视之为第二语言。国内的交通设施落后和区域语言差异大造成了其人民缺乏民族认同感和沟通不畅的情况。

莫桑比克的华侨华人相对较新且规模非常小，只有 1000 多人。

约 130 年前的清朝末期，华人开始移居莫桑比克。当时葡萄牙殖民者前往澳门，招募中国木匠和非熟练工人修建铁路。因此，第一批闯荡莫桑比克的中国人可能是来自广东省四邑县的木匠、建筑工人。后来的中国人在当地开始了店铺经营。20 世纪四五十年代是华人的鼎盛时期，有 2000 多人生活在马普托，另约有 3000 人生活在贝拉。当地的中华会馆设有中华小学，华侨子女在中华小学学习汉语以及传承中华文化。但随后，莫桑比克经历了战乱，华侨随着外国侨民（主要是葡萄牙人）的撤离，飞往里斯本。2006 年，老华侨仅剩 2 人，处于"濒临灭绝"的状态[4]。

如今的新华侨华人多以临时的商业活动为主。据中华人民共和国国务院新闻办公室的研究估计，2006 年莫桑比克约有 1500 名中国人[4]。根据 2017 年莫桑比克的全国人口普查记录，该国只有 1161 名中国居民[5]。

5. 几内亚比绍

几内亚比绍共和国（葡萄牙语：República da Guiné-Bissau）是一个位

于非洲西部的小国，国土面积只有 36,125 平方公里，2022 年人口约为 207 万，其中 99% 是黑人，不到 1% 是葡萄牙和黑人混血儿，平均人口密度 34 人 / 平方公里，城市人口占总人口的 1/4。该国自然资源丰富，森林茂密、河流纵横、湖泊密布。几内亚比绍曾为非洲古国桑海帝国的一部分，1879 年沦为葡萄牙殖民地，1973 年 9 月 24 日宣告成立共和国。独立后，几内亚和佛得角非洲独立党长期一党执政。几内亚比绍是世界最不发达国家之一，2022 年 GDP 为 16.39 亿美元，人均国内生产总值为 791 美元，国内生产总值增长率为 3.2%，人均收入低，传染性疾病泛滥。经济上，以农业和食品加工业为主。几内亚比绍是世界第八大腰果生产国，水稻是主要粮食作物，出口海产品和果仁等。语言方面，仅 27.1% 的人口以葡萄牙语为第一语言，90.4% 的人口以克里奥尔语为第一语言，其余人口讲各种非洲本土语言（Wikipedia）。几内亚比绍是伊斯兰教、基督教和原始教等宗教追随者的家园。

几内亚比绍的华人很少，相关文献中没有找到统计数据。据悉，几内亚比绍的华人少数民族，包括了来自澳门的葡萄牙人及葡人和广东人的混血"土生葡人"，但信息不详。最著名的华人是出生于广东澄海的王建旭。他闯荡非洲，经十余年打拼，在 1996 年受几内亚比绍共和国政府邀请，出任该国经济发展顾问，1997 年被委任为驻南非约翰内斯堡名誉领事，同时为几内亚比绍与中国复交作出过贡献[6]。

6. 圣多美和普林西比

圣多美和普林西比民主共和国（葡萄牙语：República Democrática de São Tomé e Príncipe）是位于非洲中西部几内亚湾东南部的一个岛国，由圣多美岛、普林西比岛和附近一些礁屿组成，两岛都是火山岛，属热带雨林气候。面积只有 1001 平方公里，2021 年人口只有 22.31 万。全国人口约 90% 居住在圣多美岛，居民主要是班图人，其余为混血种人和印度人，官方语言为葡萄牙语。该国原为葡萄牙殖民地，1975 年 7 月 12 日正式获得独立，成立民主共和国。

圣多美和普林西比经济水准低下，是联合国认定的世界上最不发达国家之一。以农业为主，全国有 51% 的人口从事农业生产，但粮食不能自给，主产可可，其次是咖啡、椰干和棕榈油，均为该国主要的外销产品。该国也是世界上人均接受外援最多的国家之一，其 90% 的发展资金依靠外援（Wikipedia）。

圣多美和普林西比与中国在经济、文化、工程进行了密切的交流。该国华侨华人状况不详，但在近年建立了孔子学院，为发展中国和圣普的关系作出了贡献。

7. 佛得角

佛得角共和国（葡萄牙语：República da Gabo Verde），简称佛得角，是非洲的一个国家，位于北大西洋的佛得角群岛上，由十个火山岛组成。国土面积仅为 4033 平方公里，全国划分为 22 个市，首都普拉亚，人口 54.6 万人（2020 年），绝大部分为克里奥尔人，占人口总数的 71%。

佛得角群岛一直无人居住，直到 15 世纪葡萄牙探险家发现并占领了这些岛屿，在热带地区建立了第一个欧洲定居点。佛得角群岛在大西洋奴隶贸易中发挥了重要地理作用，使之在 16 世纪和 17 世纪经济逐渐繁荣，吸引了商人、私掠者和海盗。1951 年佛得角成为葡海外省，1956 年后开展民族独立运动，1975 年 7 月 5 日正式实现独立，建立共和国。1991 年成立第二共和国。

自 20 世纪 90 年代初以来，佛得角一直是一个稳定的代议制民主国家，是拉丁化程度最高的非洲国家之一，也是非洲最发达的国家之一，其生活质量位居非洲各国前列。由于缺乏自然资源，其经济主要以服务业为主，越来越注重旅游业和国外投资。2022 年，该国国内生产总值（GDP）已达到 21.48 亿美元，人均国内生产总值为 3934 美元，国内生产总值增长率为 17.7%。佛得角的官方语言是葡萄牙语。葡萄牙语也用于报纸、电视和广播。民族语言是佛得角克里奥尔语。

在葡萄牙殖民统治期间，中国移民并没有大量定居。中国人的大量涌入始于 20 世纪 90 年代，移民主要来自浙江温州[7]。1995 年，第一家中国商店在首都普拉亚开业。目前旅居佛得角的华人不少，大约有 3000 人，据悉，在佛得角能找到近 200 家中国商店，集中在圣地亚哥岛和圣维森特岛[8]。当地的超市和餐馆 75% 是华人所开，因其质优价廉，深受当地人喜爱。目前，佛得角的华人群体在少数裔的规模上仅次于葡萄牙人[8]。

8. 赤道几内亚

赤道几内亚位于非洲中西部，是一个国土面积约 28,051 平方公里的国家，由岛屿地区和大陆地区两部分组成。以前是西属几内亚的殖民地，独立后的名称反映出它位于赤道和几内亚湾附近。截至 2022 年，该国人口达 150 万人。

赤道几内亚的历史可以追溯到 1471 年，当时葡萄牙侵入安诺本、比奥科和科里斯科等岛屿。1778 年，葡萄牙将奥戈韦河（今加蓬境内）至尼日尔河沿海地区划归西班牙势力范围，包括上述三岛在内。1845 年，西班牙在赤道几内亚建立殖民统治。1964 年 1 月实行"内部自治"。1968 年 10 月 12 日正式宣布独立，成立赤道几内亚共和国。

除少数比格朱人外，大部分居民都是班图人移民后裔，主要民族有大陆的芳族（占人口的 75%）和比奥科岛的布比族（占人口的 15%），其他民族主要有科姆族、本哈族和布贝哈族。官方语言有西班牙语、法语和葡萄牙语，民族语言主要为芳语和布比语。

1996 年以后，赤道几内亚发现了大量石油资源，随后的开采和利用使政府收入显著增加。截至 2004 年，赤道几内亚已经成为撒哈拉以南非洲第三大石油生产国。林业、农业和渔业也是该国 GDP 的主要组成部分。尽管赤道几内亚的人均国民总收入（GNI）是所有非洲国家中最高的，但它仍受到财富分配不平等带来的极端贫困的困扰，基尼系数曾一度高达 0.65，在世界排名相当靠前。

赤道几内亚是一个历史悠久的国家，因其资源丰富而成为非洲重要的发展中国家，也是石油大国。尽管由于财富分配不均，贫困程度仍然很高，但该国仍在努力改善经济状况，努力实现社会发展。

赤道几内亚现有当地华人数量 3000 人[9]。另据媒体报道，中国在与赤道几内亚建交以来，派出的经营中资企业的中国员工数量多达 8 万余人[10]，主要是石油工人、建筑工人以及援非医护人员等。

9. 中国澳门特别行政区

澳门特别行政区（英语：Macao，葡萄牙语：Macau），简称"澳"，位于中国南部珠江口西侧，毗邻广东省，与香港特别行政区相距 60 公里，距离广东省广州市 145 公里。澳门特别行政区由澳门半岛和凼仔、路环二岛以及路凼城（路凼填海区）组成，陆地面积为 32.9 平方公里。截至 2022 年底，有 67.28 万名居民。

澳门一直是中国领土主权的一部分。1553 年，葡萄牙人将船只停泊于澳门港口进行商业活动；1557 年，葡萄牙人进驻澳门，并在当地定居；1840 年（清道光二十年）鸦片战争之后，葡萄牙趁势侵占澳门南部的凼仔岛路环岛。1999 年 12 月 20 日，中国政府对澳门恢复行使主权。

澳门特别行政区直辖于中国中央人民政府，实行资本主义制度，是国际自由港、世界旅游休闲中心、世界四大赌城之一，也是世界人口密度最高的地区之一，同时也是世界上最发达、最富裕的地区之一。2021 年，澳门本地生产总值达到 2394 亿澳门元。

澳门汉族居民占全区总人口的 97%，葡萄牙籍（包括土生葡人）及菲律宾籍居民占 3%。澳门华人大部分原籍广东珠江三角洲。澳门的正式语言为中文和葡文。以中文为日常用语的居住人口约 94%，使用葡萄牙语的人口占 0.7%，其余人口使用英语及其他语言[11]。

10. 东帝汶

东帝汶民主共和国，简称"东帝汶"，是一个位于东南亚努沙登加拉群岛东端的岛国。该岛领土包括帝汶岛东部和西部北海岸的欧库西地区以及阿陶罗岛和东端的雅库岛。东帝汶向南与澳大利亚隔海相望。该国面积约 1.5 万平方公里，人口 134 万（2022 年）。78% 为土著人（巴布亚族与马来族或波利尼族的混血人种），20% 为印尼人，2% 为华人。帝力是该国首都和最大城市。

东帝汶从 16 世纪以来一直深受葡萄牙的影响。直到 1975 年 11 月 28 日，东帝汶年才从葡萄牙的殖民地中独立出来，却在同年 12 月又遭印度尼西亚吞并。到了 1999 年，东帝汶举行全民公投，才脱离印尼独立。2002 年 5 月 20 日，东帝汶成为 21 世纪一个全新的主权国家。

东帝汶是世界最不发达国家之一，大部分物资都要靠外国援助，约 42% 的人口生活在国家贫困线以下（Wikipedia）。近年来，近海的石油和天然气开发极大地补充了政府的收入，天然气通过管道输送到澳大利亚。2021 年东帝汶国内生产总值为 19.6 亿美元，人均国内生产总值为 1458 美元（百度百科）。

东帝汶的两种官方语言是葡萄牙语和德顿语。2012 年，35% 的人会说、读和写葡萄牙语（Wikipedia）。当前，葡萄牙语的使用人数正在攀升，大多数学校都有教授葡萄牙语的课程。

华人是东帝汶人口的一小部分，据估计有 2 万多人，其中大部分是客家人，大多数生活在首府帝力。华人于 16 世纪早期就到过东帝汶并在当地谋生。葡萄牙殖民统治时期，澳门犯人被关押在东帝汶。由于刑满释放后也不能返回澳门，这些犯人便在东帝汶定居，后成为华人的又一群体。他们大多数与东帝汶人通婚，形成一批土著化华人后代。鼎盛时期，东帝汶的华侨华人达到 3 万左右，超过葡萄牙人[12]。20 世纪 70 年代中期印度尼西亚入侵后，许多华人离开迁居海外。2002 年东帝汶独立建国后，一些华人又开始返回东帝汶重建家园。根据中华人民共和国大使馆的说法，目前大约有 500 名东帝汶人以汉语为母语。华人群体主要在首都经营小企业和餐馆，也有的在农村地区经营小商店（Wikipedia）。

二、双层语言社区中的汉语

在上述的葡萄牙语国家和地区中，葡萄牙、圣多美和普林西比是两个葡萄牙语普及率比较高的国家，绝大多数国家和地区流行除葡萄牙语以外的一种或一种以上的语言或方言。如巴西不仅盛行巴西葡语，还有不少人口讲西班牙语、英语和德语；安哥拉的官方语言是安哥拉葡语，但社会上流行包括班图语的多种方言；莫桑比克只有一半的人口说葡萄牙语，其余的人口讲马库阿语、马库瓦语、常加纳语、恩达语、塞纳语、乔巴语、茨瓦语，它们都属于班图语；几内亚比绍只有大约 11% 的人口讲葡萄牙语，许多居民讲的 Crioulo 或 Kiriol 是以葡萄牙语词汇为基础的克里奥尔语，同时学校里还教授法语；在佛得角的日常生活中，克里奥尔语盛行；在赤道几内亚，西班牙语、法语和葡萄牙语均为官方语言，另外还有其他本地方言；东帝汶的德顿语（一种受葡萄牙语影响的南岛语系的语言）具有和葡萄牙语同样的官方地位，被认可的还有法塔卢库语和其他土著语言。中国澳门特别行政区语言状况可以概括为三文（中、英、葡）四语（普通话、粤语、葡语、英语），不同于以上葡语国家，中文在澳门享有较高地位且拥有更多的使用人数。

社会语言学家 Charles Ferguson 在 1959 年提出把这样两种语言并存的语言社区叫双言社区（Diglossia），多种语言并存的社区叫作多语社区。[13] 葡萄牙语这种具有官方地位或被视为“标准方言”的语言，具有较高地位，用于政治、教育和翻译领域，在双层语言社区中被称为“高层次变体”（“H”）。而其他语言，例如上述非洲地区的本地土著方言，只会用于家庭内部、与朋友交流或其他非正式场合，被称为"低层次变体"（"L"）。中国移民及其携带的母语汉语的加入，无疑在客观上散播了汉语语言，增加了当地社区的语言多样性，丰富了当地的文化。然而，汉语由于其移民者的社会地位、其外来语的属性、使用人数上的局限及其非官方的地位，属于当地的"低层次变体"。

根据社会语言学的研究，在许多情况下，尤其是在正式场合，使用低层次变体是不受欢迎的。移民者往往面临着在公众场合是说当地优势语言还是说母语的问题。移民者作为少数语言群体，想要被当地接受并在当地生活，只能学习作为高层次变体的优势语言，因为一般情况下当地人不会主动去学习他们的语言。当地学校提供的是以当地语言为主的教育，不仅是因为教学的限制，还是因为当局希望小语种孩子能够快速地熟练掌握当地语言，以便转入主流语言的正规班级。因此一般来说，当地的优势语言会逐渐地取代移民后代的祖语，以至在移民的后代中，双语能力变得越来越弱。由于少数民族语言处于低下的地位，一些移民后代甚至不愿意使用他们祖辈的传统语言。正如1966年费希曼（Fishman）观察的那样，在三代移民中，从第二代开始，移民儿童使用当地优势语言就开始比祖语要多；到了第三代，如果不加干涉，使用祖语的动力将逐渐怠失，形成一种不稳定的双言社区状态。[14]

所幸的是，中国人是非常注重传统和祖先的民族，对"中华民族"历来具有高度的认同感，对自己的母语汉语保持着高度热爱的态度。这在一定程度上影响着中国人语言的选择。华人即便身在异国他乡，也尽量让自己的后代去说汉语、学习汉语，让自己孩子的语言能力在经过训练后变得更加熟练。在各个葡语国家中，包括葡萄牙、巴西，在大批中国移民到达后，当地涌现出的华语学校就是一个很好的证明。

不过，单靠华人自发地去传承汉语言，汉语的维持依旧受不稳定的双语社区中客观规律的制约而难以为继。因此，延续文化上的血脉，需通过中国政府的努力，尽量地为当地提供汉语和汉语文化上的"支持"。这种支持就是把汉语作为"外语"而非"低层次变体"来教学。这意味着，通过提升国家政治和经济实力，加强经济贸易往来，中国可以从当地语言社区的外部展现出一个较为强势的汉语语言社区，吸引葡语语言社区的人们参与到汉语学习中来。葡语社区的人们学习汉语，并不是希望自己的后代传承中国的文化，而是带着对大国的好奇感、羡慕感和敬畏感，希望通过学习来把握人生机遇，丰富自己的知识，获得事业的成功。不断深入葡语国家的孔子学院、孔子课堂就提供了这样的机会。葡语国家的华语教育及孔子学院的情况，将在本书上篇的第一、第二章进行介绍。

然而，中华文化要传承和发扬光大，仅靠汉语作为"外语"讲授的方式还远远不够。毕竟，汉语在还没有成为国际通用语之前，其影响力还不足以大到可以让所有的人自愿且自如地理解中国传统文化的魅力。研究表明，在交往过程中，人更倾向于用母语交流，这是最舒服、最自信的交流方式。因此，传播中国文化，又需要"翻译"的参与。翻译事业使得外来文化披着当地语言社区中的高层次变体的外衣，直接进入该社区的文学文化体系，直接参与其教育、政治和核心价值观的塑造，是自上而下的运动。翻译对于在世界各地传播新的信息、知识和思想是非常必要的，对实现不同文化之间的有效沟通也是绝对必要的。翻译不仅可以传播文明，还有可能创造历史。翻译，有时是某些人尤其是不通汉语的人们了解汉语作品的唯一媒介，翻译中国作品将增进葡语社区人们对中国的了解。基于这样的考虑，本书的下篇，将聚焦于近年来中国文学作品葡语译本的出版、阅读及读者反馈。

参考文献

[1] 零页.巴西华文教育概况 [J].华文教育，2006（2）.

[2] Reis S, Sousa P, Machado R. Relatório de Imigração, Fronteiras e Asilo（移民、边境和庇护报告）2020[R]. SEF/GEPF, Serviço de Estrangeiros e Fronteiras, 2021.

[3] Nyabiage J. End of 'Angola Model' Sees Number of Chinese in Oil-Rich African Country Plummet[N/OL]. South China Morning Post, 3 July 2022. https://www.scmp.com/news/china/diplomacy/article/3183912/end-angola-model-sees-number-chinese-oil-rich-african-country.

[4] 剑虹.莫桑比克华侨的历史与现状 [J].侨务工作研究，2007（2）.

[5] Maunze X H, Dade A, Zacarias M D F, et al. Recenseamento Geral da População e Habitação 2017 – Resultados Definitivos– Moçambique[R]. National Institute of Statistics V E S, 2019.

[6] 罗堃.汕头澄海莲下镇槐泽乡里贤达辈出 [J].潮商，2015，52（3）：43-47.

[7] Haugen H Ø, Carling J. On the Edge of the Chinese Diaspora: The Surge of Baihuo Business in an African City[J]. Ethnic and Racial Studies, 2005, 28(4): 639-662.

[8] Horta L. China in Cape Verde: The Dragon′s African Paradise[J]. CSIS–Center for Strategic & International Studies, 2015.

[9] 朱炎皇.不远万里送关爱：中国（湖南）医疗专家组赴赤道几内亚进行新冠肺炎疫情防控培训 [N/OL].长沙晚报，2020 年 5 月 28 日.https://www.icswb.com/newspaper_article-detail-1733878.html.

[10] 曾艳春.援非日记｜中国医疗队永远是海外华人、华侨的港湾 [N/OL].南方日报，2021 年 12 月 20 日.https://www.163.com/dy/article/GRMGHPPD055004XG.html.

[11] 粤政府港澳办 . 澳门概况 [EB/OL]. 2022. http://hmo.gd.gov.cn/macaugaikuang/content/post_3933918.html.

[12] 国侨办 . 东帝汶华人华侨概况 [EB/OL]. 国务院侨务办公室 . 2004. http://www.gqb.gov.cn/node2/node3/node52/node54/node62/userobject7ai282.html.

[13] Ferguson C A. Diglossia[J]. WORD: Journal of the International Linguistic Association, 1959, 15(2): 325-340.

[14] Fishman J A. Language Loyalty in the United States: The Maintenance and Perpetuation of Non-English Mother Tongues by American Ethnic and Religious Groups[M]. Mouton & Co, 1966.

巴西华人、华语教育及中国文化的影响

巴西从 16 世纪 30 年代到 1822 年 9 月 7 日宣布独立，一直是葡萄牙的殖民地。在这一时期，巴西作为一片不断吸纳外来民族的土地，会集了来自亚洲、非洲和欧洲等地的移民，形成了多元文化。

尽管学界的主流观点认为，是欧洲、非洲以及土著文化对巴西社会和文化带来了最为重要的影响，但是，也有文献表明，16—18 世纪，中国和巴西文化的交流远比想象中的要频繁得多，尽管这些"交流"来自少数传教士叙述基础上的东方的神秘想象。巴西著名历史学家、社会学家和艺术评论家何塞·罗伯托·特谢拉·莱特（José Roberto Teixeira Leite）在名为《存在于巴西的中国：中国遗留在巴西艺术和社会的影响、印记及回声》一书中，从习俗、移民、商业、建筑、艺术等方面，分析了中国产生的影响。莱特认为，"中国思想、中国习俗、中国技术和生活方式等真正的影响对巴西殖民地产生了作用，这种影响或已从帝国时代开始"[1]。这种影响是多重的、深刻的和持久的，直到十九世纪中叶欧洲工业革命及科学大幅进步之前，还在巴西占主导地位。例如，在关于习俗的章节中，莱特考证到殖民地和帝国巴西社会将"妇女在父权制社会中的顺从地位"这一中国及东方文化元素，纳入社会道德准则。巴西富人和中上阶层中有保留长指甲以示地位的习俗。"巴西人有放风筝、放炮、放烟花、斗鸡，jogo do bicho（一种非法赌博游戏，纸牌上印有动物），咖啡加牛奶等习俗，而这些都起源于中国"[1]。再如，20 世纪初里约热内卢的售货亭以及宝塔似的屋顶，样子很像中国的 pagodes（"塔"）。在巴西圣保罗、圣卡塔琳娜州、巴伊亚州、里约热内卢、伯南布哥州、帕拉伊巴州、阿拉戈斯州、帕拉州以及米纳斯吉拉斯州，在古老的教堂和修道院，甚至在民用建筑的屋顶、外观和内饰细节中，在家具、壁画、瓷器日用品、神像中，都能看到 chinesismos 或 chinesices 元素[2]。这是一种欧洲装饰艺术流派，是对远东艺术的视觉模仿，一般为红色、蓝色或金色，或涂有中国图案的装饰。在 17 世纪至 19 世纪，这种装饰类型在巴西广泛存在。在卡舒埃拉，人们其至能够看到 7 个中国人样貌的基督的塑像。

不过，真正的中国文化对巴西现代社会的影响，主要从中国移民到来的 19 世纪后开始。随着中西文化不断融合，中国社会的语言使用、宗教信仰、道德信念、礼仪习俗、艺术观念等都深深地影响了巴西的社会结构和文化环境，使得巴西社会更加多元化，变得更加复杂。这些改变都始于 19 世纪后特别是 20 世纪华人的大量涌入。随着现代经贸的往来及交流工具的进步，尤其是近年来华人和国人不断地努力，有意识地在海外留根、开枝、散叶，使得华语得以传承和传播，中华文化在巴西具备了较强的影响力。

一、华人概况

两个遥远国度——中国和巴西真正有史可寻的民间的交汇，最早可以追溯到 1810 年前后，葡萄牙约翰六世从澳门带了 300 名中国人到里约热内卢植物园工作，中国茶农在这里尝试种茶并传播种茶技术。19 世纪末，当巴西废除奴隶贸易后，由于劳动力短缺，有少量中国劳工来到巴西。中国人还修建了从里约热内卢到维多利亚的铁路。但绝大多数中国移民是在 20 世纪和 21 世纪抵达巴西的。第一批载有 107 名中国移民的马兰热轮船从里斯本出发，于 1900 年 8 月 15 日登陆里约热内卢，后来被带到圣保罗市。这是巴西官方记载的华人首次抵达巴西的记录。中国抗日战争结束后，中国台湾地区陆陆续续有较多的人移民巴西，移民人数开始增加，形成了中国人到巴西移民的第一次浪潮。与涉及政府参与的日本和意大利"移民"不同，中国人的移民更多的是独立意识的展现和自我奋斗的结果，体现了力争摆脱恶劣环境、改善家庭生活条件的创业精神。20 世纪 70 年代和 80 年代，中国改革开放后，出现了第二波移民浪潮，移民主要来自广东、浙江、上海和北京。中国人有很强的宗族习惯，一般是在国外站稳脚跟后，会回乡再带领家人和乡亲出去。因此巴西的华人越来越多。第三次移民浪潮发生在 2000 年前后。由于中国公司在拉丁美洲投资的不断增加，如今已有约 4 万中国公民和约 20 万华裔居住在巴西。此时，巴西华侨华人移民社区新生儿出生率也达到了高峰。这些新移民构成了巴西华裔人口的绝大部分，并改变了之前巴西亚裔人口由日本裔主导的格局（Wikipedia: Chinese Brazilians）。

　　为了纪念巴西华人为巴西的社会建设作出的贡献，2018 年 6 月 26 日，时任总统米歇尔·特梅尔签署法令，将每年的 8 月 15 日，即一百多年前第一艘载有中国移民的轮船到达巴西的日子，定为"中国移民日"。除了联邦政府，圣保罗州和圣保罗市以及伯南布哥州首府累西腓市也通过了当地立法，将"中国移民日"添加到当地日历中。

　　现有的巴西华人社区的华人，祖籍包括广东、福建、浙江、湖北、东北等地。华人人口最多的地方，是巴西第一大城市圣保罗，其次是曾经为巴西首都的里约热内卢。不过，与世界上很多华人的聚集地不同，无论圣保罗还是里约热内卢，迄今都没有一个名叫"唐人街"的地方。在圣保罗市，华人移民分布在市西部、西南部和中部地区，华人居住人数最多的地方是 Liberdade, Santo Amaro, Lapa, Se, Moema, Cambuci, Morumbi, Jardim Paulista, Vila Mariana 和 Itaim Bibi。许多华人聚集在市中心的东方街（葡语名 Liberdade），又称"自由区"。这个区曾经以"日本街"而闻名，过去是日本侨民居住的地方，但如今被华人团体、会馆、公司、餐馆等占据。在这里，中式的、韩式的及日式的商铺、市场、酒吧和餐馆林立。圣保罗市中心的 25 街，是南美洲最大的批发集散地，也是华人商贩和商品聚集的地方。这条不到 2 公里的小路，清一色的是中国商人和小贩，其中的商品绝大部分来自中国。而在巴西第二大城市里约热内卢，华人人数不多，而且居住分散，没有形成明显的华人区。[3]

二、华人语言

　　巴西华人日常都免不了要使用巴西的主流语言——葡萄牙语，但在社区内则主要都是讲各自祖籍地的汉语方言，被华人称为"国语"的汉语普通话在华人社区中也流通。华人必须保持着调节语言的能力，才能有效地应对不同的社会环境。巴西华人华语能力保持，除了因老一辈的母语习惯而在家庭、家族中形成语言氛围，例如通过聚会在一起聊天、交流等亲属间的代际传播，还得益于当地的华文补习学校为华人后代提供了二语习得的机会。学界把这种"与学习者有着某种特殊家庭联系的非社会主流语言"称为"传承语"（heritage language）。一般来说，传承语的习得始于家中，又在很大程度上习得于学校的二语课堂。

家庭交流是汉语学习的最初始的方式。祖辈往往是非常流利的汉语使用者，汉语的变体除了普通话外，还包括不同地域的方言，如广东广州话、五邑话（台山、江门、新会、恩平、开平等地方言）、潮汕话、客家话，福建（台湾）闽南话、福州话，以及东北话等。在家里，孩子们从家人那里学习汉语的发音、语法、词汇等。一般的二代华裔孩子或多或少能够听懂父辈的汉语。孩子可以用汉语与父母交谈，也用汉语与其他家庭成员或朋友交流。他们说汉语给父母介绍自己的朋友，也用汉语讨论新闻、体育、影视等话题。另外，他们还可以用汉语读古典文学作品、讲故事，增加汉语知识储备，提高汉语能力。华裔家庭也会不时举办一些华人社区活动，比如，中国节日的庆祝活动，如中秋节、春节等。华人孩子经常和父辈一起参加文化活动，吃美味的月饼，参加拜年宴会，看中国戏曲表演等，这些活动增加了孩子们学习汉语的机会，使其接触到更多的汉语环境，提高了他们的汉语能力。

然而，华人的汉语教育不能只依赖于家庭，家庭教育仅能满足孩子的基本的汉语启蒙需求。华人更需要的是华语学校来提供更有效的教育服务，呈现更深入的汉语知识和技巧。早年的华人许多是从事非常辛苦繁忙的餐饮、商业行业，很难全面地顾及孩子的教育。他们认为孩子在巴西葡语学校接受的教育，远远未能达到国内孩子的教育水平，因此，他们非常迫切地需要优质的教育机会。随着巴西华人人口在 2000 年后增长加快，华人对华语学校的需求也越来越大。

三、华文学校

华人语言的传承离不开华文学校。巴西的华文教育最早由宗教组织发起。"圣保罗华侨天主堂中文学校"始建于 1957 年，是巴西华文教育史上的先驱。学校由党世文神父开创，1963 年更名为"孔圣学校"，其中国学生也达百余人。20 世纪 70 年代初，圣保罗州政府大量扩建公立学校，私立中小学大受打击，学生人数锐减，学校甚至停办。1975 年，在王若石神父主持下，学校再度正名开办，每星期日上课，并设有免费的葡文学习班。1994 年，学校开设了成人会话班，以汉语拼音和简繁对照的汉语教学模式授课。2007 年，肖思佳神父接任校长一职。20 世纪七八十年代，学校每年有学生 400 多人以及 20

多位教师、22 个班级，在提供优质华文教育方面发挥着重要作用。经过近 60 年的不断发展，目前学校拥有 16 个教学班级，开设了繁体字班、简体字班、成人会话班、古筝班等，有学生 100 人左右。2009 年，华侨天主堂中文学校被中国国务院侨务办公室授予"华文教育示范学校"的称号[4]。目前，随着华人儿童出生人数的增长，华语学校数目也在不断增加。仅在圣保罗一地，由华侨华人创办的中文学校就有十余所。

张翔博士总结了现阶段巴西华文教育的办学主体、办学模式、办学方式和地理分布[5]。目前，从办学主体来看，学校的经营者绝大部分是私人主体。早年来到巴西的华侨华人经历了数年的艰苦奋斗，积累了一定的资本后，开始投身华文教育事业，使得私人成为当今大部分中文学校的办学主体。从办学模式来看，不少华文学校依然是私立中文补习学校，周末制的补习班较多。分校的设立采用与当地学校合作的模式，即在巴西当地私立学校设立中文部，开设中文课程，供华裔学生就读。这种合作模式，很大程度上是由巴西教育制度的特点决定的。巴西基础教育和中等教育阶段只有半天的上课时间，而华文学校正好能够补充正规中小学教育剩下的半天时间。学生可以半天在巴西其他学校，另外半天在华文学校。华文学校的中文部往往就设在华侨华人聚居区的优质私立学校内部。华裔学生在同一校园内学习，不仅节省了通勤时间，还能获得学费优惠。同时，巴西的正规学校也乐意接受这种合作模式，因为华文学校为它们带来了很多稳定的生源。从课程设置来看，除了圣保罗天主堂中文学校从 20 世纪 70 年代开始就只开设周末中文班，其他学校和分校均是周一到周五全日制。华文学校采用中文和葡语双语教学，教师主要为当地教师。学校除了教授中文课程外，还为学生提供数学、葡文辅导及其他语言文化类课程。部分学校周六还开设音乐、舞蹈、绘画、武术等各种兴趣班。从办学位置来看，近年来的华文学校的地理位置集中在两种地方。一个是靠近华裔就读的巴西学校附近，比如幼华学园，旁边就是很多华裔就读的 Etapa、Objetivo 等优质私立学校。另一个是华人集中居住地或经商地，方便华人接送子女上学，如圣保罗的圣本笃学校工具街分校和天天学园阿西娜学校校区，分别位于 25 街地区工具街和 I piranga[5]。

巴西的华文教育能得以延续，主要是由于华侨们心系祖国，迫切地希望把"根"留住。巴西华人协会是一个由海外华人自发组织起来的团体，会址在圣保罗。其宗旨是为了维护和促进海外华人的利益，增进华人之间的团结和友谊，以及促进中华文化的传播和发展。巴西的华助会通过网站和社交媒体渠道，发布海外华人相关的资讯和信息，为海外华人提供方便和帮助，增强了华人互助会的社会影响力。在传承华语方面，各华助中心积极开展汉语教学和推广汉语文化活动，支持教育组开展中华文化大乐园、全球华语朗诵大赛、寻根之旅夏（冬）令营、华文教师培训等活动，帮助海外华人更好地学习和掌握汉语，提高华人的语言表达能力和文化自信心。

巴西的华文学校和祖国有着密切的联系。国务院侨务办公室为华侨华文教育的发展提供了有力的政策指导。国务院侨办一直在推动华文教材的编写，如提供与海外华人相匹配的各类语言技能、文学著作、历史知识和文化习俗等内容的教材；邀请国内外华文教育专家讲学，为教师们提供专业化的培训机会。此外，国务院侨办每年还派出一批教师到巴西的华文学校，为学生提供专业的语言教学。国务院侨办还在组织夏令营、冬令营活动等方面给予了大量的支持。在国务院侨办的指导下，各地学校承办了面向海外的中华文化教学活动。例如，自 2022 年以来，国务院侨办举办线上"中华文化大乐园"南美园课程，目前已办两期。该课程每次会集中国内地的数十位优秀教师和工作人员，用 10 多天、50 左右课时带领海外孩子在线上开设了丰富多彩的讲习、活动及实景课堂，内容涉及中国地理、诗词名篇赏析、中国功夫、民族舞蹈、传统民俗、历史人物、书法、绘画、音乐、汉语歌、连环画创作、中华手工、中华美食、非物质文化遗产传习、侨乡地理文化等各个领域。

巴西的华语教育受到了中国华文教育基金会的大力支持。中国华文教育基金会是 2004 年创办的非营利的全国性公募基金会，由民政部登记、国务院侨务办公室主管。中国华文教育基金会通过多种形式来支持海外华校的师资力量培养，其中包括资助海外华文教师接受系统学历教育，派教师团赴海外进行培训，开展远程师资培训以及国内短期培训等。例如，中国华文教育基金会名师巡讲团自 2017 年以来几乎每年都会来到巴西圣保罗举办中文课程教学培训，每次都有来自圣保罗各华文学校的数百名中文教师参加培训活动。基金会设立奖（助）学金、通过"实景课堂"教学模式远程教学、派团开展体验课程和组织夏（冬）令营等，鼓励海外华裔青少年学习中文、弘扬中华文化、促进中外友好交流，培养和深化中华文化情结。同时，基金会组织开发、编写适合海外华文学校使用的本土化教材和提供教学影音资料，并资助国外华文教育示范学校，改善当地办学条件等。

此外，巴西的华语教育还得到了国内企业在技术和资金方面上的资助。根据 2021 年 5 月 14 日 CGTN 美国频道报道，里约中国国际学校（Escola

Chinesa Internacional）作为一家非营利机构，正接受好几家在巴西经营的中国公司的资助。里约热内卢国际中文学校是中国海外采用华为技术的第一所学校。[6]华为公司为师生们提供了一系列的智能设备，使他们在课堂内外都可以用普通话进行互动。学校还整合了巴西和中国的课程，在新冠疫情之后，学校开始使用全新的信息化方式进行面对面授课，将体育课程与学术类课程相结合。华为设备的使用，能够帮助巴西的孩子们适应未来的智能化社会。长期资助华文教师培训的公司还包括完美（中国）有限公司，其资助的"华文教师完美远程培训"项目迄今已开展逾12年，2018年完美资助的"华文教育名师南美洲巡讲团"受益的学校包括巴西圣保罗华侨天主堂中文学校、圣本笃中文学校、幼华学园、德馨双语学校、天天学园、育才学园、启智华文学校、INSA慈佑学校[7]。

这些中文学校，除了面向华裔学生，也面向并培养非华裔的巴西学生。近几年，随着"汉语热"的升温，这些中文学校的办学规模不断扩大，它们结合巴西本土的人文风情和巴西学生的特点，大力宣传中国文化，进行双语教学，推广汉语，加强中巴两国的文化交流。据2022年6月3日的CGTN电视台报道，巴西的中文学校在端午节到来之际，邀请当地小朋友参与包粽子的活动。[8]此外，中文学校教孩子们汉语词语，分享中华文化。当地儿童和华文学校学生评论说，这次经历具有教育意义、收获巨大。[9]

如果巴西人想学习汉语，还可以到各地的孔子学院及培训机构中学习。如果是在圣保罗，可以到圣保罗州立大学孔子学院、华光语言文化中心的孔子课堂；在贝洛奥里藏特，可以到米纳斯·吉拉斯联邦大学孔子学院、华文中国文化语言中心、学儒普通话学校；在里约热内卢，可以到里约热内卢天主教大学、巴西中国商会；在阿雷格里港，可以到南大河州联邦大学孔子学院、您好普通话学校及巫师语言学校。

巴西的华侨华人还利用语言优势从事葡语教学，让更多与巴西交流合作的中国人克服语言障碍。例如，在巴西华侨华人进出口贸易最为集中的圣保罗25街，华侨华人开设了多家葡语培训学校，主要为前来巴西投资的中国商人提供语言培训，让他们更方便地从事中巴经贸交流。

四、孔子学院

除了华文学校外，孔子学院担负起了教授中国语言、传播中国文化的责任。孔子学院是中国政府支持的非营利性公益性教育机构。与英国文化协会、德国歌德学院、西班牙塞万提斯学院和法国法语联盟在巴西的存在方式不同，孔子学院的合作机制主要由巴西当地高校提供基础设施，中国国内高校派遣教师志愿者，负责教学工作。巴西的孔子学院、孔子课堂数量居拉美国家之首，是维持中巴友好关系、推广海外汉语和文化的重要成果。巴西的孔子学院最早成立于 2008 年，旨在通过推广汉语教学和中国文化，促进中巴文化交流和人文交流。截至 2021 年，在巴西已有 11 个成员学院，分布在巴西 9 个州，遍布全国各地。巴西孔子学院不仅致力于汉语教学，而且提供中国文化、政治、经济等课程，让学生更好地了解中国，增进双边关系，加强文化交流。巴西孔子学院举办各种活动，包括中国文化节、汉语比赛、语言培训班、中国语言文化讲座等，增进了中巴友好关系。

表 1　截至 2021 年，巴西境内的孔子学院

名称	承办机构	合作机构	设立时间
圣保罗州立大学孔子学院	圣保罗州立大学	湖北大学	2008 年 7 月 24 日
巴西利亚大学孔子学院	巴西利亚大学	大连外国语大学	2008 年 9 月 26 日
里约热内卢天主教大学孔子学院	里约热内卢天主教大学	河北大学	2010 年 10 月 20 日
南大河州联邦大学孔子学院	南大河州联邦大学	中国传媒大学	2011 年 4 月 12 日
FAAP 商务孔子学院	FAAP 高等教育中心	对外经济贸易大学	2012 年 7 月 19 日
米纳斯·吉拉斯联邦大学孔子学院	米纳斯·吉拉斯联邦大学	华中科技大学	2013 年 1 月 14 日
伯南布哥大学孔子学院	伯南布哥大学	中央财经大学	2013 年 6 月 15 日
坎皮纳斯州立大学孔子学院	坎皮纳斯州立大学	北京交通大学	2014 年 7 月 17 日

续表

名称	承办机构	合作机构	设立时间
帕拉州立大学孔子学院	帕拉州立大学	山东师范大学	2014 年 7 月 17 日
塞阿拉联邦大学孔子学院	塞阿拉联邦大学	南开大学	2014 年 7 月 17 日
戈亚斯联邦大学中医孔子学院	戈亚斯联邦大学	河北中医学院、天津外国语大学	2019 年 10 月 25 日

表 2　巴西开设的"孔子课堂"

名称	承办机构	合作机构	设立时间
圣保罗亚洲文化中心孔子课堂	圣保罗亚洲文化中心	国侨办	2008 年 6 月 3 日
华光语言文化中心孔子课堂	华光语言文化中心		2011 年 11 月 1 日
弗鲁米嫩塞联邦大学孔子课堂	弗鲁米嫩塞联邦大学	河北师范大学	2017 年 12 月 22 日

资料来源：张翔（2021）[10]。

圣保罗州立大学孔子学院是巴西境内建立最早、办学条件最好、规模最大的孔子学院。圣保罗州立大学总校区设在 Ipiranga，该校是一所多校区大学，在圣保罗州的主要城市都设有分校。十几年来，该大学一直致力于在全州乃至全巴西积极拓展教学点。截至 2018 年年底，孔子学院共在全州开设 13 个教学点，涵盖了 11 个城市，累计注册学员达到 11,573 人次[11]。课程种类多样，包括初级班、中级班、高级班、HSK/HSKK 考试班以及和市政府合作的中小学免费中文课程[12]。该孔子学院不仅面向圣保罗州立大学的学生开设课程，还面向整个当地社区。因此，该孔院学生的来源中，除了 57% 来自圣保罗州立大学外，还有 35% 的生源来自当地社区，形成了辐射社区的局面。截至 2018 年，圣保罗州立大学孔子学院共向湖北大学输送了获得奖学金的 428 名留学生，其中暑期班 260 人，为期 6 个月的汉语进修班或硕士生168 人[11]。圣保罗州立大学孔子学院积极开展中巴研讨交流活动，涉及文学、音乐、电影、经济、教育、传统文化等领域，成为加强中巴民心民意沟通的纽带和桥梁。2022 年 10 月，圣保罗州立大学孔子学院成功举办"圣保罗中国电影展"及一系列电影研讨会。这是圣保罗州立大学孔子学院举办的第七届此类型的电影展。该电影展自 2015 年创办以来已经成为一个中国文化品牌活动，其采取线上线下双模式，共计展出近 80 部中国电影，如《大学》《掬水月在手》《八佰》《俑之城》《宠爱》《如果有一天我将会离开你》《旺扎的雨靴》《白云之下》等故事片、纪录片和动画片，以巴西观众喜闻乐见的文化艺术形式立体展现中国故事和景观，表达中国情感。电影展吸引了近 3 万人次观看，得到了 SBT 电视台等巴西和中国媒体的关注，目前在圣保罗各类大型文化活动中占有一席之地。该孔子学院每年都会与在圣保罗州开展业务的中国公司合作举办招聘会，为巴西当地学生提供就业机会。2022 年 10 月 18 日至 27 日，巴西圣保罗州立大学孔子学院联合《今日中国》杂志，举办了以"中国营商环境：当前趋势"为主题的线上研讨会。研讨会按照不同分主题分为 4 场，均在 YouTube 平台直播，吸引了 2000 余人观看。

圣保罗州立大学孔子学院还热衷于中国文化经典著作的翻译及出版，相继翻译出版了《论语》《鱼玄机》《中国唐代诗选》《道德经》等近十部中国文学经典著作。2022 年，由巴西汉学家沈友友（Giorgio Sinedino）翻译的葡语版《南华经》，由圣保罗州立大学出版社和湖北大学—圣保罗州立大学孔子学院联合出版[13]。这是《南华经》的首个葡萄牙语译本，是第一部将其予以全面阐释的西方语言译本，也是圣保罗州立大学孔子学院翻译中国著作的最新成果。通过出版、教学，圣保罗州立大学孔子学院培养了一大批懂中文、懂中国的青年，加深了巴西社会各界对中国和中国文化的了解，推动了中巴两国文明互鉴的进程。

热衷于出版中国经典书籍的还有坎皮纳斯州立大学孔子学院。据新华社报道，2021 年 7 月 28 日，在鲁迅诞辰 140 周年之际，鲁迅著作《朝花夕拾》中葡文双语版在巴西举行线上首发仪式。《朝花夕拾》由巴西州立坎皮纳斯立大学出版社和该校孔子学院合作翻译出版。坎皮纳斯州立大学孔子学院中方院长高沁翔在本书序言中写道："优秀的文学作品丰富人们的精神生活，带给人们艺术的享受，也启迪人们的智慧[14]。"坎皮纳斯州立大学孔子学院巴方院长布鲁诺·德孔表示，自己很喜欢鲁迅的这部作品，也很高兴能参与并推动本书的出版和发行，期待未来有更多的中葡双语作品问世。出版《朝花夕拾》，是一件推动世界文化交流的有意义的工作。

在里约热内卢州，与中国河北大学合作共建的里约热内卢天主教大学孔子学院始建于 2010 年，发展迅猛，影响力极广，现在已成为里约热内卢州乃至全巴西汉语课程和中国文化推广的"形象代言人"[12]。里约孔院以中国语言文化为主要教学内容，在里约热内卢州乃至全巴西推广汉语教育，采用多种教学模式，开展少儿汉语、汉文化、中文教学等课程，在3个州的4个城市建立了教学点。2013年6月，里约孔院与里约热内卢州政府签署了合作协议，将"中国语言与文化"课程纳入里约州立职业学校的正式课程体系。2014年，该院学生施茉莉在"汉语桥"世界大学生比赛中夺得全球总冠军，这是南美洲史上首次取得如此成就的大学生；2014年至2016年，该院中方院长乔建珍则以"三折冠"的荣誉，获得了巴西劳工部颁发的勋章、全球"孔院先进个人"银质奖章以及里约市表彰证书，成为全球孔院的翘楚[15]。里约孔院还致力于把课堂上的文化"带出去"，组织各种活动，如中国传统节日习俗、剪纸、书法、茶艺、武术等，让当地人零距离感受中国的传统文化。该孔院还把中国文化带到了贫民窟，这个大胆而暖心的举动感动了贫民窟，也感动了整个里约。经过5年的不懈深耕，里约孔院由点到面，全面拓展，精彩频现，已经变成了一个国际化符号，办学层次从大学延伸到中学、小学，内容也不再囿于单纯的汉语教学，而是涵盖了多种本土化的文化活动。

里约孔院积极参与全国乃至全球性质的大型活动，自觉扮演着"民间大使"的角色，以自身优势和魅力促进中巴两国的交流与合作。2013年至2016年，里约孔院先后组织了三届巴西学生夏令营，多次组织巴西教育官员和教育工作者前往中国访问，促进了中巴两国的学历互认。这些活动的开展，使得巴西人对中国有了更加直观和真切的了解，也澄清了很多模糊甚至错误的认识。里约孔院还在里约葡中双语中学创办的第一年里组织了第一届中学生赴中国参加"足球夏令营"，通过中巴青少年足球友谊赛，以足球为媒介搭建中巴交流的桥梁。

巴西民众对孔子学院的反应非常正面。巴西是一个多元文化的国家，热爱文化的巴西人热情接受孔子学院传播中国文化的努力，并积极参与各种文化活动，深受鼓舞。Paulino认为，不同于英、德、法、西等国家在巴西的国际语言传播机构，孔子学院"巴方提供设施，中方提供教学"的模式对双方都有好处，"中方的合作者熟悉当地情况，巴方大学可以根据自己的优先事项指导项目"[11]。孔子学院在当地的活动受到了当地政府和媒体的高度重视，获得了非常多的关注和支持。孔子学院与当地的教育机构和企业积极合作，为当地学校和企业提供汉语培训和文化交流的服务，受到了广泛的欢迎。从巴方的角度来看，孔子学院的文化和学术交流，不仅有助于"形成掌握汉语和了解中国文化的新一代知识分子、公共管理人员和商人，加强两国的合作、更好地开展业务、获得巴西的利益"，还意味着"由于在巴西投资的中国公司数量正在增加，工人能够获得更好工作的绝佳机会"[11]。

五、中国语言的影响

随着世界语言文化交流日趋增多，越来越多的外来语言不断渗透巴西各民族文化中，这些外来语包括汉语。在华人家庭语言传承、华文学校及孔子学院形成合力发挥作用的条件下，汉语在巴西文化中拓宽了人们的视野，开拓了思维，转变了人们的思想，为各民族文化的发展提供了新的动力。同时，汉语本身也为源语文化提供了另一种传播方式，让该文化能够在更广阔的地域范围内传播，能够得到更多的关注，也因此更容易得到发展和传承。

以下是近年来进入巴西葡萄牙语语言的一些汉语词汇，它们代表了中国文化，改变了巴西葡语语言，也改变了巴西人的生活习惯和生活方式，推动了巴西葡语文化的发展。

1. "茶"

"茶、咖啡和可可，只有茶征服了世界。"茶，这一片小小的树叶，成为多部航海法案、数次战争的重要变量。"茶"是一个在世界范围内极具影响力的汉语词汇。在巴西葡语中，"茶"（Chá）同样也被用于指代这种来自中国、以茶叶为原料、沸水冲泡的古老饮料。巴西人特别喜欢茶，他们喜欢把茶和牛奶搭配在一起喝，给人一种温暖的感觉。

在大航海时期，葡萄牙人在全世界苦苦寻找香料。当他们登陆中国时，第一次被这种由茶叶浸泡制成的饮料所折服，于是通过澳门港搭建中国和葡萄牙之间的贸易路线。1500 年巴西被葡萄牙人发现后，葡萄牙开始有了在巴西种植茶树的想法。大约在 1810 年，第一批茶树苗、种子和中国茶工抵达巴伊亚港，最后到达里约热内卢植物园。1908 年，日本移民在巴西开启了茶树种植的黄金时代。随着生产力的巨大发展，茶包应运而生，茶叶的消费量也急剧上升。20 世纪，巴西政治变动、社会更迭，茶叶市场起起伏伏，到了 2000 年以后，实体店、电子商务重新激活茶叶市场，巴西种植园重获新生，人们重新唤起了"茶"这一来自中国的词汇超越多年历史的情感记忆。如今，巴西人对茶的兴趣大幅增加。在 2020 年，谷歌搜索 "chá" 一词的频率比 "café"（咖啡）高出 50%。2013 年至 2018 年，巴西的茶叶消费量增长了 25%，是同期全球增长率的两倍。

2. "风水"

"风水"（Feng Shui）也是一个在巴西影响力非常大的汉语词汇。风水是中国一门古老的学说，它认为通过观察环境，可以预测事件的发生和预判事情的结果。中国古人认为，一个地方的气候、地形、地貌、水流以及其他外界因素都会影响到一个地方的气运，从而影响这个地方人的命运。"风水"学说进入巴西是通过两种渠道。第一种渠道，中国移民尤其是广东、香港、台湾移民，在巴西定居后，将风水学说引入当地并将风水与宗教信仰结合在一起。他们将这种信仰结合到家庭、社会和商业活动中，以期获得更多的好运。他们认为，只要把家里的室内和室外环境布置得当，就可以补足家中缺少的"气"，从而获取祥和的气运。此外，日本和韩国由于受到汉唐文化的影响，也往巴西传播了风水文化。第二种渠道，欧美等国家早在 20 世纪 80 年代就兴起了"风水"的热潮。在欧美不少国家，出现了专业研究和推广风水学的机构以及一批手持罗盘、金发碧眼的风水大师。这股西方的风潮，也被巴西的社会所跟随。随着时间的推移，中国的风水学说传播到了巴西的各个角落。在亚马逊网站，只要输入"fengshui"一词，就会出现不下数十本关于风水的葡语书籍。它们有的是原文以葡语撰写的，有的是从英、德语等翻译而来，其中涉及家居摆设、生活技巧、成功学、占卜学等。一些巴西人也认为，只要把家里的室内和室外环境布置得当，就可以使家中的气运变得更好，让家人受益。在互联网，也可发现数以百计的风水研究机构、推广机构、练习班和事务所。

3. "功夫"

"功夫"（Kung Fu）这个词语在葡语中声名响亮。"功夫"在中国指"一切本领、造诣及花费时间的技能"，包括"武术"。而在英美和巴西，Kung Fu 单单指"武术"的含义。中国和巴西的正式的武术交流始于中华人民共和国成立后。1959 年，广州和香港的武术大师抵达巴西，随后，"功夫"在巴西继续扩张，太极拳、北少林和飞鹤派都有传播。20 世纪 60 年代，陈国伟在圣保罗大学讲课。此时，李小龙的电影开始逐渐风靡全球，巴西民众学习武术的热情有增无减。1971 年，李荣基大师来到巴西，之后在巴西授武 40 年，弟子历经四代、超过万人。李荣基是巴西警官学校的首位中国教官，堪称"巴西叶问"。在巴西，截至 2014 年，李荣基国术馆有 200 多家，遍布各州，仅圣保罗就有 80 家[16]。1989 年，第一个在巴西的功夫机构——传统功夫联合会成立，同年还组织了第一届正式的全国锦标赛。2002 年，巴西成功举办了巴西对美国的对抗赛，首次将少林大师和武僧带回巴西。巴西在现代武术世界锦标赛上取得了优异的成绩，在世界功夫比赛中，实力处于所有国家的前4 名。

2003 年 5 月 8 日，巴西第 13573 号法律在圣保罗市议会得到通过，将4 月 11 日设为"功夫日"。到 2014 年，巴西有 23 个由巴西功夫联盟支持的州级功夫联合会。有 3580 家武馆，学习者超过 23 万人，主要集中在圣保罗（26%）和里约热内卢（12%），产生了 24,700 个直接工作岗位。与此同时，电影《一代宗师》《功夫熊猫》等继续推动着功夫的热潮。

YouTube 平台上的一段视频讲述了一名巴西武术爱好者的求学之旅。这位武当派师父 Chen Yuzilong 说，他对功夫的认识是从童年开始的，他从小就看过很多武侠电影。长大后，他不再满足于只打比赛，而是有了深入学习功夫背后的哲学的冲动。他去了湖北大学学习中文，6 个月后，上山学习功夫。他认为道教所倡导的良好生活方式和对平衡和界限的强调非常重要。Chen 在圣保罗的一座寺庙开办名为"凤凰"的武术学院，免费教授武术。

4. "太极拳"

巴西的太极拳（Tai Chi Chuan）的传播始于 1980 年前后。1974 年，华人刘百龄（Liu Pai Lin）移居巴西，自 1977 年 2 月起于华侨天主堂教授太极拳。梅斯特·奥古斯托（Mestre Augusto）是他的第一位巴西的弟子。此后在1980 年，刘百龄先生在圣保罗市双年博物馆开设太极拳传习厅，跟随学习的弟子非常多。1982 年，老先生在 Cambui 区正式设立"百龄太极馆"（附设易经研究会）。直至今日，奥古斯托仍然是巴西百龄太极派的传人，几十年来，他到各处讲习，受众达到了数万人。刘百龄在巴西也被认为是"一代宗师"式的人物。现在，各种门派的太极拳在巴西开枝散叶，太极拳也已从格斗技巧逐渐演变为基于道家哲学和中医原则的养身活动，不论男女老幼，许多巴西人都受益于太极拳。

YouTube 平台上至今存有数段刘百龄教授太极拳的视频。在一段 YouTube 视频中，一位名叫 Ângela Soci 的杨氏太极拳练习者面对记者讲述了她对太极拳的理解。她认为，太极拳是一种强调健康的中国武术，学习它不仅是为了防身，还能强身健体、使头脑清醒，更可以促进对慷慨、仁慈、同情的理解。她目前是 Sírio-Libanês 医院的工作人员。她认为，在全世界范围内，医学界正不留余力地发扬从疾病治疗转变为预防保健的思路，而太极拳有助于将以治疗疾病为中心的医疗范式转变为促进健康的范式，即"综合治疗法"。她在医院里将太极拳练习用于风湿病患者，还准备用太极拳来帮助肿瘤患者。

5."墨"/"南京"

"南京"（Nanquim）在巴西是一个非常有趣的词语。它除了指中国江苏省省会"南京市"外，还有一个特殊的含义——用于绘画的"墨水"（a tinta nanquim，欧洲葡萄牙语称为 tinta da china）。"墨水"这一层含义的确切来源已不可考，但比较公认的说法是，巴西人认为，这种来自中国的墨水，即通过碳颗粒分散在水中的所谓"印度墨水"（墨最早发明于中国，但通过印度散播世界），是约两千年前在南京发明制作的。

Nanquim 另一个含义是"旧时来自中国的黄色或本色棉织物、土布"，和英语中的 Nankeen 一词的含义相同。在十八九世纪，南京布在英法等西欧国家的上流社会特别流行，是贵妇们追逐的时尚面料，Nankeen cotton 一词在 18 世纪大文豪的文学作品里屡见不鲜。18 世纪后，大量欧洲移民涌入美洲，也带去了南京布。随着英国工业革命进程，南京布这种手工制作品才败给了机器织物。

目前尚不清楚葡萄牙语"Nanquim"和英语"Nankeen"是否有确切的关联，但有猜测认为，葡萄牙语 Nanquim 的词源和近代早期外国与中国的纺织品贸易有关，最早指的是用于在中国纺织品（英文中的"Nankeens"）上进行染色的墨水。而这些墨水最初是在南京发明，通过广州或澳门出口。广东话发音"南京"与"Nanquim"接近。

现在的 Nanquim，泛指各种各样形态和类型的墨：固态墨，即以条状形式出现的"墨条"，可通过在质地细腻的砚台上研磨而得到墨水；液体墨水，即市面最常见的,用于画中国山水画、写书法的墨水;还有现代社会的钢笔、水笔中的墨水。

六、中国艺术的影响

1.建筑

在巴西可以找到一些中国古建筑,如寺庙中的一些亭台楼阁等。不过,为了节约时间、优化材料,巴西经常使用现代的建筑生产方式和工作模型。巴西建筑和修复项目教授 Danilo Firbida 曾经在视频上介绍,中国建筑的遗迹是寺庙、宝塔、道观等,"它们的灵感都来自自然"。

巴西有一座比较著名的中式建筑——中国塔(Pagode Chinês),它建在里约热内卢北部的圣克里斯托旺街区 Quinta da Boa Vista 公园,是该地区的振兴工程之一,于 1910 年由当时的市长 Serzedelo Correa 建造。建造这座建筑的初衷,是致敬中国华人为这座城市作出的贡献。

这座中国塔实际上是个单层的五边形亭,采用两重檐架构,立柱为金属钢柱,柱形仿照竹节形。亭檐口滴水采用仿龙造型,与中国传统飞檐的上翘形态不同,滴水造型弯折朝下,体现了中国传统风格在异域的解读。亭顶为琉璃攒尖,亭瓦为金属制仿照波纹瓦。细节处理精致,轻盈典雅。它将中国的传统建筑风格融入当地的景观,给观赏者不一样的视觉享受。

这座五边形亭是一座独特而又具有异域传统文化特色的建筑,再现了中国传统建筑的光影,吸引了许多游客。有趣的是这个明显亭制式的公园小亭,在巴西当地被称为"塔"。在中国,四壁敞开的是亭子,封闭的才是塔。不过,这座"中国塔"在当地几乎成了一座有特色的景观建筑,将两种文化融合在一起,让人惊叹不已。

这座中国塔在巴西社会和文化中的意义非常重要。它不仅代表着中国传统文化的特殊建筑,还象征着中国人在当地的贡献。它是一座历史悠久的建筑,前来参观的人们通过它更好地了解中国文化,理解中国和巴西之间的关系。此外,它也是一座可以传递爱与和平的建筑,让人们能够了解到中国文化的美好一面,维护了当地的多元文化环境。

2. 张大千

张大千（Chang Dai-chien）是旅居巴西的中国近现代最著名的画家。他一生中创作了 3 万多幅作品，其艺术成就在世界范围内得到认可。1953 年前，张大千先后居住在美国和阿根廷。他远去异国他乡，辗转南北美洲，致力于把中国画介绍到西方。他曾说，"远去异国，一来可以避免不必要的应酬烦嚣，能于寂寞之乡，经营深思，多作几幅可以传世的画；再者，我可以将中国画介绍到西方……"在巴西，他也是这么做的。

张大千于 1954 年移居巴西，在圣保罗 Mogi das Cruzes 购买了 200 亩的柿子园，建成了一座中国式庄园——八德园，留居 17 年。买下柿子园后，张大千挖建人工湖，修建亭台桥廊，栽种从海外搜集来的奇珍异树，打造了一个山光湖色一流的中国园林。八德园里有着故乡的气息，里面有中式建筑、中式的山水、柿林、天鹅、孔雀、石头和盆景。园子里有一棵巨大的松树，被专门压枝形成卧龙的形状。张大千在八德园里招待宾客，用粤菜款待客人。他和他的家人及弟子们穿着中式长衫，用汉语交谈[17]。他虽然没有学会葡萄牙语，巴西艺术也未曾直接影响到他的作品，但莫吉达斯克鲁兹的自然风光激发了他的灵感。张大千的作品在 2011 年艺术品拍卖会上累计盈利 5.5453 亿美元，售出 1371 件拍品，其中许多作品是在巴西创作的。

1956 年，张大千与毕加索的会面，被称为"东西方艺术的交汇"，在中西艺术史上成为美谈。在圣保罗国际双年展上，张大千首次展出了巨幅荷花图，震惊了巴西和世界美术界。目前，他是作品交易价值最高、累计销售额最高的艺术家之一，超过了目前排名第四的毕加索。

1971 年，圣保罗政府为筑坝修水库，征收了"八德园"。1983 年，张大千在台湾逝世。之后的 1989 年，张大千在巴西的房产被水淹没，八德园仅剩 3300 平方米的湖边地。尽管如此，张大千生前始终视巴西为自己的第二故乡，对巴西人民和文化怀有崇敬之情。张大千居住在巴西的时候，圣保罗的普通民众鲜有人知道他是谁，也不了解他在艺术界的地位。直到近年来，张大千的画作动辄拍出过亿元天价，他旅居巴西的故事才成了人们关注的热门话题。如今，他的巴西后人和弟子继续延续着他在中国书法、绘画、诗歌方面的影响力。他们创办的书法国画学校、培训班如雨后春笋般涌出。巴西民众也意识到了"八德园"的巨大历史文化价值，并为毁掉八德园后悔惋惜不已。有一位官员说，如果当年不毁了八德园，它如今会是一个重要的人文景观。

巴西学界一直在向政府和民众呼吁重视张大千的历史遗迹。坎皮纳斯州立大学退休教授、艺术史学家和中国文化学者何塞·罗伯托·特谢拉·莱特（José Roberto Teixeira Leite）指出，"中国的绘画艺术有 3000 年的传统，成千上万的画家在中国工作。对于一些评论家来说，张大千是过去 500 年来最重要的中国画家"。Gorgulho Braz 在名为《张大千在巴西：被忽略的记忆》的论文中认为，张大千在巴西不应该被遗忘。[18] 因为张大千在巴西生活期间，"其高贵的文化空间引起了巨大的反响，张大千也受到巴西文化圈知名人士的尊敬和赞扬"，然而，"尽管 1954 年至 1973 年间住在巴西，但目前只有两家博物馆拥有他的作品"。事实证明，"西方对中国艺术和文化在当代世界地位有着误解的现象"，而"巴西人对巴西和中国交流的贡献"也不应该被抹去。

七、中国美食的影响

有外媒曾评论，"中餐向来是中国最成功的文化输出品"。可以说，中餐在国际交往中是一个极佳的手段，也是中华文化和中国软实力的重要组成部分。巴西是一个多元文化的国家，饮食习惯受到多种文化和民族的影响。对巴西饮食影响力排前三的国家，依次是意大利、日本和阿拉伯。近几年来随着中国移民落地生根，巴西人的一日三餐也在受中国饮食习惯影响。

虽然巴西在地理位置上与中国相隔甚远，但在美食上却有着相似之处，这使得中餐非常容易被巴西人接受。首先，中国人和巴西人都以"热爱美食"而闻名。其次，从膳食结构来看，巴西人和中国人都把米饭作为主食。巴西有很著名的"黑豆饭"，即在白米饭上浇上用黑豆、牛肉、猪肉等一起熬制的杂汤；巴西人喜欢吃辣，而中国的许多地方也喜欢吃辣；巴西人和中国都经常吃鸡肉、猪肉及豆类，喜欢食用油炸食品等。从饮食文化来看，二者也存在共通之处。巴西人和中国人都非常重视家庭聚餐。每逢节日或特殊时刻，家庭聚餐都会成为首要的事情。宗教在饮食方面也有着重要影响。中国和巴西一样，宗教习俗往往规定了信徒一系列的禁忌膳食。

中国移民带来了不少备受欢迎的中国美食。在巴西侨民餐厅使用的食材中，最常见的是鸡肉、猪肉、大白菜，还有荸荠、竹笋、洋葱、藕、金银花、百合、紫菜、蘑菇、荔枝和龙眼，调味品有香油、八角、花椒、桂皮、决明子、生姜、五香粉、味精等。在普通巴西人眼里，中国食物的特点是辛辣、香浓、蔬菜丰富，经常用油脂来热炸或者煎炒，酱汁浓厚，让人欲罢不能。巴西国家卫生监督局曾经在巴伊亚州做过一项调查，询问当地人中国菜的标志性元素。调查得到的答案惊人的一致，即"酱油"是中国菜区别于其他国家菜肴的重要标志[19]。

巴西侨民餐厅中，因广东侨民来得最早，因此经营时间最久的是广东人开的餐厅，最深入人心的也是来自广东的美食。但随着时间的推移，食材不断创新，品质在不断地提高，菜品在不断扩充。华人社区餐厅目前在明显的地区菜系区分传统。随着移民饮食的多样化，侨民餐厅现在有北方面食、淮扬菜、台湾小吃，最近又添加了川菜和川式火锅；食材也非常广泛，有当地的西红柿、芦笋、茄子、西葫芦、芹菜、芦荟、芹菜头、青椒、甘蓝等，甚至融入了当地的食材，如奶酪、牛肉、意粉等。越来越多的巴西人知道了宫保鸡丁、麻婆豆腐和北京烤鸭以及这些美食背后的文化故事。巴西本地美食家也开始探寻食谱更加正宗、口味更加纯正的中国美食，甚至去探寻中国菜背后的"阴阳""平衡"及"五行"的哲学原理。中餐以蒸煮炒为主，少油、健康、平衡、清淡的特点也逐渐为人所熟知，并被视为现代社会的健康饮食方式。

历史上，在巴西著名的中国风味美食有角仔、炒面、杂碎、咕咾肉、宫保鸡丁等。

1. 角仔

"角仔"是当地华人对 Pastel 的称呼。巴西人对 Pastel 有着像对比萨饼一样的喜爱。早在 20 世纪 40 年代，就有自广东台山的华侨在巴西售卖角仔。到了 70 年代，名为"Pasteiralia"的"角仔店"更加兴旺。时至今日，角仔不断改良，迎合了巴西人重口味、喜油炸、嗜辣的特点。

在正宗的广东美食中，"角仔"也叫"油角"，是用面皮包裹馅料的油炸食物。面皮由面粉、鸡蛋、猪油搓成，馅料以芝麻、砂糖或豆沙、薯蓉为主。面皮包裹馅料后，捏成元宝大小的锁边半月形角子（寓意为"荷包"）油炸，在春节期间享用。远赴巴西的广东人对油角进行了改良，把面粉搓成外皮，里面放不同馅料，例如芝士、鸡肉、腌牛肉等，再下油锅炸得香脆。巴西角仔一般都是长方形，而不是像广东角仔那样的半月形，原因很简单，因为一横一竖的包法速度最快，最有效率。巴西角仔的馅料也是不同的，长方形的是牛肉馅，圆锥形的是鸡肉馅。巴西角仔的个头儿比广东油角大，有巴掌大小。巴西角仔的馅料以肉类为主。广东角仔油炸后可以长期保存，以便在春节期间慢慢享用；而巴西角仔在街上"即点即炸"，确保香脆可口，是一种日常小食。角仔加一杯鲜榨甘蔗汁是绝配。

角仔价钱为 5~10 雷亚尔（巴西货币）。巴西人对物美价廉的油角毫无抵抗力，每个口味的油角都有着柔软的面团和均匀的口感。它们的外表烤得金黄香脆，里面充满了汁肉，带给人满足感。每当巴西人经过街边的油角店，他们总会被那香浓的油角气味吸引，不禁停下脚步，一口气买下一整袋油角享用。20 世纪 40—70 年代，油角之兴旺达到高潮，许多巴西华人以此养活了一代子女。

2. 炒面

炒面是由洋葱、葱花等蔬菜，加上鸡肉或其他肉类，加入煮软的面条爆炒而成。炒面在英语有专门的词语，"Chow Mein"，发音类似于广东话的"炒面"。它在巴西没有采用其中文名，而是使用了已经存在的外来词汇的方法，称为 Macarrão Frito Chinês（中国的意粉）或 Yakissoba（日本炒菜面条），体现了巴西多元的移民文化。在南马托格罗索州，特别是在首府大坎普，炒面是最传统的菜肴之一。在圣保罗，炒面也非常受欢迎，在 Liberdade 附近到处都能看到。在公共场所经常可以看到卖炒面的街头流动摊位，由于炒面流动摊位成本低，无疑成了刚来的华人自立谋生的好生意。除了 Liberdade 区，炒面在快餐店、亚洲外卖食品店和专门的中国食品商店都有销售。

3. 杂碎

杂碎（Chop Suey，广东话发音"杂碎"）是一道华裔美国人发明的菜品，把炒肉、鸡蛋和各种蔬菜，包括大白菜、胡萝卜、洋葱、卷心菜、荷兰豆、豆芽，一起翻炒成一道美味的"什锦混合"。最早的北美华工，用剩菜炒制杂碎。如今，这道菜风靡南北美洲。

4. 咕咾肉

咕咾肉（Carne de Porco Agridoce，直译"糖醋猪肉"）是将猪肉放入打好的鸡蛋中，混入面粉混合物，然后煎至黄褐色，再在深锅中加入糖、醋、菠萝汁、芥末、酱油和黑胡椒等，最后加入热猪肉、菠萝块和胡椒，趁热食用的美食。咕咾肉香味四溢，色泽金黄，口感香脆，汁水丰满。菠萝与肉搭配，酸甜美味，让人无法忘怀。咕咾肉的配汁，糖醋汁（molho agridoce）也是葡语通用烹饪术语。

5. 春卷

春卷（Rolinho Primavera），在巴西或使用其菲律宾名称 Lumpia，或使用其闽南语"润饼"发音 lunpia。春卷长 10~15 厘米，高 2~3 厘米。春卷皮用面粉或米粉制成，里面包满切碎的蔬菜或肉类、虾类，常常油炸后配上味道浓郁的酱汁食用，在春节当作节日食品。但在巴西，春卷成了日常食物。制作方式也因地制宜，与其他菜的原料混合使用。春卷以前只配肉馅和卷心菜，现在有配番石榴奶酪、鸡肉、日式蟹酱、香蕉配肉桂等。

6. 宫保鸡丁

宫保鸡丁的葡语译名为 Frango Xadrez，即"棋盘鸡"或"格子鸡"。这是由于鸡丁的方块形状（英语中的 Chicken in Cube）和五彩斑斓的蔬菜的组合，像极了棋盘。只有极富想象力的巴西人才能想出如此生动的表达。巴西版的棋盘鸡，由腌制的鸡肉块组成，加入橙子或橙汁、生姜、大蒜、鸡汤、糖、油、玉米淀粉、盐和胡椒粉翻炒。一些棋盘鸡改良版有用其他肉类代替鸡肉的，例如猪肉、鸭肉或鱼。

八、生活方式的影响

1. 中医

中医是中国古老的治疗手段，以五行理论为基础，在西方主要是预防为主，兼治各种疾病。在巴西，中医实践始于第一批中国移民抵达里约热内卢的1810年。目前，中医的实践包括针灸、拔罐、推拿、艾灸、食疗和中药疗法，其中传播最为广泛和有影响力的是针灸。

巴西针灸的起源与中国移民及巴西土著的传统习俗有关。1908年，日本移民引入了日本针灸，不过，日本针灸仅限于日本人的聚集地。1958年，理疗师弗里德里希·施佩思（Friedrich Spaeth）开始在里约热内卢和圣保罗一带教授针灸。施佩思也由此被公认为是20世纪50年代在巴西传播针灸的主要人物。1961年，巴西第一家针灸诊所成立，1972年，巴西针灸协会（ABA）成立[20]，1977年，巴西立法承认针灸师的地位。此后，中医在巴西得到进一步推广。几十年来，巴西社会为针灸以及中医的合法性展开了辩论，到了80年代，政府通过一系列决议表达了对针灸的认可，如联邦物理治疗和职业治疗委员会（COFFITO-60号决议，1985年）；联邦药事委员会（CFF第353/00号决议，2000年）；联邦言语治疗委员会（CFFa第272号决议，2001年）和联邦心理学委员会（CFP 005，2002年）。目前，在巴西有针灸师10万人，其中，华人针灸医师有3万人。巴西全国近500所公立医院和2500多家诊所设有针灸治疗室[21]。针灸被巴西劳工部视为技术水平的职业（CBO 322105）且职业被分为4个种类：针灸师、针灸理疗师、针灸医师和针灸心理专家。由于针灸不是一个受管制的职业，针灸行医者可以在全国范围内工作。针灸治疗已在巴西得到较为广泛的认可和应用，被纳入巴西统一医疗体系SUS（Unified Health System）医疗系统，多所高校也开设针灸课程。

巴西人对中药的接受，较针灸稍微晚些。中医的五行理论曾被西方医学认为是奇说异谈，但在2010年前后，人们普遍接受了中医能够治病的说法。中医药可以有效治疗许多慢性病，缓解疼痛和其他症状，提高免疫力，对如肝病、胃病、消化不良、头痛、关节炎等，都有很好的疗效。作为大量西药的替代，许多患者服用中药，希望能借此获得更全面、综合的治疗方法。从20世纪80年代起，巴西不断有学员来到国内的医科大学，进修中医学，中国和巴西也加强了在中医药研发方面的合作和投入。自1990年以来，巴西政府投入巨资，在坎皮纳斯大学和全国医院建立了现代化植物药研发中心，亚马孙植物园、多个州重点大学也设立了植物药研究室。2006年，政府推出了针对针灸及草药等传统疗法的结合和补充实践政策，大力推广草药的研发和使用。2008年，巴西出版了第一本《植物疗法目录》，标志着巴西正式进入草药发展的新时代；2012年，研究人员又出版了《传统常用草药注释》，促进了草药在医疗卫生保健中的应用[22]。2022 年，第十九届世界中医药大会在巴西圣保罗举行，增进了南美洲民众对中医药的了解。

2. 佛教

佛教作为一种宗教信仰，已经在巴西传播了许多年。巴西最早的佛教徒是日本移民。然而，几十年来日本移民后裔中佛教徒人数逐渐减少，许多中国佛教徒抵达巴西，在当地开展佛教信仰活动，推广佛教文化，并建立起佛教社区。来自非日国家及南美本土人士皈依佛教后，佛教徒的结构发生了改变。根据 2010 年巴西人口普查的数据，巴西有佛教徒 243,966 人，占全国总人口的 0.15%，追随者较上一年的数量有所增加。虽然仍然是少数宗教，但佛教在巴西的传播却非常活跃。巴西已经有了多个佛教寺庙、社区和团体，参加佛教活动的人也越来越多。佛教不仅对当地文化和社会发挥着重要作用，对国家的发展也有很大影响。

在巴西，最著名的佛教寺庙当属位于巴西圣保罗市郊区哥基亚市的"如来寺"（Templo Zu Lai）。圣保罗如来寺是南美洲最大佛寺，占地 10,000 平方米，是巴西境内中国风格建筑最伟大的典范，也是巴西人了解中国历史和文化的重要景点。这座寺庙结合了现代西方建筑的特点，是仿照唐代宫殿的样式建成的。当时由于担心巴西的建筑师不了解寺庙风格，创办人星云大师专门组织了一个团队前往中国了解唐代寺庙的建造知识。建筑物使用水泥而非中国传统榫卯拼接而成，但寺庙的瓦片和栏杆都是从中国运达。如来寺于2003 年启用，除了作为宗教祭祀活动场所外，还坐拥公园、湖泊和游乐场。身处如来寺庙，游客时常惊叹于其恢宏的建筑和非凡的景观。如今，如来寺集"教育、文化、慈善、弘法"四大功能为一身，以"开放性"而闻名，吸引了众多信徒。如来寺为当地社会的发展发挥了不可磨灭的作用。例如，如来寺吸纳了不少周边生活在毒贩出没和盗贼盘踞的贫民窟的孩子，成立了光明教育中心。通过举办各种文教活动，如来寺帮助不少孩子改变了命运。据统计，目前 90% 以上的寺庙来访者是巴西人。

结　语

巴西华人不仅对巴西的发展贡献巨大，而且对中华文化在世界的传播贡献巨大。华人在巴西的历史可以追溯到19世纪初，那时中国移民抵达巴西帮助建立茶园，随后在巴西各地落叶生根。他们利用自己勤劳肯干的品质和务实高超的技术，在社会各领域占据自己的一席之地。他们积极参与当地的建设，有力地推动了巴西社会的全面进步。

华人在巴西的成功，也是一直以来致力于保护和传承自己的语言和文化的结果。华人以汉语为母语，使用粤语、客家话、闽南语为地方方言，在巴西形成了一种独特的华语体系。为了更好地传承和保护华人语言和文化，华人组织了传承母语的活动，其中，最重要的是开设华文学校。这些学校提供了专门学习中文的环境，以普通话为主要教学语言，开办了中国历史、文化、传统和日常生活等课程。华文学校传承华人的文化和价值观，让华人和其他巴西人更加紧密地联系在一起，增进对彼此了解，加深了友谊。此外，近年来在祖国的帮助下，巴西各地还建立了11所孔子学院。孔子学院是一种非政府性的文化交流机构，不仅提供中文课程，还举办了多种文化活动。孔子学院培养了一批又一批汉学爱好者和了解中国的工作者，增进了中巴友谊，促进了中国文化在美洲的传播和理解，让更多的巴西人更加深入地知晓中国文化。

在各方的努力下，华人所携带的中国文化在巴西这个多元文化的背景中产生了重要的影响。中国文化，包括文字、音乐、诗歌、艺术、宗教、美食等，都成了当地文化不可忽视的组成部分。它们至今仍然保持着中国特色，当其和异域元素相碰时，产生了奇妙的"化学反应"——这使得中华文化在海外得以传承、发展和发扬光大。

在语言上，一些中文词汇已经进入到巴西的语言中，并从某些方面来讲改变了巴西的历史和社会，比如"茶""功夫""太极拳""南京"。在巴西，它们是家喻户晓的词语，见证了中国文化在巴西的浸润和影响。

中国艺术对巴西的影响体现在建筑和艺术家张大千的历史遗迹。里约热内卢 Quinta da Boa Vista 公园中的中国塔这一著名的建筑，以中国传统凉亭为蓝本，两重檐架构、竹节形立柱、亭檐口滴水、琉璃攒尖亭顶等，都营造出了典型的中国氛围。张大千在巴西旅居期间，建造了著名的"八德园"，其作品和艺术风格对巴西的艺术界产生了深远的影响。

中国美食也受到了巴西人的欢迎。巴西的华人社区在当地推广了许多中国传统菜肴，如角仔、炒面、杂碎、咕咾肉、春卷和宫保鸡丁等。这些美食不仅在华人社区中很受欢迎，而且逐渐传播到了巴西本地人中。巴西有许多中国餐馆和快餐店，近年来中国的火锅、烤鸭等美食也得到了巴西人的喜爱，人们也逐渐愿意去了解美食背后的中国文化。

此外，中国文化对巴西生活方式产生了巨大影响，中医和佛教便是其中的代表。近年来巴西人越来越信任中医保健方法，中医诊所及针灸会馆不断涌现。在巴西的一些大城市如圣保罗和里约热内卢的医院，开始积极推行中医和针灸疗法。通过与中国的合作，巴西也在不留余力地推进中药学研发。此外，佛教也在巴西逐渐传播开来，如来寺是南美洲最大的佛教场所，其建筑、规划非常具有中国特色。

总之，在巴西华人的努力下，在中国国家实力不断增强的背景下，巴西的华语得到了传承，中国文化在巴西得到了传播，并在语言、文化和生活方式上影响着巴西社会，为巴西社会的发展作出了重要贡献。随着两国之间的交流和合作越来越频繁，中巴两国的文化交流和融合将越来越普遍。在这一进程中，中巴两国应积极推动文化互鉴，借助科技的发展，加强文化合作，共同推动文化多样性的保护与发展，加强人文交流和民间往来，为两国的友谊和合作注入新的活力。

参考文献

[1] Leite J R T. A China no Brasil: Influências, Marcas, Ecos e Sobrevivências Chinesas na Arte e na Sociedade do Brasil[D]. Artes, Campinas, Brazil: Universidade Estadual de Campinas, 1994.

[2] Torelly L P. O Imaginário Chinês no Barroco Brasileiro[J]. Vitruvius, 2019, 227.

[3] 李斌斌. 巴西华侨华人研究文献综述与人口统计 [J]. 华侨华人历史研究，2018（1）.

[4] 中国华人教育网. 华侨天主堂中文学校 [EB/OL]. 中国华人教育网. 2022. http://www.hwjyw.com/article/15188.html.

[5] 张翔. 巴西华文教育的现状、问题与对策，尚雪娇，丁浩（编），中国与葡语国家合作发展报告 [M]，北京：社会科学文献出版社，2020：186-199.

[6] CGTN. Brazil Opens First International Chinese School with Huawei Technology, 2021: https://www.youtube.com/watch?v=2ZFaluBpP3g.

[7] 中国华文教育基金会. 巴西圣保罗100多名华文教师参加华文教育基金会名师巡讲团授课 [EB/OL]. 2018. https://www.clef.org.cn/ds/2203b13cd1.html.

[8] CGTN. Chinese School in Brazil Invites Local Kids to Celebrate Dragon Boat Festival[EB/OL]. CGTN. 2022. [2023/3/15]. https://www.youtube.com/watch?v=68nRos-9sBQ.

[9] CGTN. Mandarin Schools Gain Popularity in Brazil[EB/OL]. CGTN, America. 2022. https://www.youtube.com/watch?v=DORWLW9Cl34.

[10] 张翔. 葡语国家"孔子学院"和"孔子课堂"一览表（截至 2020 年 12 月），丁浩、尚雪娇（编），中国与葡语国家合作发展报告 2021[M]，北京：社会文献出版社，2021：200.

[11] Paulino L A. O Papel dos Institutos Confúcio no Brasil durante o Período 2008-2018: A Experiência do Instituto Confúcio na UNESP[J]. Os Desafios e as Possibilidades das Relações entre a República Popular da China e a América Latina 2019, 2(2).

[12] 张翔 . "孔子学院"在中国文化传播中的功能探究，丁浩、尚雪娇（编），中国与葡语国家合作发展报告 2019[M]，北京：社会科学文献出版社，2019.

[13] 卞卓丹 . 通讯：庄子走进葡语世界 [N/OL]. 新华网，2022 年 9 月 24 日 . https://www.yidaiyilu.gov.cn/xwzx/hwxw/279268.htm.

[14] 宫若涵 . 鲁迅著作《朝花夕拾》中葡双语版在巴西发行 [N/OL]. 新华网，2021 年 7 月 29 日 . https://www.xinhuanet.com/2021-07/29/c_1127708436.htm.

[15] 陈效卫 . 静水流深 润物无声 ——访巴西里约热内卢天主教大学孔子学院 [N/OL]. 人民日报，2017 年 4 月 20 日 . http://world.people.com.cn/n1/2017/0420/c1002-29223572.html.

[16] 张喆 . "巴西叶问"授武 40 年"中国功夫"扎根异国武林 [N/OL]. 广州日报，2014 年 7 月 9 日 . http://world.chinadaily.com.cn/2014-07/09/content_17679655.htm.

[17] Peixoto G. Seca em Represa Revela Vestígios de Sítio de Pintor Renomado em Mogi[N/OL]. Globo, April 12, 2014. https://g1.globo.com/sp/mogi-das-cruzes-suzano/noticia/2014/04/seca-em-represa-revela-vestigios-de-sitio-de-pintor-renomado-em-mogi.html.

[18] Gorgulho Braz G. The Neglected Memory of Artist Zhang Daqian in Brazil[J]. Seminário Pesquisar China Contemporânea, 2021(4): 26-27.

[19] Minnaert A C D S T. A Comida na Diáspora: Um Olhar Antropológico sobre a Comida Chinesa em Salvador, Bahia[J]. Afro-Ásia, 2018, 58: 119-153.

[20] Rocha S P, Benedetto M a C D, Fernandez F H B, et al. A Trajetória da Introdução e Regulamentação da Acupuntura no Brasil: Memórias de Desafios e Lutas[J]. Ciência & Saúde Coletiva, 2015, 20(1): 155-164.

[21] 莫成雄 . 为何巴西两任总统钟情中医针灸？专访"中华之光"获得者宋南华 [N/OL]. 中国新闻网，2022 年 6 月 22 日 . https://www.chinanews.com.cn/hr/2022/06-26/9789174.shtml.

[22] 陈鼎 . 巴西：利用资源优势加大中药研发 [N/OL]. 中国青年报，2021 年 11 月 30 日 . https://baijiahao.baidu.com/s?id=1717818251134293906&wfr=spider&for=pc.

其他葡语国家和地区的华语教育

葡语国家是中国传统文化的重要传承地，也是中华文化在葡语范围内的传播地。除了巴西外，葡萄牙、安哥拉、佛得角、东帝汶、几内亚比绍、赤道几内亚、莫桑比克、圣多美和普林西比以及中国澳门特别行政区都是葡语国家和地区，它们横跨欧非亚大陆，对中国传统文化的传承和影响有着不可忽视的作用。其中的中文教育机构和孔子学院、孔子课堂正在成为葡语国家文化及中华文化交流的重要纽带。

地处欧洲的葡萄牙，汉语教育发展迅速，孔子学院的发展助推了汉语教育，为葡萄牙人接触中国文化和与中国人交流提供了重要便利。非洲的孔子学院和孔子课堂不仅普及汉语文化，同时也致力于解决当地具体问题，如农业、医疗、水利建设等，推动中非文化交流，促进双方友好合作。澳门则融合了多元文化、多语社区的特点，其孔院作为国际汉语教学及中国文化推广的平台，为国家及世界培养高端、优秀的中葡双语人才作出了贡献。

在这些国家和地区中，中文教育和孔子学院、孔子课堂正在不断壮大，为当地学习和传播中华文化提供了强有力的支撑。

一、葡萄牙中文教育和孔子学院

1.中文教育

早在 15 世纪，中葡之间的交往就开始了。最初的交往始于大航海时期，葡萄牙人先到达印度，然后到达东南亚，随后开始与在中国南部地区如广东和澳门展开贸易活动。当时的接触并不多。16—18 世纪，以广东为辐射，特别是以澳门为辐射中心，中葡之间的交往才相继增多。

在中葡交往的历史中，涉及多方面的交往：一是外交方面。如中国历代皇帝和葡萄牙王室之间的往来；二是技术方面。比如中国纺织技术最早传到葡萄牙；三是传教士方面。他们带来了科学理念和技术，以及钟表等欧洲后来发达的技术；四是艺术品方面。这个时期，双方之间的交流和贸易活动得到了很大的发展，造就了深厚的友谊。

从语言的交往来看，编写于 16 世纪末叶的《葡汉词典》(*Dicionário Português-Chinês*) 是已知最早的欧汉双语词典稿本。据传，这一词典是由第一批来华的耶稣会士罗明坚和利玛窦编写的。它除了记录汉字外，还标注了拼音，是载有近代葡汉两种语言文字的珍贵史料。因此，这本《葡汉词典》成了研究中葡语言具有重大价值的文献。人们普遍相信，近代中西词汇的大规模接触便始于此。

不过，中葡两国大规模的人员交往是在 1979 年中葡建交之后发生的。有了经济、贸易、人文、文化各方面的广泛交往，才催生了对汉语的需求。到了 20 世纪 80 年代，大规模的移民活动开始。大多数移民来自浙江，还有一部分来自澳门。随着移民人数的不断增加，为了满足华人社区的需求，各类社会机构应运而生。这些机构的性质因移民群体而异。已居住在葡萄牙的移民、从澳门过来的新移民以及莫桑比克移居过来的华人，成立了社区协会，举办学校或出版中文报纸，帮助新移民更好地适应当地的生活。如今坐拥《葡华报》《联合时报》等知名报纸、在葡语和西语世界都具有著名影响力的环球伊比利亚传媒集团，其创始人在 90 年代就创办华语培训班并开始盈利。

随着澳门回归中国，90 年代末期，葡萄牙面临着越来越大的汉语学习需求。这时，葡萄牙政府批准设立华文学校，开设正规的汉语课程，社会机构也开始开办汉语课程，如澳门经商处、澳门之家等。去往中国的记者、访问学者等，都需要掌握汉语技能，这促使了本地葡萄牙人和华裔子女都开始学习汉语，学习汉语的人数也越来越多。

从 1998 年开始，汉语教学在葡萄牙得到了快速的发展。汉语课程进入葡萄牙的高等教育，教学变得正规化。例如，1998 年，阿威罗大学把"中国语言文化"列入大纲必修课，使汉语教学有了固定的教材和教学大纲。1999 年，里斯本政治与科学高等学院开设了汉语课程。2004 年，米尼奥大学开设了东亚研究本科专业，将汉语作为学生选修课程以及把日语作为本科专业的正式课程，纳入教学大纲中，这标志着汉语在葡萄牙大学中得到了重视。2008 年，莱里亚理工学院开设了学制 4 年的中葡翻译本科专业。如今，这个专业已经运作稳定且非常成熟。2008 年，里斯本大学文学院开设了亚洲研究本科专业，要求学生在 3 年内学习两门亚洲语言，可以选择日语、汉语、韩语以及印度语等。目前，里斯本大学还开设翻译硕士课程。这些开设汉语课程的学位教育都取得了丰硕的成果。2021 年葡语版《三体 I 》的译者 Telma Carvalho，就是先后攻读莱里亚理工学院中葡翻译本科课程、里斯本大学翻译硕士课程并获得了学位。

随着政府和社会机构的大力支持，几十年来，葡萄牙的汉语教育获得了长足的发展，汉语课程已经成为葡萄牙高等教育体系中不可或缺的一部分，为葡萄牙接触中国文化以及与中国的交流提供了重要的便利和支持。

2. 孔子学院

孔子学院在葡萄牙汉语教育的快速发展中发挥着至关重要的推动作用。2015 年，葡萄牙教育部跟当时的中国国家汉办签署了汉语教学试点项目协议，正式将汉语教学纳入葡萄牙的国民教育体系。孔子学院的建立，加快了汉语教育的发展，使葡萄牙学生更加系统、方便地学习汉语。孔子学院项目的发展过程是从一个最初的兴趣业余班转换到一个正常的学分班，同时从高等教育逐渐发展到中等教育，甚至小学阶段也开设了汉语课。此外，葡萄牙政府也将汉语列入公立中学，进一步推动了汉语教育的发展。经过近 10 年的发展，孔子学院在葡萄牙汉语教育中起到了重要作用。

下面介绍一下葡萄牙孔子学院的情况。

表 1　葡萄牙孔子学院

名称	承办机构	合作机构	设立时间
里斯本大学孔子学院	里斯本大学	天津外国语大学	2007 年 1 月 31 日
米尼奥大学孔子学院	米尼奥大学	南开大学	2005 年 12 月 9 日
阿威罗大学孔子学院	阿威罗大学	大连外国语大学	2014 年 9 月 21 日
科英布拉大学孔子学院	科英布拉大学	浙江中医药大学、北京第二外国语学院	2015 年 7 月 6 日
波尔图大学孔子学院	波尔图大学	广东外语外贸大学	2018 年 12 月 5 日

资料来源：张翔（2021）[1]。

葡萄牙的孔子学院共有 5 所。据不完全统计，葡萄牙的孔子学院每年所教授的学生大概有 6000 名。葡萄牙的孔子学院课程可以大致分为 4 种：第一种是高校学分课程，如亚洲研究专业的选修课；第二种是社会班公开班，为职场人士提供的汉语课程，没有学分，只为达到学习目标；第三种是中小学的外语选修课，葡萄牙的第一外语是英语，汉语可以作为第二外语选修。此外，还有为政府机构或企业提供的定制课程，为特定事业服务。

葡萄牙的孔子学院的教学点设在各种类型的教育机构，例如里斯本孔子学院的一个教学点位于高等教育机构理工学院内；其他孔子学院则设在周边的中小学里。这些教学点各具特色，形式各异，有的在公立学校，有的在私立学校，甚至还有专门为老年学习者提供的汉语课程。

在葡萄牙的 5 所孔子学院中，米尼奥大学孔子学院是葡语国家和地区中最早建立的孔子学院，它正式运行于 2005 年 12 月底。米尼奥大学孔子学院推广汉语教学，努力提升汉语教学水平，为大学生及社群人士提供汉语教学和中国文化传播，同时重视对 6~17 岁中小学生的汉语及中华文化普及，设立"汉语校园"计划。从 2006—2007 学年起，入学人数迅速增加，到 2017—2018 学年已达 435 人，覆盖 14 所学校及 39 个教学班。[2] 另外，该孔子学院还于 2011 年起出版汉语教材和中国文化读物，与巴西及其他葡语国家的孔子学院合作发行教材及光盘。

另外 4 所孔子学院于 2007 年、2014 年、2016 年和 2018 年成立，分别是里斯本大学孔子学院、阿威罗大学孔子学院、科英布拉大学孔子学院和波尔图大学孔子学院。里斯本大学孔子学院致力于培养汉语人才、推广汉语教学和传播中国文化，连续 3 年组织"本土汉语教师培训"及"在葡汉语教学研讨会"，以加强中葡文化交流。[3] 阿威罗大学孔子学院侧重于系统地培养本土汉语教师，在全校开设"中国语言文化"课程，以推动中葡两国文化交流。[4] 科英布拉大学孔子学院则创新了三方合作模式，将汉语、中华传统文化活动和中医药多领域融合创新发展，对推进"一带一路"倡议起到了积极作用。[5] 波尔图大学孔子学院则位于工商业城市和中葡交流合作的前沿城市波尔图，该孔子学院的成立为推动了中葡关系发展和两国务实合作。

葡萄牙的孔子学院都具有完备的评估机制来考察学生的学习效果。葡萄牙几乎所有孔子学院现在都能够举办 HSK 考试（汉语水平考试）或是 YCT 考试（中小学生汉语考试）。

二、非洲葡语国家的孔子学院

　　葡语国家的汉语教育正在以不同的方式取得成功。从欧洲大陆上的葡萄牙，到非洲大陆上的安哥拉，中国汉语教育正在发挥着更大的作用。通过孔子学院，更多的外国人有机会学习汉语，了解中国文化，接触中国文明。孔子学院不仅在欧洲大陆发挥着重要作用，而且随着非洲的葡语国家在汉语教育方面的积极努力，孔子学院或孔子课堂在非洲葡语国家也取得了成功。以下是孔子学院在非洲葡语国家的情况。

表 2　安哥拉

名称	承办机构	合作机构	设立时间
安哥拉内图大学孔子学院	安哥拉内图大学	哈尔滨师范大学、中信建设有限责任公司	2014 年 3 月 1 日

表 3　莫桑比克

名称	承办机构	合作机构	设立时间
蒙德拉内大学孔子学院	蒙德拉内大学	浙江师范大学	2011 年 4 月 22 日

表 4　佛得角

名称	承办机构	合作机构	设立时间
佛得角大学孔子学院	佛得角大学	广东外语外贸大学	2015 年 2 月 9 日

表 5　赤道几内亚

名称	承办机构	合作机构	设立时间
赤道几内亚国立大学孔子学院	赤道几内亚国立大学	浙江外国语学院	2016 年 1 月

表 6　圣多美和普林西比

名称	承办机构	合作机构	设立时间
圣多美和普林西比大学孔子学院	圣多美和普林西比大学	湖北大学	2018 年 9 月 5 日

　　资料来源：张翔（2021），[1] 有增补。

非洲葡语国家目前已经建立了 5 所孔子学院，分别位于安哥拉、莫桑比克、佛得角、赤道几内亚、圣多美和普林西比，涵盖了除几内亚比绍以外的所有非洲葡语国家。这些孔子学院均设立在当地最知名的大学。各个孔子学院积极开展各种中国特色的文化活动，在大学不同校区以及中小学开设教学点，通过夏令营和奖学金项目帮助更多的非洲学生深入了解中国文化。此外，各个孔子学院还挂牌成立 HSK 考试考点，为更多非洲学生参加汉语水平考试提供便利。

1. 安哥拉

安哥拉内图大学孔子学院是全球首个由中资企业——中信建设有限责任公司赞助建设的孔子学院。由中国国家汉办、安哥拉内图大学、中信建设有限责任公司、哈尔滨师范大学共同创办。中信建设出资近 150 万美元建设教学楼及教职工公寓楼，教学楼总建筑面积为 600 多平方米，内含当地语言研究室、图书室及大型多功能厅等，是集教学、会议、活动于一体的多功能教学场所。[6]是安哥拉学生学习中国语言文化的重要平台，也是中安两国文化交流的重要平台，为中安两国人文交往和民间友好往来的长远发展发挥积极作用。

2. 莫桑比克

莫桑比克蒙德拉内大学孔子学院是莫桑比克汉语教学的权威机构，拥有包括蒙德拉内大学、高等国际关系学院、语言学院、Kitabu 中学等 7 个教学点。[7]莫桑比克蒙德拉内大学孔子学院拥有 20 位汉语教师，汉语学习者累计达 3000 多人，2016 年注册学员近 1000 人，2021 年注册学员累计超过 7000 人次，开设初级、中级、高级汉语培训班、特殊用途的汉语课，以及太极、武术、剪纸、书法等文化课程。2016 年 2 月，蒙德拉内大学汉语专业正式开课，将汉语正式纳入国民高等教育体系。2021 年 2 月，莫桑比克蒙德拉内大学孔子学院搬入期盼已久的新教学楼，拥有 12 间教室、10 间办公室、一个图书资料室、一个报告厅及若干个储藏间，并得到浙江师范大学的物资捐赠。

3. 佛得角

佛得角大学孔子学院自建院以来，在教育部中外语言交流合作中心、佛得角教育部、佛得角17所中学、佛中友好协会等机构的全情关照和鼎力呵护下，开展汉语家教学项目，不断扩大文化影响力。[8]2017年，孔子学院在办学规模、办学层次，尤其是生源结构上取得了重大突破，成功开展了中学汉语教学项目，将汉语教育推广到佛得角中学国民教育体系，迎来了汉语教育在佛得角的快速发展。自2019年起，佛大孔子学院注册学生数量保持在每年1500~2000名。2021年，佛得角大学开设汉语言专业本科项目。至此，来佛任教的中方教师已有50多名，先后有5000多名本地学生加入中文学习。

4. 赤道几内亚

赤道几内亚国立大学孔子学院成立于2016年1月，是该国成立的第一所孔子学院。该孔院由赤道几内亚国立大学与孔子学院总部、中国国家汉办合作建立，中方承办院校为浙江外国语学院。[9]赤道几内亚国立大学孔子学院在巴塔校区、伽尼赫中学等建立教学点，是当地人学习汉语的桥梁。该孔子学院致力于培养本地人才，普及汉语文化，推动中非文化交流。赤道几内亚国立大学孔子学院积极参与当地文化活动，利用其优势，在当地开展多种有益的活动。例如，举办农业培训；为方便当地运行人员与中方工程师语言沟通和交流，更好地熟悉水电站各类设备，防止操作失误，举办"首届吉布洛汉语培训班"；[10]举办以中国太空航天员与非洲（赤儿）青少年对话之"我的梦想"为主题的绘画作品比赛；举办"国际中文日"活动。

5. 圣多美和普林西比

圣多美和普林西比大学孔子学院是圣多美和普林西比大学和湖北大学合办的孔子学院，2018年9月5日，由中国驻圣普大使王卫与圣普驻华大使多明戈斯签署设立协议，2019年4月正式启动。开办之时，有3名来自湖北大学的汉语教师志愿者，开设了3个汉语教学点，覆盖了圣普大学3个校区。2019年共招收汉语学习者220余人。[11]目前，孔子学院为传播学专业大三学生开设的汉语必修学分课程已纳入了圣普大学课程体系。2020年6月30日，举办了首届圣普"汉语桥"大中学生中文比赛。2023年4月24日，联合中国援圣普疟疾防治顾问组及中国援圣普医疗队举行了主题为"世界疟疾日，圣普在行动"的活动，推动抗疟合作，共同实现消除疟疾的目标。

三、亚洲葡语国家地区的孔子学院和课堂

1. 东帝汶

在亚洲的葡语国家东帝汶，虽然还没有建立孔子学院，但孔子课堂已经设立。2019年，东帝汶商学院与山西大学合办了孔子课堂。[12] 东帝汶商学院创办于2002年，位于首都帝力，是该国规模最大、排名第一的私立大学。东帝汶商学院孔子课堂也是山西大学在东南亚"一带一路"沿线国家建设的第一所孔子课堂。

表7 东帝汶"孔子课堂"

名称	承办机构	合作机构	设立时间
东帝汶商学院孔子课堂	东帝汶商学院	山西大学	2019年12月10日

2. 中国澳门

除了9个葡语国家外，把葡语作为官方语言之一的中国澳门特别行政区于2018年4月16日在澳门大学成立孔子学院。澳门大学孔子学院利用其独特的多元文化、多语社区等优势，开展国际汉语教学及中国文化推广，成为面向国际，特别是葡语国家的交流平台。每学年，澳门大学孔子学院免费提供"初级汉语Ⅰ""初级汉语Ⅱ""中级汉语Ⅰ""中级汉语Ⅱ""中高级汉语""高级汉语"6门课程，对大众开放申请，目前学员主要是澳门母语为非汉语的本澳居民及在澳门工作的外国人和澳门大学的外国留学生。此外，孔子学院还设有国际汉语师资培训中心，搭建国际交流平台，开展文化交流项目，定期举办汉字大赛、风筝工作坊等活动，并发起学术论坛，如"孔学国际研讨会""中国—葡语国家双语人才培养及教学研讨会"。目前，孔子学院正在与人文学院的中葡双语中心紧密配合，探索有效教学理论及双语学习方法，致力于为国家及世界培养高端、优秀的中葡双语人才。

结　语

在巴西以外的葡语国家和地区，汉语教育和孔子学院对中国传统文化的传承和影响都有着不可忽视的作用。从葡萄牙到安哥拉，到佛得角、赤道几内亚、莫桑比克、圣多美和普林西比、东帝汶以及中国澳门特别行政区，中文教育和孔子学院、孔子课堂作出了突出的贡献。15世纪以来，中葡两国在多方面，包括外交、技术、艺术等方面进行了大量的交流，16世纪末叶的《葡汉词典》为双方的深厚友谊奠定基础。随着中葡两国大规模的经贸交流以及大量来自中国的移民的涌入，葡萄牙的汉语需求迅速增加，葡萄牙政府批准设立华文学校，各社会机构也开始举办汉语课程，葡萄牙学习汉语的人数也越来越多。在政府和社会机构的大力支持下，汉语教育得到了长足的发展，汉语课程已经成为葡萄牙高等教育体系中不可或缺的一部分，为葡萄牙接触中国文化和与中国交流提供了重要的便利和支持。孔子学院在各个非洲葡语国家不仅普及汉语文化，同时也致力于解决当地具体问题，如农业、医疗、水利建设等，推动中非文化交流，促进双方友好合作；在澳门则为国家及世界培养高端、优秀的中葡双语人才作出了贡献。

总之，中文教育和孔子学院的发展，为欧洲、非洲和亚洲的葡语国家和地区接触中国文化、推动双边合作和培养双语人才提供了重要的平台。展望未来，我们期待中国和葡语国家的友好关系得到进一步发展，并期盼汉语教育和孔子学院能够继续发挥重要作用，在中国和葡语国家双边文化交流中发挥更大的作用，为更多的母语葡萄牙人士提供更丰富的汉语学习资源，给世界带来更多机遇，也为汉语文化的继续传播和推广奠定坚实的基础。

参考文献

[1] 张翔. 葡语国家"孔子学院"和"孔子课堂"一览表（截至2020年12月），丁浩、尚雪娇（编），中国与葡语国家合作发展报告2021[M]，北京：社会文献出版社，2021：200.

[2] 张翔. "孔子学院"在中国文化传播中的功能探究，丁浩、尚雪娇（编），中国与葡语国家合作发展报告2019[M]，北京：社会科学文献出版社，2019.

[3] 杨成. 天津外国语大学和葡萄牙里斯本大学合作创办的里斯本大学孔子学院获评"全球示范孔子学院"[N/OL]. 中国日报，2023年6月14日. https://tj.chinadaily.com.cn/

a/202306/14/WS64895d45a310dbde06d2358a.html.

[4] 大连外国语大学. 大外签订全国首个国际中文教育专业"语言桥"特色实践基地项目 [EB/OL]. 搜狐网. 2023. https://www.sohu.com/a/735961773_121123990.

[5] 张赛君. 葡萄牙科英布拉大学孔子学院 [EB/OL]. 浙江中医药大学. 2021. https://wsc.zcmu.edu.cn/info/1204/3503.htm.

[6] 上海师范大学非洲研究中心. 安哥拉首家孔子学院举行奠基仪式 [EB/OL]. 2015. https://shcas.shnu.edu.cn/e4/02/c18798a517122/page.htm.

[7] 浙江师范大学. 非洲孔子学院联席会议在蒙大孔院召开 栗战书出席并致辞 [EB/OL]. 澎湃新闻. 2018. https://m.thepaper.cn/newsDetail_forward_2137341.

[8] 广外网. 佛得角大学孔子学院 [EB/OL]. 2017. https://internationaloffice.gdufs.edu.cn/info/1103/5155.htm.

[9] 中国教育在线. 浙外与赤道几内亚国立大学合作创办当地首个孔子学院 [EB/OL]. 2016. https://www.eol.cn/zhejiang/zhejiang_news/201601/t20160131_1362167.shtml.

[10] 中国电建. 中国电建携手赤道几内亚国立大学孔子学院举办汉语培训班 [EB/OL]. 2019. https://www.powerchina-intl.com/gszx/1040.html.

[11] 湖北大学孔子学院办公室. 圣多美和普林西比大学孔子学院 [EB/OL]. 2019. https://io.hubu.edu.cn/info/1418/4380.htm.

[12] 山西大学. 山西大学与东帝汶商学院合作建立孔子课堂 [EB/OL]. 2020. https://bkzs.sxu.edu.cn/sdzl/8143672a938b4ae3bc93e9d81b6d49ff.htm.

下 篇

中国文学在葡语世界的当代传播总体情况

在不同民族、不同文化的世界里，传播是一个非常重要的文化现象。文学在一定程度上是一个国家软实力的体现。文学的互相传播，体现了文化间的互动和交流。葡萄牙语世界里，同样也传播着中国文学。研究和理解葡萄牙语世界中所传播的华人文学，是非常必要的。

葡萄牙语语言世界中的华人文学研究，是一个崭新而独特的研究领域。这个研究领域中，中外学者们从不同视角和方向入手开展研究工作。Schmaltz 总结了中葡翻译互译的情况[1]，澳门学者、诗人姚京明，长期以中葡两种语言写作，对中葡文学翻译有较深的见解[2]；而国内的学者则更关注中华文化"走出去"的状况、方式与策略或中国文学与拉美、葡萄牙文学的比较[3, 4]。但是，由于国内有关的实际内容并不丰富，这些研究成果还不能非常全面和深入地反映葡萄牙语世界中国文学状况和发展趋势；同时，由于这些研究对海外华人文化和华文文学还缺乏系统和全面客观的认识，有关葡萄牙语世界中中国文学的传播所达到的高度、特色及问题等方面的研究成果还不是很多。因此，本研究拟收集中国文学传播数据，对中国文学在葡语国家传播的特点描绘出比较客观的面貌。

葡萄牙语人士对中国文学的认识，较英美等西方主流国家是比较晚的，也是比较初始的。因而本文所论的中国作家群体、作品，也只能是古代经典作者如孔子、孟子、孙子，以及从 20 世纪初开始至 21 世纪 20 年代为止的近现代较为著名的中国国内及海外华人作家，如鲁迅、郭沫若、巴金、老舍、贾平凹、刘慈欣等。本文所讨论的出版情况，为 20 世纪初以后的情况。需要首先声明的是，中国文学在主流语言世界乃至葡语世界，整体的接受程度依然是十分边缘化。不要因为中国媒体或者学术热点的集中讨论，而产生宣传式的虚假繁荣印象。

本研究通过搜索 Goodreads、亚马逊、Skoob、Wook 及图书馆馆藏数据库 WorldCat，整理出 20 世纪以来的葡萄牙语中国文学译作和华人作品纸质书、电子书及绘本。通过搜集学术文献、葡萄牙语网页、社交平台，为葡萄牙语世界华人文学状况、发展趋势、构成特点和读者特点作出判断。

一、总体情况

通过搜索 Goodreads、亚马逊、Skoob、Wook 及图书馆馆藏数据库 WorldCat，笔者整理出 1900 年以来的葡萄牙语中国文学译作和华人作品纸质书、电子书及绘本共 244 部。其中，1978 年改革开放后出版的作品有 224 部。分布如图 1：

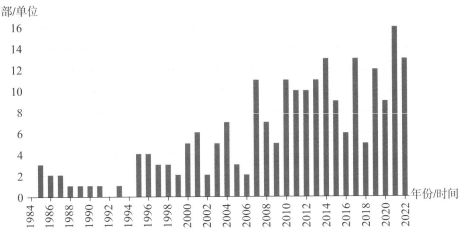

图 1　20 世纪 80 年代后的葡译中国文学数量（截至 2022 年 8 月）

可以看出，改革开放后葡萄牙语世界对中国籍或华人作家作品开启了译介，1985 年后平均每年新出版 5.8 部作品，总体呈逐年上升的趋势。作品的出版发行主要经历了三个阶段。第一个阶段是 1979 年到 2003 年前后，主要是以翻译、介绍中国古典或传统文学为主。这一阶段翻译的作品包括李白、杜甫、白居易、王维作品选编，多个版本的《道德经》《论语》和介绍其他儒道学说的书籍、中国神话寓言故事；兼有少量现当代作家的作品，如鲁迅的《故事新编》。北京外文出版社对外译工作也作出了贡献，翻译出版了老舍的《骆驼祥子》葡语版本。第二阶段从 2004 开始，以 2012 年莫言获得诺贝尔文学奖为标志结束。在这一阶段，葡译中国籍或华人作家的作品大幅增长。《论语》《道德经》仍然在译介传播中，同时不太著名的古代文学家如鱼玄机也被选入了译介的行列。不少在西方主要国家享有威望的华人作品从英、法语转译为葡萄牙语，如戴思杰的《巴尔扎克与中国小裁缝》以及张戎、哈金、欣然的部分小说，其译作受到市场欢迎。中国本土作家开始出现在葡语书籍市场上，如苏童的《我的帝王生涯》，姜戎《狼图腾》，莫言《丰乳肥臀》《变》，阎连科《丁村梦》，余华《活着》《许三观卖血记》等。除此之外，还有"80后"作家春树写的、被誉为"残酷青春小说"的《北京娃娃》。这些作品有的是从英、德、法语转译的，但也开始有作品直接从中文翻译而来。第三阶段，以 2012 年莫言获奖开始，延续至今。在这一阶段，《孙子兵法》成为热点，葡译中国籍或华人作家作品急剧增长，选题也更加多样，中国本土作家比例增大，中文作品可以不通过转译而直接翻译成葡萄牙语，中国本土的当代作家开始直面当地的读者。刘慈欣的《三体》三部曲、麦家的《风声》和《解密》在亚马逊、Skoob、Goodreads 得到了非常热烈的反响。被翻译的还有莫言的《蛙》、陈忠实《白鹿原》、余华《十个词汇里的中国》、阎连科《受活》等。同时，中国古典及现代作品仍然在翻译，如列子《虚冲经》，陶渊明诗选，鲁迅《狂人日记》《朝花夕拾》《野草》和艾青诗选。海外华人作家中自带中国元素的英语作品，通过抖音裂变成网红小说，如加拿大裔网红赵希然（Xiran Jay Zhao）的青春科幻作品《铁寡妇》翻译成葡萄牙语，同样受到了众多年轻读者的欢迎。

翻译活动中，从 20 世纪初到 2023 年，间接翻译占主体，并且估计将来的一段时期内，这一现象不会消失。根据不完全统计，间接翻译占所有文本的 55%~90%。所谓"间接翻译"是指"翻译的翻译"，也称为"二手翻译""接力翻译"。间接翻译通过中介性文本进行翻译，涉及至少三种不同的语言。间接翻译的原文不是作者的原文，而是基于原文的"副本"。[5] 在所有葡萄牙语的中国文学作品译自的原语中，英语占 70%，法语占 20%，意大利语占了 6.7%，德语占 3.3%。甚至是连《三体》这样极具影响力的当代宏大作品，其巴西葡语版本也是由英语间接翻译而来的。更有多个文本如《孙子兵法》《道德经》《西游记》等，注明了是从多个历史上国外的版本综合而来，因此很难能断定其原文。这也印证了中国文学在海外传播的某种地理特征，即在西方的中国文学会围绕发达的欧美资本主义国家，如法国、德国、英国、美国等向其他国家散播。只要在英、法、德 3 个语种中获得成功的作品，也比较容易在葡萄牙语获得更大范围的传播。

人们普遍认为，间接翻译比直接翻译更加偏离原文，容易引起负面反应，甚至是"必要的邪恶"。但即便是"必要的邪恶"，间接翻译在葡萄牙语的中国文学翻译市场上还是占据很大空间：由于两国在地理和文化上相距甚远，两种语言分属于不同的体系，直接翻译要比间接翻译需要更多的人力、物力、金钱和沟通成本。再加上葡语一直被视为"外围"语言，在国内缺乏合格的翻译人员，而在葡语国家中能够精通汉语的译者也比较稀缺，这造成了长久以来中国文学、文化向葡语世界的传播，很大程度上是通过英美法等国家接力完成的。

二、葡译中国文学作品的特点

特点一：《孙子兵法》版本众多。

在所有的翻译中国文学作品中，最引人瞩目的中国古代经典作品。从版本数量上来看，《孙子兵法》《道德经》和《论语》位于前三名。

在所有的单部作品中，《孙子兵法》是翻译、介绍和阐释数量最多的单部作品。《孙子兵法》虽然简单，总共只有 6000 多个汉字，但版本众多，在 Goodreads 搜索 A Arte da Guerra 的书名时，就有 154 条数据。在亚马逊网站上有 116 条数据。其中亚马逊巴西站上，明确了以 Sun Tzu 或 Sun Zi 为作者的，就有 67 部，包括了各种平装本、精装本、礼盒装、图画书、纯葡语版、双语版、三语版、节选版、全文版、解说版、电子书、有声读物等。这 67 部《孙子兵法》约占总量的 27.46%（见图 2）。存在十多部名为《孙子兵法》但作者没有署名为"孙子"，而是其他作家或译者的书籍，这些书籍一般是早期主流语言转译葡语的译本。此外，还有高达 50 部书名带有"孙子兵法"字样，但作者署名为其他作家的衍生类"孙子兵法"书籍。Wook 等其他阅读平台的数据未作统计。

亚马逊网显示，最早的葡萄牙语《孙子兵法》出版于 20 世纪 80 年代。到了 2000 年以后，《孙子兵法》以每年 2~4 本的速度面世。2014 年有 4 部 / 版，掀起了一个小浪潮，2019 年出现了 6 部 / 版。到了 2021 年和 2022 年，《孙子兵法》的出版本呈现了一个井喷的状态，共有 16 部 / 版在亚马逊网站上出现。

根据《译史钩沉》一文的梳理，《孙子兵法》大概在东汉时既已传入朝鲜半岛，而正式版本的翻译时间一般均比传入时间晚一段时间。最早的《孙子兵法》译本是日本人于公元760年完成的。第一个西方语言的翻译版本是法国耶稣会神父 Jean Joseph Marie Amiot（钱德明）于1772年在巴黎出版的法文版。而这个版本，和后来的英文译本（Giles，1910；Minford，2002等）一起，成为现在众多葡萄牙语版本的翻译来源之一。学者推测，最早将中国军事思想介绍给葡语国家的是葡萄牙的传教士徐日升（Thomas Pereira，1645—1708）。他供职于康熙年间的清廷，多才多艺。当他看到孔子、孟子、孙子这些中国古代著名的思想家、军事家们所写的著作时，叹为观止。徐日升对《孙子兵法》的"伐交"思想和尽量制止战争的和平理念理解得很透彻。他出使俄国，成功参与中俄谈判，签订避免战争的和平条约；他还担任中方国际法顾问、中方翻译，坚持平等互利、正义的战争观。

　　在亚马逊网站有记录的在时间上最早的葡语《孙子兵法》出版于1983年，名为 A Arte Da Guerra（adaptado）[《孙子兵法（改编）》] Record 出版，没有标明译者。这个版本标明是改编自詹姆斯·克拉韦尔（James Clavell）的英文版《孙子兵法》，说明它是"二手读物"。令人惊讶的是詹姆斯·克拉韦尔并不是权威的汉学家，而是流行读物作家。詹姆斯·克拉韦尔（1924—1994）出生于澳大利亚，美国作家、编剧、导演，以亚洲传奇小说而闻名，是《幕府将军》和《望族》的作者。他的多部小说改编成了电视剧，在西方很有影响力。克拉韦尔还曾是"二战"老兵和战俘。他曾声称，自从1977年在香港第一次接触了《孙子兵法》，《孙子兵法》就成为他忠实的伴侣。他的英文版《孙子兵法》是受1910年 Lionel Giles 的英译本启发而来的。克拉韦尔以自己的理解再次解读了《孙子兵法》，发散了思维，调整了内容以适合当时的英语读者。他的文本没有对中国历史进行特别关注，而是将《孙子兵法》视为简单的励志类或商业管理书籍。克拉韦尔的英文版《孙子兵法》在亚马逊总站获得了1万多名读者的评分。1996年，改编自克拉韦尔的葡语版《孙子兵法》再版。很长一段时间以来，它是巴西市场上唯一比较可用的翻译文本。

　　不过，根据 Adam Sun（孙亚当）的调查，到了2008年，巴西市面上已经流行了上百本《孙子兵法》。[6]《孙子兵法》甚至在里约热内卢市中心的地铁站的零食专柜附近就有售卖，只不过没有一本是从中文直接翻译过来的。所有的版本都是别国语言的译文的翻译。例如，曾经有某一个版本这样标注："由 Candida Sampaio 根据 Everard Ferguson Calthrop（1908）、Lionel Giles（1910）、Samuel B. Griffith（1963）、Stephen F. Kaufman（1996）、John Minford（闵福德，2002）和 William Lidwell（2006）的英语译文翻译，并与 Jean Josph Marie Amiot（钱德明，1772）的法语翻译比较而得来。"这意味着这本《孙子兵法》是从 7 部英法语的译文翻译成葡萄牙语的。当时的《孙子兵法》基本上是多篇拼凑的，是"抄袭和娱乐性的翻译"，大多是仓促制作的，质量很差。在 Goodreads 甚至可以查到，有一本流传很广但错误百出的版本，署名是一个叫作"Nikko Bushido"的日本人，直译过来就是"日光武士道"，实际上根本不存在这个作者。

作出调查的孙亚当是来自中国台湾的华人，在巴西出生长大，精通葡萄牙语和中文。他的职业是编辑审查员，主要为 *Veja*、*Época* 和 *Piauí* 等报纸和杂志审查其文章来源和真实性。他自己曾经从中文直接翻译《孙子兵法》。他的《孙子兵法》于 2006 年由 Conrad（康拉德）出版。这本书迄今仍是 Goodreads 网站上的热门读物。这本《孙子兵法》将同类的葡萄牙语版本提升到一个新的质量高度。然而随着盗版的盛行以及出版商康拉德的破产，再加上外国公众对中国历史和中国思想的无知，孙亚当的《孙子兵法》被埋没在大量的平庸的作品中。孙亚当也于 2008 年因病去世，享年 55 岁。现在亚马逊网站上已经找不到该作品。

为了弥补欠缺，2008 年，Jardim dos Livros（花园出版社）邀请了对古代中国史和儒家思想都很有造诣的汉学权威学者、里约热内卢州立大学东方历史教授 André da Silva Bueno（安德烈·布埃诺）对《孙子兵法》进行授权翻译。2010 年（亚马逊显示为 2008 年），出版了 *A Arte da Guerra: Os treze capítulos completos*（《孙子兵法十三章全文》）。这本《孙子兵法》直接以汉语文本翻译，被认为是一个优秀、忠实的版本，同时它注重普及的广泛性。这本书在亚马逊巴西站获得了超过 4600 位读者评分，是迄今为止获得最多人数点评的译作。从这个意义上说布埃诺版是流传最广泛的葡语版《孙子兵法》。布埃诺坚持严格的考证，力求忠实地再现原文的风格和特点，并希望把读者的注意力引向对中国历史、文化的关注。

但此出版物还是有着不尽如人意之处。2013 年布埃诺在其论文中表达了自己翻译时的困难。[7] 其一，出版物标题 A Arte da Guerra 的使用和 Sun Tzu 的拼写。布埃诺认为汉语"法"的含义是"发号施令或律令"，因此应该翻译为 lei（法则），而不是 arte（艺术）。"孙子"也应该使用目前更通用的拼音

Sun Zi 而非威妥玛拼音。然而，自从 1772 年法国钱德明的版本出版后，"艺术"和 Sun Tzu 二词已成为惯用表达，巴西人对 arte da guerra 和 Sun Tzu 的想象是如此具体，以至出版社需要保留这种连贯性。事实也证明保留这两个名称后，图书的销售量很好。其二，书本的设计随意使用了日本元素。例如封面上显示的是一把日本刀，图例里的孙武是日本服装打扮，对页用硕大的日语片假名作为装饰，发音类似 tsu，但其语义和"孙子"或"兵法"毫不相关。封面和前页印着巨大的汉字"知"，同样与内容不相关。出版社是想把日本元素作为纯粹的美学装饰，却从侧面体现出巴西社会对中国和亚洲的了解仍然停留在十分肤浅的阶段。其三，布埃诺的本意是通过忠实地再现《孙子兵法》以引起民众对中国文化本身的兴趣，然而封底的介绍中，这本葡语译文仍然不得不强调其在西方流行的商业导向思想，才能获得足够多的关注："《孙子兵法》在当今的商业界中被广泛应用，征服了人们和市场。它无疑是战略的圣经。因此，在例如 1990 年由 Oliver Stone 执导的电影《华尔街》中我们能看到它不断被用于解决日常冲突，这一点也不足为奇。"[7]

2014 年前后，陆续有不同版本、不同译者的《孙子兵法》出版。据 2014 年中新网的报道，"在巴西第一大城市圣保罗和第二大城市里约热内卢书店里，巴西出版的《孙子兵法》有十多个葡萄牙文版本。封面设计别开生面，有头戴盔甲的中国古代将军的威武形象，也有中国兵马俑作为孙子的形象，还有出鞘的宝剑，占据了封面大部分位置，非常引人注目。书店销售人员反馈，前来购买《孙子兵法》的巴西人比以前更多，销量逐年上升，出的版本也越来越多"，这反映了当时对《孙子兵法》的编写蔚然成风。[8]

通过亚马逊巴西站的调查发现，2008—2018 年的《孙子兵法》绝大多数依旧是在多个译本、逐条原文拼凑的基础上翻译的，参考来源也很不一致，有汉语、英语、法语等，其忠实性和准确性难以考证。这些书一般都加上了注释、发挥、评论，卖点强调《孙子兵法》适用于指导管理、经济、市场、烹饪、职场训练、人际关系和个人发展。在书籍营销时，常会提到"历史上有多位军事战略家曾使用过这本书，如拿破仑、诸葛亮、曹操、武田信玄、武元甲和毛泽东"以及类似"孙子兵法在商业、体育、政治、外交、心理和个人行为界受到遵循"的介绍。它们在售卖时，时常和宫本武藏《五轮书》、尼可罗·马基雅维利（Niccolò Machiavelli）《君主论》及卡尔·冯·克劳塞维茨（Karl Philip Gottfried von Clausewitz）《论战争》或其他商业策略类书籍一起作为套餐销售。

这一阶段明确署名的译者有：埃尔维拉·维尼亚（Elvira Vigna，2011）、拉斐尔·阿拉斯（Rafael Arrais，2013，彩图版，封面以兵马俑为图像，译自 Giles，1910）、马赛利·德马尔科·M. 丹塔斯（Marsely de Marco M. Dantas，2013）、安东尼奥·塞利奥马尔·平托·德利马（Antônio Celiomar Pinto de Lima，2016）等。出版机构的数量非常多，有书园（Jardim dos Livros）、原子（Átomo）、克里欧（Clio）、记录（Record）、穆拉诺（Murano）、康拉德（Conrad）、新边疆（Nova Fronteira）、启示（Revelatio）、飞机（Aeroplano）、哈珀柯林斯（Harper Collins）等，其中大多是不太知名的中小型出版商。

《孙子兵法》的翻译和出版和再版在 2019—2022 年达到高潮，这期间出版了 22 版 / 部，有平装本、精装本、套装、电子书及有声读物。2019 年，Companhia das Letras 的新版《孙子兵法》葡语译本，为葡语《孙子兵法》开辟了深入探索、严肃研究的道路。出版商与英国企鹅图书公司合作，一开始就将其定位于世界文学经典。这表明出版商能够察觉到《孙子兵法》不仅仅是快消读物，也不该只传递肤浅的实用概念，而是应该成为获得更多学术关注的文学或哲学作品。

这一版本是莱昂纳多·阿尔维斯（Leonardo Alves）（译者介绍见"幻想的星空"一章）根据 2009 年约翰·闵福德的英语译文翻译的。出版社在指导翻译工作时，要求译者在文本中保留闵福德几乎所有的意思表达和形式。虽然不是直接翻译中文，但是，由于闵福德的专业知识、注释、解释及其引导读者的能力，非直接翻译问题在读者面前几乎可以忽略不计。闵福德对原著的深刻理解，以及对中国评注传统的深厚理解，正是当时所有巴西译本中缺失的。葡语《孙子兵法》需要丰富注释来比以前更详细地解释书中的概念和人物、介绍时代背景、解释思想和社会时代交错的关系。因此，译本分为两部分：第一部分是对《孙子兵法》全文约 6000 个汉字的完整翻译，第二部分是对 13 篇逐篇的解释和分析。这一版本的《孙子兵法》为巴西读者带来了前所未有的丰富信息，也成为葡语学界走进中国经典的宝贵材料。另一位《孙子兵法》的译者，巴西汉学家安德烈·布埃诺（André da Silva Bueno）为该书撰写了引言。

与此同时，其他译本的出版还在继续。译者、合作者、编辑、评论者的身份有汉学家、历史学者、职业编辑、职业翻译、作家、运动员、训练师等。2020 年后，还出现了网红导师（如 Pablo Marçal 和 Joel Jota）作导读或评论。这些"译本"中，以"实用"为导向的仍旧占很大比例；一些为了迎合固有的思维，仍然使用错误、不准确或故意曲解的表达。例如，Novo Século 于 2015 年出版的未标明译者的"豪华版"，以日本刀做封面，得到了仅次于布埃诺版的高达 4500 个读者的评价。Pedro Manoel Soares 是一位不太知名的译者，其书籍封面仍然是巴西读者所熟悉的日本武士，这一版本（2019）的读者超过 3000 人。同样以日本武士做封面还有 Elvira Vigna（Nova Fronteira，2011）及 Erica da Cunha（2022）。这说明巴西对《孙子兵法》的刻板印象依旧存在。

2021 年，巴西归化华人邱奕智（Chiu Yi Chih）为《孙子兵法》的忠实翻译作出了努力。他从汉语翻译《孙子兵法》全部 13 个完整章节，展示了中葡双语的对照译文，还积极地在 YouTube 上讲授中国古典哲学。邱奕智是一位年轻的学者，拥有圣保罗大学（USP）的古典希腊葡萄牙语文学学士学位、希腊古代哲学硕士学位，哲学家、诗人，对中国古代哲学造诣很深。不过，他的主要兴趣并不在《孙子兵法》，而是道家学说（见后文）。他还翻译了老子的《道德经》（Mantra，2017）和列子著作。这一版本在亚马逊巴西站中有销售。

多版本、多类别、多译者的《孙子兵法》在葡语世界的盛行，说明了这本经典的魅力及读者阅读的迫切需要。经过长时间的传播，《孙子兵法》在葡语读者当中也有了认知上的改变。在过去，《孙子兵法》中经常用来吸引读者的箴言，是"O objetivo das guerras é a paz"（"战争的目的是和平"），而这其实出自圣·奥古斯丁，并非孙子。现在，即便是有葡语版本使用了莫名其妙的汉字——"和"或"平"（可能来自"和平"的引用谬误）做封面，也不影响对原文的理解。根据亚马逊巴西网站上 Kindle 上的引用，葡语读者最频繁作出笔记的三条名言已经较为忠实地反映了原文。它们是"兵者，诡道也。故能而示之不能，用而示之不用""乱而取之，实而备之，强而避之，怒而挠之"及"知彼知己，百战不殆"。

巴西人热衷于阅读《孙子兵法》，对其的热爱程度，比任何译本来自中国的文学作品都高很多。为什么他们会热衷于阅读《孙子兵法》呢？原因有以下几点。

第一，巴西人对《孙子兵法》的热衷与对足球的狂热有关。2014 年前后，《孙子兵法》的销售数量在巴西掀起了一个不小的浪潮，而这年正值巴西举办第 20 届世界杯足球赛。两者存在一定联系。巴西足球明星崇拜中国的孙子，因此球迷们也跟随着这股浪潮读起了《孙子兵法》。曾率队为巴西赢得大力神杯的足坛名宿斯科拉里（Luiz Felipe Scolari），在执教时喜爱采用《孙子兵法》来研究足球战略，主张注重整体、攻守平衡。在 2002 年世界杯之前，他曾给每位巴西国脚发了一本葡语版《孙子兵法》，让他们研习。据新闻报道显示，最热衷于购买《孙子兵法》的正是巴西球迷。他们认为孙子教巴西人踢足球，当球迷不能不读《孙子兵法》。巴西各机场书店，各种版本的《孙子兵法》与足球明星的书籍放在一起。在巴西机场候机大厅里，甚至在飞机上，都能够看到巴西人带着《孙子兵法》在认真阅读[9]。

第二，巴西人喜爱《孙子兵法》与武术的传播有关。巴西本土的汉学家布埃诺认为，《孙子兵法》的一大批读者是武术练习者。在谷歌上能搜到众多的武术教练和武术演讲者的社交账号，他们是"生活导师"，教授人们"阴阳五行""以静制动"的方法。细看他们的活动和理念能够发现，他们将碎片化的兵法、禅宗、道教、儒家观点和各种武术门派以及现代功夫电影、功夫传说混杂在一起。武术爱好者们对功夫所涉及的东方文化采取了一种神奇化、隐秘化、深奥化的方法，将其视为摆脱日常观念、通往异域的真理秘境的手段。但这些意象是模糊的，经常与所谓的"东方"的宗教、哲学和医学混为一谈，将中国、印度、日本和韩国文化视为同质的整体[7]。《孙子兵法》葡译本经常错用日本元素作为装饰就是一个例子。一方面，武术练习者对东方的兴趣确实是真实的；但另一方面，布埃诺批评他们对东方的认知还缺乏"可靠体系"的支撑，"由于机械地吸收来自肤浅的、刻板的中国历史、文学版本，武术练习者正在被污染"[7]。

第三，巴西人对《孙子兵法》的热爱还与西方现代工商管理理念有关。2013 年布埃诺的论文以及相关数据表明，第三种阅读《孙子兵法》的读者来自工商管理相关行业。许多早期的美国自助类书籍作家，自称受到了这本书的启发，才制定了自己的管理策略。如翻译和撰写了 30 多部关于《孙子兵法》书籍的美国演讲大师、千万富翁加里·加戈里亚蒂（Gary Gagliardi）①，自称在大学辍学、穷困潦倒之时，收到了姐姐送的礼物——《孙子兵法》，才意识到自己在销售中所犯的错误，他的人生从此改变。在商界取得成功后，他毕生致力于演讲、阐述孙子兵法概念，演讲的客户包括 AT&T、GE 和摩托罗拉等公司。他的"孙子哲学"在商业领域的营销，在西方影响很大。亚马逊巴西站中的 50 多本本衍生的"孙子兵法"类书籍（见表 1）中，加戈里亚

---

① 加里·加戈里亚蒂本身曾经任坦迪公司（现为 Tandy/Radio Shack）销售经理、FourGen 软件公司总裁。

蒂为作者的书籍数量最多，有 7 本被翻译为葡萄牙语。其实，不少巴西企业家已经把《孙子兵法》视为"商界圣经"。读"孙子"，做生意，成为圣保罗企业家的潮流之选。一个名为"商业智慧"的套装把《孙子兵法》和一本名为《巴比伦首富实践》的书捆绑销售，在介绍中写道："《孙子兵法》写于公元前 4 世纪，它启发了拿破仑等大将在大型战场上的战略，并激发了我们历史上无数人物。……今天，它的教诲已经远离战场。无论是对于渴望成功的公司还是个人来说，这本书都是最重要的职业战略著作之一。本书教你如何处理所有日常冲突、如何作出决定。"

《孙子兵法》除了在足球界、武术界和商界声名斐然外，还在教育界、心理界、女性成长、游戏界、政治、职场，甚至在科学界，给予了读者很多的启示。前面所述的加戈里亚蒂，尽管早年将主题放在商业，近年却在爱情、育儿和恐怖主义等主题有所涉猎。

表 1 是亚马逊巴西站中的近 50 本书名中带"孙子兵法"或"孙子"，但不是由孙武撰写，而是由其他作家撰写的书籍。这些作家都声称受到了《孙子兵法》的启发，希望把孙子思想运用于解决当代实际问题。这些书的写作主题多种多样，涵盖了兵法理念、教育、军事、女性成长、商业及职场修炼、生活、游戏、政治、科学、人物和圣经比较等各个领域。这些书籍主要是借助孙子的伟大思想，尽可能地将自己的主张发扬光大。至于里面有多少真正孙子的成分，则差别很大。有的书籍包含完整的孙子思想，有的只摘取孙子的几条信条，有的甚至只是取"孙子"之名，剥离其历史和文化背景，进行天马行空的魔幻故事创作。在写作方式上，有的属于学术写作，精准地描述了《孙子兵法》的流传和翻译过程，有较高的学术水准；有的则把《孙子兵法》和《三十六计》一并讨论，或者通过分析道德经、孔子、孟子等思想，讨论孙子的策略及其在中华文化历史中的作用；有的是通俗读物，但写作质量精良，力求让大众读通读懂。近年来还兴起了"生活训练师"的教诲，他们通过讲解《孙子兵法》来教导学员"战略性地"规划人生、职业，提高生活效率，取得更大的职业成果。孙子展示的关于领导力、资源管理、纪律和计划的重要概念，在方方面面让追随者们领略了中国千年的智慧。

表 1　《孙子兵法》衍生类书籍

主题	书名	中文译名	作者
教育	*A Arte da Guerra-para Professores e Gestores Educacionais: Sun Tzu vai a Escola*	《给教师和教育管理者孙子兵法：孙子在学校教育中的应用》	Marcus Coelho
	A Arte Da Guerra De Sun Tzu & A Arte De Criar Adolescentes	《孙子兵法与养子之道》	Gary Gagliardi
	A Arte da Guerra para Estudantes	《给学生的孙子兵法》	Ludmilla Costa
	A Arte da Guerra para Professores	《给教师的孙子兵法》	Maurício Apolinário
军事	*A Arte da Guerra Chinesa: Uma História da Estratégia*	《中国孙子兵法：一部战略的历史》	Andre Bueno
	A Arte da Guerra Segundo os Seals da Marinha Norte-Americana	《美国海军海豹突击队的孙子兵法》	Rob Roy, Chris Lawson
	Sun Tzu E A Arte Da Guerra Moderna	《孙子与现代战争艺术》	Mark McNeilly
	Sun Tzu na Guerra de Canudos: Decisões Sábias e Equivocadas nas Quatro Expedições	《孙子在卡努多斯之战的运用：四次远征中的对错决定》	Marco Pozam
女性	*A Arte da Guerra de Sun Tzu para Mulheres*	《给女性的孙子兵法》	Catherine Huang, Arthur D. Rosenberg
	A Arte da Guerra para Mulheres	《给女性的孙子兵法》	Adriana Ortemberg
	A Arte da Guerra para Mulheres	《给女性的孙子兵法》	Chin-ning Chu
	A Arte da Guerra para Mulheres Bem-sucedidas	《给成功女性的孙子兵法》	Becky Sheetz-Runkle
商业	*A Arte da Guerra-A Arte da Administração e Negócios-Sun Tzu*	《孙子兵法——管理与商业的艺术》	Gary Gagliardi
	A Arte da Guerra-A Arte das Vendas-Sun Tzu	《孙子兵法——销售的艺术》	Gary Gagliardi
	A Arte da Guerra-A Arte do Marketing-Sun Tzu	《孙子兵法——营销的艺术》	Gary Gagliardi

续表

主题	书名	中文译名	作者
商业	*A Arte da Guerra-Estratégia para Gerentes de Vendas-Sun Tzu*	《用于销售经理战略的孙子兵法》	Gary Gagliardi
	A Arte da Guerra-Sun Tzu: Para Empreendedores, Executivos e o Público em Geral	《给企业家、高管和普通大众的孙子兵法》	Dr. Arquelau So, Mestre I Ming
	A Arte da Guerra Contra as Dívidas: Descubra como Combater as Dívidas com Estratégias de Guerra do Renomado Livro A Arte da Guerra de Sun Tzu	《债务战争的艺术：从孙子名著〈孙子兵法〉中探索如何用战争策略来对抗债务》	Cristiàne Andráde
	A Arte da Guerra e os Mestres da Negociação	《孙子兵法与谈判大师》	Laierte Rodrigues Dias
	A Arte da Guerra nos Negócios: Estratégias-Empreendedorismo Inovação-Planejamento	《商业兵法：战略—创业创新—策划》	Roberto Pires Rodrigues
	A Arte Da Guerra Para Executivos	《给高管的孙子兵法》	Krauze Donald G
	A Arte Da Guerra. Para Provas E Concursos	《孙子兵法在考试和比赛上的运用》	William Douglas
	A Arte das Pequenas Empresas-Coleção Sun Tzu	《小企业的艺术——孙子文集》	Gary Gagliardi
	Arte da Guerra. Uma Interpretação em 52 Idéias Brilhantes	《孙子兵法：52 条绝妙创意的解读》	Karen Mccreadie
	Estratégias de Marketing-Sun Tzu	《孙子营销策略》	Gerald A. Michaelson, Steven W. Michaelson
	Sun Tzu e a Arte da Guerra Econômica: Analisa a Situação, Projeta um Plano e Triunfa na Economia Independentemente da Crise!	《孙子与经济战法：分析形势，设计方案，在危机中赢得经济！》	Marco Picon
	Sun Tzu. A Arte da Guerra e do Gerenciamento	《孙子：孙子兵法与管理》	Wee Chow Hou

主题	书名	中文译名	作者
生活	*A Arte da Guerra em 25 Frases e Suas Aplicações no Cotidiano*	《25条孙子兵法及其在日常生活中的应用》	André Osvaldo Brandão Guimarães
	A Arte da Guerra nos Esportes e na Vida: Lições de Sun-Tzu e da Sabedoria Taoista Sobre Liderança, Estratégia, Como Ser Um Campeão	《体育和生活中的孙子兵法：从孙子和道家智慧中吸取关于领导力、战略、夺冠的经验教训》	Jerry Lynch, Chungliang Al Huang
	A Arte Da Guerra Para Batalhas Espirituais	《属灵争战的兵法》	Cindy Trimm
	A Arte da Guerra: Desperte o "Sun Tzu" que está Dentro de Você	《孙子兵法：唤醒你内心的"孙子"》	Daniel Carvalho, Irineu Toledo
思想	*44 Frases de Sun Tzu*	《孙子语录44条》	Cedra Ragna, Caito Junqueira,
	A Arte da Guerra Explicada: Militarismo	《孙子兵法释义：军国主义》	Escriba De Cristo
	As 36 Estratégias Secretas: A arte Chinesa para o Sucesso na Guerra, nos Negócios e na Vida	《36计：战争、商业和生活中的中式成事艺术》	Hiroshi Moriya
	Compreender e Aplicar Sun Tzu: O Pensamento Estratégico Chinês: uma Sabedoria em Ação	《理解和应用孙子：中国战略思想：行动中的智慧》	Pierre Fayard
	Os 13 Momentos da Arte da Guerra	《孙子兵法的13个时刻》	Alberto Mendes Cardoso
	Os 36 Estratagemas-Manual Secreto da Arte da Guerra: 1237	《三十六计——孙子兵法秘籍：1237》	Jean Levi
	Dominando a Arte da Guerra	《掌握孙子兵法》	Zhuge Liang, Liu Ji
	Os 36 Estratagemas: Manual Secreto da Arte da Guerra	《三十六计：孙子兵法秘籍》	Anônimo Chines
游戏	*A Arte da Guerra no Xadrez*	《国际象棋中的孙子兵法》	Raika Charlote
	O Poker e a Arte da Guerra. As Estratégias de Sun Tzu Aplicadas ao Jogo	《扑克与孙子兵法：孙子策略应用于扑克》	David Apostólico
	O Xadrez e a Arte da Guerra	《国际象棋与孙子兵法》	Quarto Publishing

续表

主题	书名	中文译名	作者
政治	*A Arte da Guerra Online: Como Enfrentar as Redes de Extrema Direita na Internet*	《在线战争的艺术：如何在互联网上对抗极右翼网络》	Vinicios Betiol
职场	*A Arte da Invencibilidade: Baseado na Obra"A Arte da Guerra", de Sun Tzu*	《无敌的艺术：基于孙子的〈孙子兵法〉》	Neves Eduardo
职场	*A Arte das Carreiras Profissionais-Coleção Sun Tzu*	《事业的艺术——孙子文集》	Gary Gagliardi
故事	*A Arte da Guerra em Quadrinhos*	《孙子兵法漫画》	Kelly Roman, Michael DeWeese
科学	*A Arte da Guerra Contra os Raios*	《闪电的孙子兵法》	Osmar Pinto Jr
人物	*As Grandes Estratégias: De Sun Tzu a Franklin Roosevelt, Como os Grandes Líderes Mudaram o Mundo*	《大战略：从孙子到富兰克林·罗斯福，伟大领袖如何改变世界》	John Lewis Gaddis
圣经	*A Arte Da Guerra De Sun Tzu Comparada Com A Bíblia*	《孙子兵法与圣经的比较》	Escriba De Cristo
圣经	*A Arte Da Guerra De Sun Tzu Comparada Com A Bíblia*	《孙子兵法与圣经的比较》	O Militar

资料来源：www.amazon.br, 2023.02.01。

特点二:《道德经》超越《论语》。

在所有的单部作品中，《道德经》是翻译、介绍和阐释的数量占第二位的，占到了总量的 12.3%（见图 2）。《论语》是 14 部，占比为 5.74%，因此从数量上来讲，《道德经》在葡语国家，比《论语》更重要。WorldCat 中能查到的年代最为久远的《道德经》葡语文献是 1930 年澳门出版、由文第士（Manuel da Silva Mendes）以老子《道德经》和庄子《南华经》为蓝本撰写的 *Excerptos de Filosofia Taoista*（《道学选萃》）。文第士（1867—1931）是著名旅居澳门的葡萄牙人，澳门杰出的知识分子、汉学家，曾任澳门利宵中学教师，在澳门担任重要职位，包括市政厅主席、民政厅厅长等。学界普遍认为，文第士是最早研究老子的葡萄牙人。文第士认为，道家提供了一条通向内心平静及精神启迪的道路。而自己所信奉的无政府主义的理论根源或许可在老子的《道德经》中找到答案："公元前 600 年，老子思索着人类的命运而写下了80篇阐述无政府主义理论的文章，与埃利泽·雷克吕及克鲁泡特金王子今天的阐述不谋而合。"他的第一篇关于老子的论述名为《老子及其道德经》（1909），其基础是在陆军俱乐部中发表的一篇演讲。这篇文章参考引用了当时最重要的法国和英国汉学家的著作，明确而系统地阐述了道家哲学与宗教，并回顾了《道德经》的历史及政治文化背景。第二部作品《道学选萃》刊于1930年，仅出版了第一部分。《道学选萃》反映了作者关于道家的成熟的学术思想。

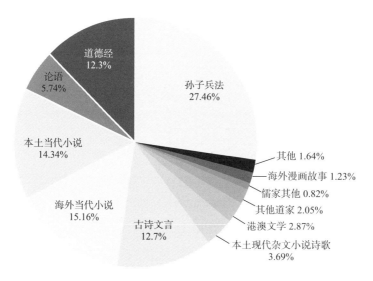

图2　葡译中国文学作品类别（总数244）

文第士去世后，他的学生，汉学家、历史学家，澳门土生葡人——路易士·贡沙华·高美士（Luís Gonzaga Gomes, 1907—1976）从中文翻译了《道德经》[10]。高美士是一位孜孜不倦的学者，他笔耕不辍，以极大的热忱钻研中国文化，留下了无数的译作。其中最为突出的，是他翻译的18世纪中文历史著作《澳门记略》。除了《道德经》外，他还翻译了艰深的中国古代经典《论语》《大学》《中庸》《孝经》《三字经》《千字文》等。在这一版本的《道德经》中，他用了整整34页为老子著作做了介绍。由于参考资料非常丰富严谨，这本《道德经》至今仍是经典中的经典。在书中，高美士使用广东话读音来翻译中文专名。因此，读者会看到一些奇怪的译名，如"老子"译为Láucio，"汉朝"读作 dinastia Hon，"道德经"读作 Tou Kak Keng。

自 1979 年到 2022 年，在汉译葡的历史上的每个阶段，都有来源不同、版本不同的《道德经》出现。这证明了这部经典作品经久不衰的魅力。从《道德经》和相关作品的葡语译名来看，《道德经》被进一步描述为"道路与美德之书""完美之道的书""神之启示""意义与生命之书""通往完美道路的旅程""美德之道"，等等，这说明西方特别是葡语世界的译者，面对对中华文化完全陌生的读者时，倾向于把"道"翻译为一种类似于"道路"的隐喻，指向道德的完美、生命的圆满和神圣的真理，以此拉近时空、文化和认知的距离。更有作者对《道德经》思想进行了发散，把中国古代智慧与现代管理学、积极心理学相结合，讲述了"道与领导力""道与自我成长"，以此吸引读者阅读。

表 2　各种版本的《道德经》书名

O Tao e a Realização Pessoal: o Tao Te Ching de Lao-Tse Adaptado para a Época Atual
Tao te king: o Livro que Revela Deus
O livro da via e da Virtude
Tao Te King: o Livro do Sentido e da Vida
Tao Te King: o Caminho da Virtude
O Livro do Caminho Perfeito: (Tao Té Ching)
Escritos do Curso e sua Virtude
O Tao da Liderança Pessoal: a Combinação da Sabedoria de Tao Te Ching com Lições de Líderes Bem-Sucedidos
Tao Te Ching: o Livro que Revela Deus
Tao-Te King: o Livro do Sentido e da Vida
Tao Te Ching: Livro da via e da Virtude
Dao De Jing: Escritura do Caminho e Escritura da Virtude com os Comentários do Senhor às Margens do Rio
Tao-Te King-Uma Jornada para o Caminho Perfeito
Essência dos Analectos de Confúcio (Portuguese Edition)
O Livre do Caminho Perfeito (Tao Te Ching)
Tao Te Ching: O Livro do Caminho e da Virtude

40年来，各个版本的《道德经》内容偏向不同。除了比较直接的翻译注释版外，有的偏向于解释禅宗思想，有的更加注重哲思，有的试图把现代企业管理、心理学或教育学联系起来，有的偏向于正本清源。《道德经》的译者或编者也来自各地、各行各业，拥有不同的语言背景、专业背景和爱好。Huberto Rohden 是巴西哲学家、教育家和神学家，出生于圣卢杰罗；Norberto de Paula Lima 翻译过各种类型的书籍；而 Joao Correia dos Reis 熟悉中国文学，写过中国文学史概论；Giorgio Sinedino（沈友友）是澳门著名的汉学家；Solala Towler 并非汉学教授，但坚持练习道教冥想和气功多年，是道学的专家；另一位译者 Chiu Yi Chih（邱奕智）来自中国台湾，获得巴西圣保罗大学哲学硕士，是禅宗佛经、庄子的研究者。2013 年出版的《道德经》译者 António Graçade Abreu，是历史学家、翻译家和葡萄牙语诗人，拥有里斯本古典大学文学院的日耳曼语语言学学位和历史硕士学位，在中国国内担任翻译、教授葡萄牙语言和文化，与华人世界联系紧密。他出版了汉学、诗歌、葡语研究等领域的多部著作，尤其是位翻译李白、杜甫等著名诗人的诗歌，是中国传统文学外译的功不可没的汉学家。

同样是中国经典典籍论著，在读者的反应方面，无论是从读者的参与程度还是好评度来看，《道德经》所受欢迎的程度均高于《论语》。在亚马逊巴西网站，《道德经》的总评分为 4.6~4.8 分，参与评分人数在亚马逊巴西网站中，达到所有葡语外译中国作品的第 2 名，《论语》分别是 4.7 分和第 9 名。在 Goodreads，《道德经》各个版本的总评分为 4.3~4.6 分，参与阅读人数占据第 6 位，而《论语》是 3.81 分和第 9 位。Skoob，巴西最大的阅读社交网站，《道德经》被评为 4.3~4.5 分，评分人数为第 5 位，而《论语》评分仅为 3.9 分，排第 10 位。《道德经》受到读者的喜爱和追捧，这也是 40 年来持续被翻译、传播的动因。

中国文化向来以儒为尊，《论语》是儒家最为经典的著作，体现了中国人做人、齐家、治天下的学问，汉语文章的典范性也发源于此。然而，《道德经》在西方包括葡语国家如此繁盛不衰，景象更甚于《论语》，这是为什么呢？据笔者估计，原因可归结以下三点。

第一，《道德经》具有丰富的哲理性和思辨性。尼采曾说："《道德经》就像一个永不枯竭的井泉，尽是宝藏。放下汲桶，唾手可得。"《道德经》描述了事物相互依存、相互对立、相互转化、循环往复的朴素辩证法思想，内容灵动鲜活，不拘泥于具体的事例，也不试图说教读者，让人从不同的角度看待事物和人生中的变化。它传达的是一种普遍的道理，这种思辨不受时间、空间以及政治和意识形态所束缚，因而超越了各自的文化、社会和历史，具有普世的价值。2017 年 UNESP 出版的 *Dao De Jing: Escritura do Caminho e Escritura da Virtude com os Comentários do Senhor às Margens do Rio*（《道德经：道路和美德的经文——河上公注》）是这样介绍《道德经》的——用巴西汉学家、外交家 Giorgio Sinedino 的话说：“《道德经》所揭示的，是至少和市场观点、新闻灼见和法律经济规律一样坚实的真理。”介绍中还说，“如果说对于西方读者来说，中国古代思想看似本质上是专制主义、精英主义和仇外主义的话，那么，《道德经》则表明，这是一种片面的看法。事实证明，中国思想倾向于创造一种自然的普世主义，其性质与全球化的‘西方’没有什么不同”。因此，《道德经》比起《论语》来，更容易被西方读者接受。

第二，道家思想作为朴素的哲学理论，具有非常广阔的阐释空间，是现代思想取之不尽、用之不绝的源泉。例如，道家“无为而治”的思想，体现在现代企业管理中，就是以人为本的理念，渗透着授权、分权的思想。“无为”主张领导者顺其自然，不做违背客观规律的事，对企业内部运作不横加干涉，不妄自非为。美国作家 John Heider 写的 *The Tao of Leadership-Lao Tzu's Tao Te Ching Adapted for a New Age*（《领导力之“道”——新时期老子道德经的适应》，1985，已被翻译成葡萄牙语）除了把“道”解释为传统的“自然法则”“生活方式”之外，更赋予其第三层含义，即“道是一种领导方式，即如何按照自然法则管理或教育团队成员”。书中讨论了团队领导要面对的问题，以道的方式提出解决方法。此书被不少世界 500 强企业用作管理和领导力培训教材，包括 IBM、三菱和保诚等。再如，道教思想倡导修身养性，内心平和。对于深受现代社会竞争压力所迫、陷入现代社会囹圄的人们，《道德经》似乎成为一剂摆脱焦虑和孤独的良方。英国作家 Diane Dreher 是大学教授和积极心理学研究员，她写了 5 本关于道的书籍，其中包括 *The Tao of Personal Leadership*（《个人领导力之道》，翻译成葡语为 *O Tao da Liderança Pessoal: a Combinação da Sabedoria de Tao Te Ching com Lições de Líderes bem-Sucedidos*（《道德经智慧与成功引领的结合》）、*The Tao of Inner Peace*（《内心平和之道》）及 *The Tao of Womanhood*（《女性之道》）。用她的话说，她的书籍“将古老的智慧与当代心理学与神经科学的强大策略相结合，来帮助我们以更大的勇气、创造力和希望迎接时代的挑战”。

第三，西方禅宗的兴起为《道德经》在西方的传播提供了积极的环境和土壤。殖民者把佛经从东方带回欧洲翻译和学习。1893 年，在芝加哥的世界宗教大会上，日本人铃木大拙为师父宗演禅师充当翻译。"因果""涅槃"等专业名词，通过精准的英语，首次被介绍给西方人。之后铃木在英美生活了二十余年，翻译并撰写了众多禅学著作，西方人逐渐对这种东方智慧神往痴迷。之后，经历了移民潮、淘金热，西方人和亚洲佛教徒有了进一步的接触，亚洲佛教也逐渐被西方主流文化所认可。1959 年，日本禅师铃木俊隆远渡旧金山，以寺庙主持的身份，用流畅的英语传教，使美国西海岸成了禅宗热潮的发源地。20 世纪 60 年代，美国兴起了嬉皮士运动。美国人惊讶地发现，禅宗佛教与嬉皮士的理想有共通之处：超越人世的空虚，重获心灵的自由。"垮掉派"的代表人物杰克·凯鲁亚克，就是狂热的禅学爱好者。在他的小说《达摩流浪者》《在路上》中，明显地传递出这种思想。"垮掉的一代"通过文学、诗歌、冥想把禅宗贯穿于生活当中，佛教因此在西方迅猛扩张。之后，禅学的浪潮随后慢慢传入西欧及其他西方国家。在南美，佛教于 19 世纪末由日本人带进巴西。随着第一批日本移民潮的到来，在欧美佛教盛行的影响下，在佛教领袖和媒体、演艺圈所带动下，再加上最近几十年来，巴西政治社会环境不断变化而引起人的不满，不少人认为，天主教、基督教的教条已不能令人信服，转而把目光投向佛学，这使巴西的佛教日渐兴盛。其实，《道德经》的不少译者或编者，就是神学家、宗教人士或禅宗的信奉者，他们持续不断地宣传、散布教义，客观上起到传播《道德经》的作用。例如，1973年葡语版《道德经》的作者兼译者是巴西著名的禅宗学家、巴西佛法传播的杰出的先驱之一 Murillo Nunes de Azevedo。再如，我国近代史上著名的哲学家、政治家、法学家和天主教学者、留美博士、公认的道教权威之一——吴经熊，翻译了英语版《道德经》。吴经熊英文版又成了 1989 年由 Estampa 出版的葡语《道德经》的重要参考资料。*Tao-Te King-Uma Jornada para o Caminho Perfeito*（《道德经——通往完美之路》，葡文译者 Claudia Gerpe Duarte 和 Eduardo Gerpe Duarte，英语原名 *Practicing the Tao te Ching*，《练习道德经》）的作者 Solala Towler，本身是一位集禅宗学者、冥想者、气功师和禅宗讲习师为一体的禅宗导师。他在教人练习冥想、呼吸、茶道、能量增强、声疗等技巧时，出版了 20 多本和"道"有关的书籍。他的英文版《道德经》参考了众多的翻译文本，其中包括卫礼贤（查德·威廉，Richard Wilhelm，德国汉学家、神学家和传教士）的德语译文。Solala Towler 在网上宣扬道家思想，拥有众多追随者。他写的这本道德经全书分为文本解释、评论和实践运用三部分。其中实践运用是全书的目的所在，教授人们如何一步步进行禅宗修行。不少《道德经》的阅读者，就是当地的禅宗修行的爱好者。因此，《道德经》的盛行，实际上是伴随着禅宗的广泛传播，呈各种译本互相影响、不断传递、开枝散叶的状态。

特点三：本土当代小说比重增大。

除了《道德经》在不断地被翻译，中国本土当代小说也在不断地被翻译。所有作品类别中，中国本土当代小说占据的比重较多，达到 34 部（版），占到总体的 14.34%。这说明近 40 年来，葡语出版社市场在不断地追求新鲜的读物，尤其是 1949 年后的当代中国和社会的作品，反映了中国当代的社会现实和人民的生活风貌，受到了出版商和读者的欢迎。

在众多的中国本土当代小说中，最受欢迎的是《三体》三部曲。《三体 I 》（ *O Problema dos Três Corpos: 1* ）在亚马逊巴西、Goodreads 和 Skoob 评分分别得到了 4.6、4.07 和 4.20 的高分；参与评分的人数分别达到 728 人次、221,082 人次和 838 人次；留言达到 160 人次、21,436 人次和 96 人次。从好评度和读者的参与度层面看，《三体 I 》在亚马逊巴西频道在所有中国作品中的各种表现最为优异。《三体 I 》的读者参与度在 Goodreads 同样以第一的姿态遥遥领先，在 Skoob 中也排到了第二（仅次于欣然的《中国好女人们》）。《三体 II ：黑暗森林》（ *A Floresta Sombria: 2* ）和《三体 III ：死神永生》（ *O Fim da Morte: 3* ）同样表现不俗。它们亚马逊巴西频道的得分分别是 4.8、4.7，参与评分人数为 380 人、394 人（排在第三、第四位），留言人数为 62 人和 51 人。在 Goodreads，二者的得分分别是 4.41、4.42，参与评分人数为 96,225 人、74,483 人（排在第二、第三位，即《三体》三部曲在 Goodreads 中占据了前三名），留言人数为 7972 人、6963 人。在 Skoob，二者的得分分别是 4.60、4.50，参与评分人数为 327 人、233 人（排在第五、第六位），参与点评人次为 44 人、40 人。《三体》如此之受到欢迎，以至于有两个出版社参与出版，分别是 Suma 出版的 Leonardo Alves 英译葡译本（2016）和 Relógio D' Água 出版 Telma Carvalho 的中译葡译本（2021）。

现将部分葡译中国当代文学作品及其读者数据梳理如下：

表3 部分葡译中国当代文学作品及其读者数据

汉语题名	作者	Goodreads 所有语言版本			Amazon.br（葡语）			Skoob（葡语）		
		评分（5）	参评	留言	评分（5）	参评	留言	评分（5）	参评	留言
三体Ⅰ	刘慈欣	4.07	221,082	21,436	4.6	728	160	4.20	838	96
三体Ⅱ：黑暗森林	刘慈欣	4.41	96,225	7972	4.8	380	62	4.60	327	44
三体Ⅲ：死神永生	刘慈欣	4.42	74,483	6963	4.7	394	51	4.50	233	40
活着	余华	4.34	12,841	1542	4.7	43	12	4.30	155	33
中国的好女人们	欣然	4.29	10,655	1230	4.8	626	119	4.60	3096	273
十个词汇里的中国	余华	4.03	5800	665	N/A	N/A	N/A	N/A	N/A	N/A
许三观卖血记	余华	4.08	4466	522	5.0	7	2	4.10	112	9
狼图腾	姜戎	4.06	4210	613	3.6	4	0	4.10	192	11
蛙	莫言	3.78	3775	458	4.3	114	20	4.10	345	45
丰乳肥臀	莫言	3.81	2859	376	N/A	N/A	N/A	4.70	5	1
变	莫言	3.43	2960	348	4.3	56	25	3.60	554	49
兄弟	余华	4.05	2623	336	4.7	16	6	3.90	48	2
解密	麦家	3.26	2165	323	N/A	N/A	N/A	4.00	1	0
丁村梦	阎连科	3.95	1772	239	4.4	20	2	3.60	37	4
给我老爷买鱼竿	高行健	3.24	1531	212	N/A	N/A	N/A	3.30	10	4
无字	张洁	3.75	1528	179	N/A	N/A	N/A	0.00	0	0
北京娃娃	春树	2.86	998	88	N/A	N/A	N/A	N/A	N/A	N/A
白鹿原	陈忠实	4.47	549	45	4.6	57	9	4.70	39	7
风声	麦家	3.60	134	23	N/A	N/A	N/A	N/A	N/A	N/A

续表

汉语题名	作者	Goodreads 所有语言版本			Amazon.br（葡语）			Skoob（葡语）		
		评分（5）	参评	留言	评分（5）	参评	留言	评分（5）	参评	留言
炸裂志	阎连科	3.00	2	0	N/A	N/A	N/A	N/A	N/A	N/A
解密	麦家	0.00	0	0	3.8	8	0	6.00	1	0
我的帝王生涯	苏童	0.00	0	0	N/A	N/A	N/A	4.00	2	0

注：截至 2022 年 8 月。

除了《三体》外，读者参与度排名前三名的图书，在 Goodreads 分别是：《活着》（余华）、《中国的好女人们》（欣然）和《十个词汇里的中国》（余华）；在亚马逊巴西网站分别是：《中国的好女人们》（欣然）、《蛙》（莫言）和《白鹿原》（陈忠实）；在 Skoob 网站分别是：《中国好女人们》（欣然）、《变》（莫言）和《蛙》（莫言）。

英籍华人作家薛欣然的《中国的好女人们》由于出版的年代比较早，积攒了不少人气，在三大网站榜上有名（详细介绍见下文"错位的凝视"）。余华、莫言和陈忠实也收获了不少读者，但在三大网站上的表现差异较大。陈忠实的《白鹿原》甚至没有进入 Goodreads 的前 15 名。其表现差异较大的原因在于，三个网站的数据源不同。Goodreads 是全球最大的阅读网站，收录的是同一部著作在各个国家不同版本、不同语言的数据的总和，反映的是同一个作者同一本著作在全球的状况。亚马逊巴西是亚马逊网站下的巴西频道，主要收录的是以葡萄牙语撰写的著作。Skoob 是巴西最大的阅读社交网站，聚集了大量巴西本国的葡语读者。在本研究中，收集的是葡萄牙语版本的读者数据。《白鹿原》没有出现在 Goodreads 前 15 名，是因为《白鹿原》至今尚未被翻译成英语而少了英语读者这一拥有巨大体量的群体。《白鹿原》在 Goodreads 的表现并不表明《白鹿原》不够优秀。《白鹿原》2019 年被翻译成葡萄牙语后，仅仅用了 3 年，就荣登亚马逊巴西频道前 5 名。可见，世界文学爱好者眼光独到，金子放在哪里都会发光。

从翻译的数量来看，被葡萄牙语世界翻译得最多的是余华，共有《活着》《十个词汇里的中国》《兄弟》《许三观卖血记》4 部作品。根据其他文献，余华的作品还有《在细雨中呼喊》，译者修安琪[11]，但亚马逊中未见记录。余华的外译规模自不用说。奠定余华经典地位的作品是 1992 年发表的《活着》。《活着》也是余华最早的外文版单行本，分别有 1992 年德语版、1993 年英语版和 1994 年法语版。《活着》被导演张艺谋改编成电影，获得 1994 年戛纳电影节陪审团大奖。1998 年《活着》获意大利文学最高奖——格林扎纳·卡佛文学奖。余华在海外获得的各种奖项让他进入了大众的视野。《活着》和《许三观卖血记》葡语版在 2016 年前售出约 5000 册[11]。

其次是莫言，共有《丰乳肥臀》《变》和《蛙》三部作品；刘慈欣的《三体》三部曲；阎连科的《丁村梦》《受活》《炸裂志》三部作品。莫言《红高粱》（1986）一发表就立即引起轰动，可视为其经典性作品。1988 年由张艺谋改编的电影《红高粱》获西柏林电影节金熊奖，引起世界对中国电影的关注，也极大地带动了小说翻译。20 世纪 90 年代后，出版了法语、英语、德语版，在欧美国家地理圈的影响力很大。再次是麦家，有《风声》和《解密》两部作品。其余的作家，如陈忠实、春树、姜戎、苏童、张洁各有一部作品。

总体来说，表 3 中涵盖了所有在英美等主流西方国家广为流传的中国作家，同时也是较早有作品改编为影视剧[《红高粱》（1987）、《活着》（1994）、《白鹿原》（2012）、《流浪地球》（2019）、电视剧《三体》（2023）]并在海外放映的几位作家：余华、莫言、刘慈欣和陈忠实。作品被翻译得最多的作家是余华和莫言，也是中国当代文学中最早拍成电影并斩获海外大奖的人。他们在海外的知名度最高。这样看来，中国当代文学作品在葡萄牙语世界中的传播，虽然在数量、种类上暂时滞后于英语、法语、德语等主流语言世界，但其传播步骤基本相同——都是电影改编作品在西方先行，即文学作品进行附际翻译（语言到电影媒介的转换）后被人所知，引起了人们对该作者文学成就的注意，对成就的注意进而扩展到该作者的其他作品，进而进行语际翻译。在这里，《三体》的经历或许稍有不同：电影《流浪地球》2019 年上映前，刘慈欣已于 2015 年凭借《三体》获得雨果奖。不得不说，文学奖项也是一副强心剂，在大众中引起了不小的追捧狂潮。余华曾经在欧美获得过多项大奖。虽然莫言 2012 年的诺贝尔获奖作品《生死疲劳》，目前尚未被翻译成葡萄牙语，但从葡语《蛙》《变》读者反应来看，翻译《生死疲劳》的呼声很高。相信在不久的将来，《生死疲劳》的葡语版一定会面世。

从著作的版本来看，出版次数最多的是高行健《给我老爷买鱼竿》。《给我老爷买鱼竿》最早发表于国内《人民文学》1986 年第 9 期，是一篇短篇小说。小说以意识流的手法描写了对童年、家乡、老爷的回忆，敏锐地传达出作者对时代变迁的感受。根据 WorldCat 及亚马逊网站，以 *Uma Cana de Pesca Para o Meu Avô* 为书名、署名"高行健"的葡语书籍至少出版了 4 次，分别是 2001 年、2003 年、2004 年和 2013 年；至少分属于两个出版社，Dom Quixote 和 Público。译者 Carlos Aboim de Brito 并非用中文，而是用法语翻译了这个故事。Público 出版社把《给我老爷买鱼竿》放在了 Mil folhas（千叶）丛书的第 59 本。千叶丛书集合了弗拉基米尔·纳博科夫、威廉·福克纳、威廉·戈尔丁等 100 位著名作家的作品，是一套文学普及丛书。《给我老爷买鱼竿》选入了高行健的 6 个小故事，标明适合 12~16 岁少年阅读。《给我老爷买鱼竿》之所以能够一再出版，或许和 2000 年高行健获得诺贝尔文学奖有关。

莫言的《变》的葡语译文也历经了 Divina Comédia（2012）和 Cosac & Naify（2013）的前后两版。前者是葡萄牙的出版社，后者是巴西的出版社，译者分别是 Vasco Gato 和 Amilton Reis。前者是从葛浩文的英文版转译而来，后者是从中文版直接翻译而来，反映了边缘语言之间的传播规律：先是边缘语言的原语传入主流语言，再由主流语言传入边缘语言，形成一定影响，然后再进行由边缘语言到边缘语言的传播。

余华《许三观卖血记》的两个版本分别由巴西的 Companhia das Letras 出版社（2011）和葡萄牙的 Relógio d'Água 出版社（2017）出版，译者分别是 Donaldson M. Garschagen 和 Tiago Nabais。同样，前者是从英语转译而来，后者是直接从中文翻译而来。余华的另一本著作《活着》同样有两个葡语版本，也出于上述两个出版社（2008、2018）。Relógio d'Água 出版社把《活着》作为第一部作品放在了"中国当代文学系列"。与上述作品不同，《活着》的两名译者，巴西的修安琪和葡萄牙的 Tiago Nabais 都精通汉语，是非常专业的汉葡翻译。据余华回忆，他的书之所以能够多次在国外出版，"遇到好的译者很重要"，修安琪和 Nabais 都是"先把我的书译完了再去寻找出版社"。

另一本出版了两次的小说是张洁的《无字》。《无字》以细腻的手法，以女作家吴为的人生经历为主线，讲述了她及其家族几代女性的婚姻故事，描摹了 20 世纪中国社会的大动荡以及她们在变革中的坎坷人生。《无字》曾获得第六届茅盾文学奖，在国内外都很受欢迎。2010 年，《无字》由 Gradiva 出版社以 *Não Há Palavras* 的译名在葡萄牙首次出版。两年后，以 *Negros Anos*（黑色的岁月）的新标题重新出版。葡语《无字》的原文来自意大利语版本，标题的改变是依照了意大利语意为"黑色的岁月"的原标题 [（*Anni di Buio*，Maria Gottardo，Monica Morzenti（译），Salani，2010）]。

特点四：海外当代小说独树一帜。

在华语文学外译领域中，在比重上能够与中国本土当代小说抗衡的，是以西方主要语言如英语、法语撰写的海外华人当代小说。这类作品，一般是作者在英美法等主要西方国家形成一定影响力之后，才被翻译为葡萄牙语的。40 年来，共有 37 部 / 版海外华人当代小说在葡语国家面世，约占总体的 15.16%。在 Goodreads 读者参与度排在第一位的是 Cisnes Selvagens（《鸿：三代中国女人的故事》，*Wild Swans: Three Daughters of China*，作者张戎），其次是 *Balzac e a Costureirinha Chinesa*（*Balzac et la Petite Tailleuse Chinoise*，《巴尔扎克与中国小裁缝》，作者戴思杰），然后是 *Viúva de Ferro*（*Iron Widow*，《铁寡妇》，作者赵希然）、*A Espera*（*Waiting*，《等待》，作者哈金）。这个书单在亚马逊巴西频道有着相似的序列，分别是《鸿》（张戎）、*A Imperatriz de Ferro*（《铁皇后》，*Empress Dowager Cixi: The Concubine Who Launched Modern China*，张戎）和 *Três irmãs: As Mulheres que Definiram a China Moderna*（《三姐妹》，*Big Sister*，*Little Sister*，*Red Sister*，张戎）。Skoob 则有些许不同。在 Skoob，排名第一的是《铁寡妇》，其次是《鸿》《巴尔扎克与中国小裁缝》和 *As Filhas sem Nome*（《无名女儿》，*Miss Chopsticks*，作者欣然）。

在海外军团著作中，不乏中国观众早已熟悉的作品。《巴尔扎克与中国小裁缝》讲述知青和当地小裁缝相爱，小裁缝汲取了知识，走出大山的故事。小说在国内曾经被翻译、改拍成电影，由周迅、陈坤、刘烨主演。《等待》也曾在国内翻译发表，一度引起轰动。《无名女儿》原名《筷子小姐》，讲的是三个在农村因重男轻女而没有名字的姐妹到大城市闯荡的故事。这个故事的叙事本身并无出彩之处，但因为欣然之前的几部作品以及其流畅的文风，《无名女儿》吸引了大量的葡语读者。另外几部，《鸿》《铁皇后》《铁寡妇》算不上是优秀的文学作品。《鸿》是一部半虚构的"自传"小说，"对洋人的迎合，畸形眼光看中国畸形文化"[12]。而《铁皇后》和《三姐妹》分别以慈禧和宋氏三姐妹为故事人物，但其历史观点扭曲，情节有编造之嫌。这几部作品共同的特点，是以中国近现代政治运动或巨大变革为背景，满足了西方读者对中国的好奇感。

在海外著作中,《铁寡妇》(2021)是一个特殊的存在。《铁寡妇》的背景设定于一个想象中的"华夏国"。主角"武则天"为了给姐妹复仇,应征入伍,对抗外敌生物,最后取得胜利,迫使男权屈服。故事融合了外来生物、机甲战斗、爱情、科幻、复仇、多角恋、权谋、女权、父权、中国历史人物和文化要素如"李世民""安禄山""朱元璋""长城""妾""气""昆仑"等一切西方人可以想象的中国神秘元素。《铁寡妇》在 2021 年 9 月发行后的第一周,就在《纽约时报》青少年榜上列位畅销书第一名。截至 2022 年 7 月 30 日,《铁寡妇》已在《纽约时报》畅销榜上占据了 38 周,在 Goodreads 留言数量,在所有海外华人当代小说类中排名第一。《铁寡妇》的成功,除了满足政治正确的要求、符合西方青少年口味外,很大程度上得益于制作方对短视频传播的有效利用。自从 2020 年疫情以来,国外抖音(TikTok)用户暴增,有青少年分享曾经阅读过的书籍,在短短 15 秒的视频中,博主通过配音、摄影、背景音乐,或大声痛哭,或手舞足蹈以表达对阅读某本书的感受,最后催生了 BookTok 这个话题标签。两年之后,这个话题的播放量超过了 500 亿次。加拿大华裔网红 Xiran Jay Zhao(音译赵希然)利用了这一有利条件,顺势推出处女座《铁寡妇》。赵希然成书后,联合出版社提前把书寄送给抖音博主预热,结果《铁寡妇》还未发行就增加了 6 倍的预售量;首次在美国发行便引起轰动。制作方利用抖音标签,成功定位阅读对象及潜在的读者,让读者带话题、分享、评论,进行二至三次传播,实现了传播的裂变。此时,赵希然是拥有近 40 万名粉丝的视频博主,常身穿汉服出镜,持续在 facebook、抖音用英语向海外观众介绍《铁寡妇》及中国历史文化。这一传播自然也波及了欧洲及南美的读者。

特点五:古代诗词文言弥久芬芳。

近 40 年来,葡萄牙语中国古诗文言的出版达到了 31 部 / 版,达到整体的 12.7%,主题涵盖了李白、杜甫、白居易、陶渊明等诗人的诗歌(16 部),《西游记》节选或改编(4 部),中国神话、寓言、奇幻故事(10 部)。在亚马逊中,最受欢迎的是巴西汉学家修安琪(Márcia Schmaltz)和 Sergio Capparelli 合著的 *Fábulas Chinesas*(《中国寓言故事集》,2012,L&PM)。里面搜集了愚公移山、守株待兔、庄周梦蝶、南辕北辙等中国典故。Skoob 中的读者对此书的评论十分有趣。如读者用"简单、奇特"来形容这些故事,说它们蕴含着深刻、有时甚至"无法理解"的东方哲理。读者也乐意把这些寓言和伊索、菲德鲁斯寓言进行比较。网上评价比较高的还有 Paulo Soriano 根据干宝和蒲松龄作品间接翻译的 *Contos Chineses Sobrenaturais*（*Clássicos do Horror Livro 20*，《超自然的中国故事：恐怖经典集》，Triumviratus，2017）。Paulo Soriano 从全世界搜集、编撰了一系列恐怖怪异故事集。本书是专门的中国部分，包括了《聊斋志异》中的《咬鬼》《画皮》等故事。

目前，中国人引以为豪的四大古典文学名著都还未曾有过葡萄牙语的直接翻译，唯一在亚马逊收录的只有《西游记》，为部分转译或改编故事。它们 是：*Jornada Ao Oeste-O Nascimento Do Rei Dos Macacos*，*As Batalhas do Rei dos Macacos*（西游记第一卷：猴王诞生，2008；第二卷：猴王之战，Conrad，2010）、*O Macaco Peregrino. Ou a Saga ao Ocidente*（朝圣者猴王或西游的传奇，Horus，2002），*MacAco-Uma Jornada Para o Oeste*（猴子—西游记，出版社不详，2017）。这几本书籍都很薄，质量一般，其对原著《西游记》的忠实度有多少不得而知，有的甚至标明"又好又便宜的书"。有不少读者表示是从日本漫画《龙珠》了解到《西游记》这本中国古代著名小说，知道这本书对于中国文化的重要性，因此非常希望能够看到原版的翻译。2017 版的《西游记》的读者参与度在中国古代诗词文言类中的读者评分参与度仅次于《超自然的中国故事》，其中男性读者居多。

在诗歌方面，巴西外交官 Ricardo Primo Portugal 和他的中国妻子谭笑，合作编撰了 *Poesia Completa de Yu Xuanji*（《唐代女诗人：鱼玄机诗歌全集》，2011），向葡文世界传递"中华诗韵"。媒体称他们夫妻组合为"双剑合璧"。他们还编撰翻译出版了 *Antologia da Poesia Clássica Chinesa: Dinastia Tang*（《中国唐代诗选》，UNESP，2013）。这是一本中葡双语诗集，汇集了中国唐代 32 位其中包括一些女性诗人的 208 首作品。这可能是用葡萄牙语出版的、最全面的唐朝诗集。2014 年，《中国唐代诗选》获得雅布蒂文学奖翻译类二等奖，这是中国经典翻译类书籍首次获得这一巴西最高文学奖。此前，《鱼玄机诗集》在巴西问世时，只因数票之差与雅布蒂文学奖擦肩而过。

在出版葡译中国古代文学的事业中，澳门文化学会功不可没。在统计中的 16 部葡译中国诗歌中，由澳门文化学会组织出版的就有 *Poemas de Li Bai*、*Poemas de Wang Wei*、*Poemas de Bai Juyi*、*Poemas de Shu Wang* 共 4 部。长期在澳门居住的葡萄牙作家、历史学家、汉学家 António Graça de Abreu 翻译了其中的李白、王维、白居易的 3 部作品。

特点六：本土近现代文学空间广阔。

葡译中国本土现代文学包括杂文小说和诗歌，共 9 部 / 版，占所有葡译著作的 3.69%。比例相对较小，提升的潜力很大。这其中的杂文小说共 5 部 / 版，包括了老舍的《骆驼祥子》两个版本，鲁迅的《野草》《朝花夕拾》《狂人日记》。

最早翻译的是《骆驼祥子》，1986 年由北京外文出版社以 *Camelo Xiangzi* 为书名出版。到了 21 世纪，《骆驼祥子》"乌托邦"的城市主题，对社会不公平现实的揭露，依旧能够引起不少现代读者的共鸣。2017 年，巴西青年汉学家修安琪重新翻译该小说，书名译为更趋归化的 *O Garoto do Riquixá*（《人力车上的男孩》，Estação Liberdade）。

鲁迅的《野草》很早就被翻译成葡萄牙语，现能够在网上查到的版本是里斯本 Cotovia 出版社的东方系列丛书之一。根据 Goodreads 数据，其 1927 年第一次出版，现存版本为 1998 年（Goodreads）和 2015 年（Wook），由 Sun Lin 和 Luís G. Cabral 翻译。

据新华社 2021 年报道，鲁迅著作《朝花夕拾》中葡文双语版由巴西州立坎皮纳斯大学出版社和该校孔子学院合作翻译出版。这部分作品汇集了鲁迅自 1926 年写的 10 篇散文。坎皮纳斯大学孔子学院中方院长高沁翔在本书序言中写道："优秀的文学作品丰富人们的精神生活，带给人们艺术的享受，也启迪人们的智慧。"

2022 年，鲁迅小说《狂人日记》由 Carambaia 出版。《狂人日记》由 Beatriz Henriques，Cesar Matiusso，Marcelo Medeiros，Marina Silva 和 Pedro Cabral 翻译，由圣保罗大学东方文学系中国语言和文学教授 Ho Yeh Chia 进行协调和技术审查。这本书还配以充分的脚注，对中国历史和文化进行了解释和说明。《狂人日记》经过了精心包装，可以说是获得了出版社的力推。封面是质朴的硬质棕黄色牛皮纸，题名为垂直排版，用黑色和红色的文字以线条的样式穿插。据说，这个设计是参考了 20 世纪以前中国书籍的印刷传统，封面的牛皮纸象征着古代中国书籍的质朴。在《狂人日记》的介绍网页上，作者对旧中国的陋习的批判被放在了显著位置：

书中展示了一位对其国家的传统、文化、习俗和神话极具讽刺和批判性的作家……鲁迅通过刻画中国人和中国人的思维方式，以辛辣微妙的笔触脱颖而出。除了倡导当时新兴的"外国"科学，如达尔文进化论和现代医学等，他试图将欧洲特别是俄罗斯作家的影响带到作品中。他的许多短篇小说都涉及了古老的习俗，包括以人血馒头作为解药，留辫子的义务，以及女性在中国社会中的附属地位。他批判性的目光中，穿插着赞美夫妻和兄弟之爱的故事；其他故事，则仍旧拥抱中国寓言的奇妙元素。

另外，根据目前的统计，中译葡本土现代诗歌共 4 部，包括两本艾青诗选和两本综合了多个诗人的诗歌选集。

艾青因为曾和南美诗人有过密切的交流而受到出版界的青睐。1954 年秋，艾青应诗人巴勃罗·聂鲁达 50 周岁生日之邀，到智利访问，开启了他难忘的穿越南美之旅，创作了组诗《南美洲的旅行》《海峡上》（1957）等。1987 年，澳门文化学会出版了汉语—葡萄牙语双语版《艾青诗选》（*Poesia Escolhida de Ai Qing*）。译者是葡语专家、澳门学研究者金国平。这使艾青成为第一位作品被译成葡萄牙语的中国现代诗人。艾青本人也来到澳门出席了出版发行庆典。1995 年 4 月 12 日，葡萄牙总统应邀来访，授予艾青葡萄牙自由勋章，以表彰他为中葡文化交流作出的卓有成效的贡献。

2019 年，艾青的《南美洲的旅行》（*Viagem à América do Sul*，UNESP）得以被翻译成葡语。译者是巴西坎皮纳斯州立大学文学博士、北京大学外国语学院葡萄牙语专业教师樊星。亚马逊网站向读者强调了艾青和巴西的深厚情结："1954 年，在巴勃罗·聂鲁达诞辰 50 周年之际，艾青进行了一场难忘而具有开创性的穿越南美洲之旅。本书首次汇集了艾青在这次旅行所创作的诗歌。穿越巴西和智利的旅程，让他接触到来自世界各地的知识分子，包括巴西的若热·亚马多和塞利亚·加泰，并开启了长达几十年的对话。"

其他现代诗歌的葡译本还比较少见。按照姚京明的话说，目前葡语世界还缺乏了解中国现当代文学的意愿。不过，在汉学家及中葡文学爱好者的努力下，到目前为止，出版了两本综合了数十名中国诗人的诗集，分别是 *Um Barco Remenda o Mar: dez Poetas Chineses Contemporâneos*（《船划过大海：中国当代十诗人作品选》，Martins Fontes–selo Martins，2007）和 *Antologia de Poesia Chinesa do Século XX*（《中国 20 世纪诗歌选集》，UNESP，2014）。《船划过大海》由诗人 Régis Bonvicino 联合澳门诗人姚风（即姚京明）翻译出版。这本诗集收集了北岛、严力、于坚、顾城、韩东、西川、田原、宇向、卢卫平及姚风的现代诗，选取的诗歌兼顾了诗人在当代诗坛的地位和所在地域。另一部诗集，《中国 20 世纪诗歌选集》由 Milena de Moura Barba 翻译。

Milena de Moura Barba 目前是一名电影导演，她拥有圣保罗大学葡萄牙语和中文文学学士学位，在北京电影学院导演系攻读故事片导演创作硕士学位。她翻译了臧克家和艾青的作品，填补了葡译中国当代诗歌的空白。

三、葡译中国作品的读者特点

特点一：葡语读者仍属小众。

在 Goodreads 中收集了 171 部作品的留言，共计 56,063 条。因有的同名品作归到一个题名之下，且相当一部分作品留言少于 5 或根本无留言，所以收到的留言只属于以上 171 作品当中的 41 部，但 5.6 万条留言基本上已经能够代表读者的语言身份。对留言使用的语种进行累计，得到图 3。

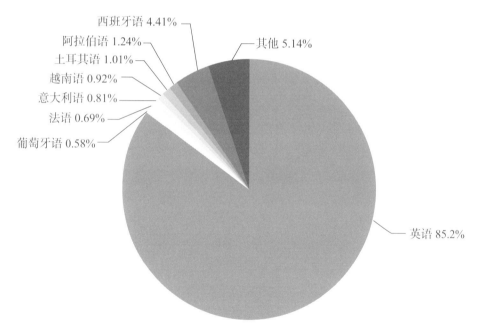

图 3　葡语中国文学作品的评论语种比例（单位：条）

可以看出，在所有的留言中，英语留言的占到了压倒性的 85.2%。虽然统计的只是留言所使用的语言，但这一数据已经极具代表性地证明，所有已经翻译成葡萄牙语的中国作品，都存在着大量的英语读者。对此的猜测是，所有翻译成葡萄牙语的作品，基本上在此之前都已有英语版本。而对作品的逐一调查也印证了这一点。

根据 Instituto Pró-Livro 2008 年开展的"巴西阅读肖像"调查，巴西的读者人数众多，约占全国人口的 55%。但在网上，葡萄牙语的留言只占 0.58%，和法语、意大利语、汉语的留言数量相当（汉语留言少，可能因为中国人在国外网站的参与程度相对低），远不及西班牙语的 4.41%，甚至不及阿拉伯语、越南语、土耳其语，说明葡语读者仍属小众。不过，因为英语长期以来是强势语言，可能有不少双语、多语背景的葡萄牙语读者以英语来撰写阅读心得。这些潜在的读者无法通过数据显示出来，故不在本研究可讨论的范围之列。

特点二：性别比例不均衡。

根据巴西阅读分享网站 Skoob，去除所有读者参与人数少于 10 的书目，得到男女读者的比例数据。所有汉译葡作品或华人葡语作品的读者中，又以女性读者居多（50%~90%）。全球女性比男性更喜欢阅读书，这是众所周知的。由于男女秉性的差异，女性在文字阅读方面有着天然的喜好和耐心，而男性因更加务实、理性，平时更注重工作和事业，花费在精神追求方面的精力可能会比较少。英国作家伊恩·麦克尤恩（Ian McEwan）曾经写道："当女性停止阅读时，小说就会死去。"海伦·泰勒（Helen Taylor）在她的专著《为什么女性读小说》中证明，"女性喜爱小说中所表达的情感深度"。在葡语世界中，女性读者又更偏爱于现当代小说。

在现当代小说类，女性读者最为青睐的作品，当属女性作家撰写的、以女性为题材、讨论女性地位、描写女性历史的当代小说，如《铁寡妇》《中国的好女人们》《来自无名母亲的信》《无名女儿》《三姐妹》《铁皇后》《鸿》等。尽管这几部小说男女读者都极不平衡（女性占 80%~90%），但性别差别最大的当数网红小说《铁寡妇》和煽情文学《中国的好女人们》，其女性读者高达 89%，可以说是女性读者撑起了这两本书的整个销售市场。而男性作者撰写的作品，如《许三观卖血记》《等待》《白鹿原》《变》《活着》等，尽管以男性社会为背景、以男性为主角，尽管女性读者比例下降，但仍以女性读者为主（女性 60%~70%），男性读者的比重仍然偏小。女性甚至还喜欢传统印象中属于男性偏好的《孙子兵法》（女性 52%，男性 48%，女性多于男性）（见图 4 和图 5）。

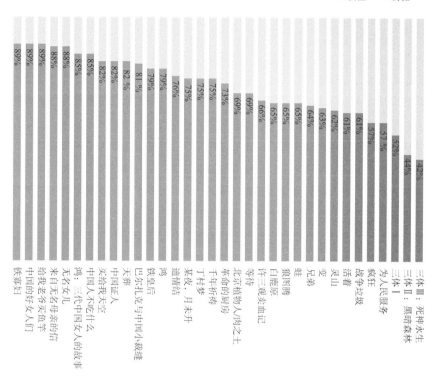

图4　葡译中国现当代小说的读者性别构成

　　对《孙子兵法》女性读者高于男性的解释是，如前文所述，葡语《孙子兵法》类书籍，不同于在中国国内被认为是严肃的经典或理论类书籍，而是经过阐释的"孙子兵法"。葡语的"孙子兵法"更注重于实用性，如在商业行政管理、生活方面的指导，更像是"自助"或"励志"类书籍。

　　或许，男性不屑于阅读女性的"自我陶醉式"小说。男性读者数量能够与女性读者数量旗鼓相当的，当代小说中有少量的几部，集中在《三体》三部曲。男性开始阅读《三体》，是《三体》对外输出的成功体现。有意思的是，《三体》小说共有三部，在《三体Ⅰ：地球往事》中，女性阅读量尚高于男性（女性：52%，男性：48%）。但随着故事讲述的发展，在《三体Ⅱ：黑暗森林》和《三体Ⅲ：死神永生》中女性的较大比例开始被男性取代（见图4）。说明随着剧情的深入，一些女性开始放弃阅读，而男性中却存在不少"死忠粉"，一旦爱上，就会始终追求直至故事完结。由此的解释是，一般人的好奇心会驱使女性去尝试阅读一些知名作品，但是像《三体》这样的高强度技术陈述让某些读者望而生畏，一般人很难坚持到底。而男性对于抽象科学、技术的理解能力或许高于女性，只要是好的作品，他们就可以不断地挑战阅读的难度。能够吸引男女两性共同阅读，说明《三体》在主题构造、内容深度、艺术性和创意上，均显示了极高的品质，具有非常普适的典范性。

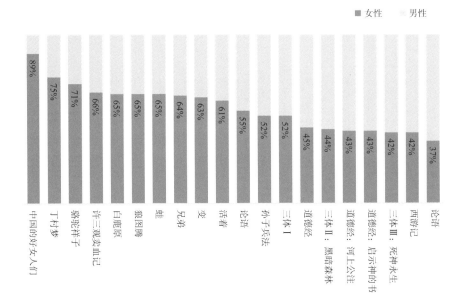

图 5　葡译中国本土作品的读者性别构成

　　除了《三体》，男性葡语读者还喜欢哪几部来自中国本土作品呢？好几个不同版本的《道德经》（男性：55%~60%）及《论语》（男性：63%）都受到了男性的喜爱。因此结论是，男性葡语读者偏爱阅读中国古代经典哲学。偏向于理性、哲思、冷静、抽象、实用的作品，把读者深深引入中国文化时更符合男性的身心特点，也满足了男性要求深度掌控某一知识领域的心理需求。另外，Skoob 网站上显示，Odysseus 版《西游记》也非常受到男性（58%）的喜爱，或许是因为日本动漫《龙珠》的深入人心。

　　不过，总体而言，像《三体》《孙子兵法》《道德经》和《论语》这样受到男女普遍欢迎的葡译作品还是偏少，相信不久的将来，我国会向葡语国家推出更多更好的作品。

结　语

在当代社会，中国文化与葡语世界互相影响、相互促进，研究和理解葡萄牙语世界中所传播的中国文学是十分有意义的。本文将 20 世纪以来的以葡萄牙语翻译出版的中国文学纸质书、电子书和图画书，从 Goodreads、亚马逊、Skoob、Wook 以及 WorldCat 等网站搜集并进行了时间、类别、出版社、译者、翻译方式的分类，并收集学术文献、葡萄牙语网页、阅读社区、葡语社交平台的信息，为葡萄牙语世界中国文学文化传播及发展动向作出评价。

20 世纪 80 年代，随着国家外文局翻译工作的展开，中国文学逐渐进入葡语世界。总体而言，改革开放后，在葡萄牙及巴西的中国文学作品的整体出版数量，呈逐年上升的趋势。这里面有中国官方的努力，也有葡语世界的译者、出版商、媒体人、澳门文化人及葡语读者的努力。汉学家和华侨华人为中华文化的传播作出了深远的贡献。近年来，葡语世界的中国文学翻译更加多元化，中国作家作品的葡译数量逐年增加，并取得了较好成绩。海外华人作家的译作数量也不少。100 多年来，中国文学在葡语世界传播的方式主要是间接翻译。中介译文，主要是英、法、德等语言的文本起到了过渡、传递的作用。客观上，中介译文不够忠实和准确。这种现象在近几年得到了好转，但短时期内间接翻译还将大量存在。

在所有的翻译中国文学作品中，最引人瞩目的是中国古代经典作品。从出版数量上来看，中国传统文学作品被译介得最多，《孙子兵法》《道德经》《论语》位于单部作品前三名。《孙子兵法》版本众多，近年来不乏优秀译文，读者涵盖了体育界、武术界和商业领域等有关人士。《道德经》是 20 世纪 30 年代就介绍到葡语国家的作品，思辨性、哲思性和启迪性很强，再加上西方禅宗的兴起，深受读者喜爱。中国本土当代小说的比重逐年增多，读者最多的是《三体》三部曲，其次还有《白鹿原》《变》等，它们在读者网站上都得到了热烈的讨论。海外当代小说占领当代文学半壁江山。近几年通过网络社交走红的作品值得注目。古代诗词文言小说的翻译伴随着每一个阶段。尽管四大名著的直接翻译还未出现，李白、杜甫、白居易、陶渊明等诗人的诗歌逐渐被翻译，中国神话、寓言、奇幻故事也不断被出版。本土近现代文学的发展空间非常广阔。

不过，葡语世界的中国文学翻译仍存在不少问题。首先是在数量上较英、法、德语世界的书籍较少。葡萄牙语在国际上的使用范围比英法德语要小，文化影响力也远小于英法德三国，而葡萄牙语国家的经济水平不高，大多数人的生活水平较低，他们更容易被西方发达国家的文化冲击所影响。葡语翻译中国文学作品要经过英法语圈的"筛选"才能到达葡语圈。

其次，是由此而来的间接翻译的问题。来自中国本土的作品，许多是先翻译成英、法、德、日等主要发达国家语言，在西方主流国家走红，然后再转译成葡萄牙语。这些间接翻译的作品，质量参差不齐，内容不完整，不能满足读者日益增长的阅读需求。

最后，间接翻译的结果，是葡语世界的中国文学还不能完全展示中华文化的博大精深。如四大名著的翻译完全空白，当地人混淆对日、韩、印和中国的印象，有不少读者会把中国文化成分误以为来自日本。但近年来随着中葡、中巴交流的日益频繁，也有不少经典作品重新被直接翻译，现当代作品更是不断地被选择、翻译。直接翻译的作品，解决了间接翻译作品质量低下的问题，澄清了文化的界限，最大限度地展示了正宗的中国传统文化。

另外，葡语读者的数量相对于英、法、西语来说还是比较少，性别比例也不均衡，男性读者偏少。

对于以上情况，笔者认为，我们今后的文化输出应该认识到以下几点。

首先，文化传播是渐进性的，尽管有许多文化的误解和翻译的空白，间接翻译和直接翻译都有助于中华文化向葡语国家的传播。理解文化传播的客观规律，就是要以开放态度对待中华文化的传播，要对文化在葡语世界的传播更具耐心。中国和葡语国家之间的交流，由于客观的国情、种族和历史传统，人力、物力的不可达，要完全忠实地传达文化价值观，是不可能一蹴而就的。目前很多作品是依赖第三方如英语国家或者市场的力量来完成，应该接受和欢迎这股力量，争取这些力量来继续为我们工作。然而，这并不意味着可以完全依赖于国外机构来翻译作品。要使中国声音准确、忠实地传达于海外，应该培养自己的翻译人才，进行直接翻译。建立我国在葡语国家的图书销售网络，鼓励葡语国家本土力量加入我们的传播工作，让中国文化真正地走进葡语国家的社会生活。

其次，民族传统文化中的文学价值观念是一个取之不尽、用之不竭的宝藏。应对中国文学进行重新审视和重新评价，尽力地挖掘古典汉学思想中的现代化阐释，努力构建具有中国特色的文学阐释体系，将中国文学中的美学、哲学与世界观与西方现代哲学和世界观进行比较，以构建中国美学的全新理论体系。《孙子兵法》和《道德经》在国外不断被翻译、阐释就是一个很好的证明。应该汲取中华文化的精华，将当代读者视为 21 世纪文化潮流中富有活力和创造力的一部分。现代作者、学者应努力从时代文化和读者审美兴趣出发，从当代读者的视角出发，将中华传统文化的现代化阐释贯穿到文学创作之中，使传统文化成为一种新的价值观念，创作出更多能获得海外读者认可的优秀作品。

再次，中国文学应注重参与跨历史、跨文化、跨学科的世界性话题的讨论，使中国文学成为人类共同的知识财富。例如，"三体世界"是一个充满想象力的话题，在世界范围内引起了巨大的反响。《三体》三部曲的火爆，证明了中国文学可以借助科幻议题，避免意识形态分歧，参与有关人类命运的讨论。同时，科幻作家还可以通过科幻作品的翻译进入全球文化市场，获得国际认可。文学中涉及人类命运的话题是十分具有挑战性的，它要求我们在文学创作之中不仅要关注国家民族命运，也要关注全人类的命运、世界的未来。这就需要作者、学者不断地研究、思考这些重要的问题，在创作过程具备广阔的国际视野，充分地思考中国与世界其他国家所面临的困境，如环保、贫困、能源危机等，将文学与历史、文化和政治问题联系起来进行反思和讨论。应该用实践证明，中国可以为世界性议题提供中国智慧。

最后，我们应当紧跟世界文化潮流，了解国外读者的兴趣，正确理解"女性主义"，争取获得女性读者的注意力。目前，随着世界文明的进步，女性的受教育程度提高，知识水平有了飞跃发展。国外的调查普遍发现，女性阅读的书籍比男性更多，尤其是小说。当代越来越多的西方女性意识到"性别平等"和"妇女权利"的重要性。在这个时代背景下，中国文学应注重在创作过程中深入了解西方女性的阅读喜好，了解她们如何看待两性关系、如何看待女权运动以及如何评价一些西方社会现象，使文学作品更加具有可读性和吸引力。当然，这种性别平等意识和价值观是建立在西方文化语境中进行的讨论和表达，并不是中国传统文化所特有的。我们需要在创作过程中，更多地去关注西方社会中女性的生存状态和发展方式，以丰富的创作内容来吸引年轻女性读者。目前女性话题的文学领域主要被海外华人作家占据着。我们应该让西方读者了解当代中国人对于"女性主义"等话题的探讨，使他们意识到文化交流是双向的。我们不能一味地按照西方模式来创作作品；而应该植根于中国传统的概念、两性平等的现状，使这些观点在葡语国家得到广泛认同和接受。

参考文献

[1] Schmaltz M. Apresentação e Panorama da Tradução entre as Línguas Chinesa e Portuguesa[J]. Cadernos de Literatura em Tradução, 2013(14): 13-22.

[2] Yao J. Traduzindo a China Literária[J]. Rotas a Oriente. Revista de Estudos Sino-Portugueses, 2021(1): 199-214.

[3] 韩莹，范文亭. 浅析中华文化在葡语国家传播的内容选择：以葡萄牙阿威罗大学孔子学院为例 [J]. 文化产业，2021，192（11）：43-45.

[4] 高方，许均. 问题与建议——关于中国文学走出去的思考 [J]. 中国翻译，2010（6）.

[5] Dollerup C. "Relay" and "Support" Translations, Chesterman A, Salvador N G S, Gambier Y （编）, Translation in Context [M], Amsterdam: Benjamins, 2000: 17-26.

[6] Sun A. O Pega-Peda da Arte da Guerra: Um Clássico Chinês em Adaptações Policiais para Todos os Gostos[J/OL]. Revista Piauí, 2008(julho). https://piaui.folha.uol.com.br/materia/o-pega-pega-da-arte-da-guerra/.

[7] Bueno A. As Dificuldades de uma Tradução: Um Ensaio sobre o Sunzi Bingfa 孙子兵法 e o Contexto Cultural Brasileiro[J]. Cadernos de Literatura em Tradução, 2013(14): 89-98.

[8] 中国新闻网. 孙子兵法全球行:《孙子》在拉美各国翻译出版蔚然成风 [N/OL]. 2014 年 4 月 3 日 . https://www.chinanews.com.cn/mil/2014/04-03/6027800.shtml.

[9] 搜狐新闻. 巴西人热衷《孙子兵法》因与足球狂热有关 [N/OL]. 参考消息，2014 年 3 月 24 日 . http://news.sohu.com/20140324/n397090720.shtml.

[10] De Oliveira F R. Na Aba da Vestidura: Bibliographical Essay on the Relations between Portugal and Ming China[J]. Bulletin of Portuguese-Japanese Studies, 2008, 17: 21-78.

[11] 杨荷泉. 余华作品在英语世界的研究 [D]. 山东大学，2021.

[12] 蒙妮卡. 对洋人的迎合 畸形眼光看中国畸形文化 [EB/OL]. 文汇报. 中国新闻网. 2010. https://www.chinanews.com.cn/hb/news/2010/01-19/2080562.shtml.

幻想的星空

——刘慈欣《三体》葡语译本探索

中国作家刘慈欣用他的长篇著作《三体》三部曲，带领读者走进一个充满科幻想象的神奇的世界。他用令人惊叹的恢宏描写，给人们展示了一个由未知的星系和宇宙组成的神秘世界，缥缈而又苍凉的氛围让人叹为观止。在《三体》中，科幻想象和现实相结合，科学、技术、文化价值观等融入其中。他的写作手法多样、丰富，创造出一幅气势磅礴的幻想的星空。这片幻想的星空，令人激动，令人惊叹，也令人担忧，留给读者无尽的遐想。

20 世纪以来，科幻小说风靡一时，刘慈欣的长篇小说《三体》三部曲走在了这股潮流的前列。刘慈欣的《三体》，以其对科学、哲学领域的独特融合和发人深省的思索而受到称赞。此后，这部小说被翻译成多种语言，包括葡萄牙语。《三体》被翻译成葡萄牙语是葡语世界的一件文化大事。这部由刘慈欣所著的小说成了葡语界著名的畅销书，引起了读者和评论家的强烈反响。然而，导致这部小说在葡语世界走红的文化和历史背景常常被忽视。我国国内读者对葡语译本的情况了解不多，对译者也不太熟悉。本文中，笔者将从巴西复杂的殖民历史到其充满活力的现代文化，探讨巴西独特而迷人的科幻文学历史和当今现代社会的关系，解释《三体》翻译成葡语的背景。本文还将探讨葡萄牙语读者对《三体》的反应，了解他们和英语读者的异同，揭示对葡语读者们这部小说的各种解读以及它如何引起读者的共鸣。

一、《三体》的创作及梗概

《三体》系列三部曲是中国作家刘慈欣创作的科幻小说，内容之宏大，被视为"中国科幻文学里程碑"。它被译成 30 种语言，包揽 9 项世界顶级科幻大奖。奥巴马、莫言、雷军、乔治·马丁和扎克伯格，都是这本书的粉丝。莫言曾赞誉："刘慈欣利用深厚的科学知识作为想象力的基础，把人间的生活、想象的生活融合在一起。"

《三体》这一书名取自天体力学名词，指的是由三个天体及其相互引力作用组成的力学关系。《三体》系列描绘了一个虚构的过去、现在和未来。在书中，地球在附近的恒星系统中遇到了一个外星文明，该恒星系统由三颗太阳型恒星组成，在　个不稳定的三体系统中相互绕行。《三体》包括三部小说：《地球往事》《黑暗森林》和《死神永生》。

《三体》第一部（最初名为《三体》，后命名为《地球往事》），最初于2006年5月至12月在《科幻世界》上连载。2008年，《三体·地球往事》单行本由重庆出版社出版，第二部《黑暗森林》于2008年5月首次出版，第三部《死神永生》于2010年11月出版。

《三体Ⅰ：地球往事》在2006年获得了中国第十八届中国科幻银河奖特别奖。2010年，《三体Ⅱ：死神永生》获第二十二届中国科幻银河奖特别奖、第二届中文幻想星空奖最佳中长篇小说奖；2011年，获第二届全球华语科幻星云奖最佳长篇科幻小说奖金、《当代》长篇小说年度五佳奖；2012年，获第九届文学科幻奖。2013年，全系列获第一届西湖·类型文学双年奖金奖。《三体》系列在豆瓣网络平台是我国过去20年来最成功的科幻小说之一。2022年，《三体》动画片在B站开播；2023年1月，《三体》电视剧在央视电视剧频道播出。

故事讲述了"文化大革命"期间，天文学家叶文洁向太空发送信号，与外星人建立了联系。于是，一个濒临毁灭的外星文明"三体"捕捉到了信号，计划入侵地球。在运用超技术锁死地球人的基础科学后，庞大的三体舰队开始向地球进发。与此同时，在地球上，不同的阵营开始形成。他们有的欢迎外星来帮助接管这个腐烂的世界，有的主张与入侵者作斗争。

面对地球文明的危局，人类组建起庞大的太空舰队。人类高层利用三体人思维透明的缺陷，制订了"面壁计划"。这个计划赋予"面壁者"精优的资源来制订秘密计划，以蒙混外星人。社会学教授罗辑被选为4名"面壁者"之一。然而，三体人从地球人中的背叛者挑选出"破壁人"，与"面壁者"进行了智慧博弈。其中3名"面壁者"被击败。

罗辑证实了宇宙文明间的黑暗森林法则：任何暴露自己位置的文明都将很快被消灭。于是，他以向全宇宙公布三体世界的位置坐标相威胁，暂时遏止了三体对太阳系的入侵，使地球与三体建立起脆弱的战略平衡。

半个世纪的和平使人类心存侥幸。航天工程师程心被选来担任掌握地球命运的"执剑人"，此前她曾将暗恋自己的云天明的大脑发射到太空，用以收集情报。然而刚上任的程心就应对三体的水滴向地球发动攻击，程心忠于人性作出了不按下核按钮的错误决定。之后，从激战中逃逸的"万有引力"号启动引力波广播向宇宙公布了三体星系的坐标。

云天明与地球取得联系后，通过三个隐喻向程心透露了大量情报。为了应对三体，人类进入掩体。维德领导的空间曲率驱动研究因为程心的错误判断被迫终止，使得人类最终未能摆脱被高级文明降维打击而毁灭的命运。

在地球人类接近灭亡之际，程心乘坐唯一的光速飞船离开。在云天明赠送的星球上，程心遇到关一帆并探讨了宇宙降维的真相，然而更高级文明的力量要求宇宙等质量归零重生。程心保留了5公斤的宇宙质量作为留念，随后宇宙在缺少微小质量的状态下重启。

二、《三体》在世界的影响

《三体》不仅是中国科幻文学的重要代表作，还是一部被翻译成多种文字、在世界范围内被广泛传播和讨论的著作。2014年，"三体"系列的英文版由全球最大幻想文学出版社、美国麦克米伦出版公司旗下的托尔图书（Tor Books）出版。在美国出版时，将系列标题改回为"地球往事三部曲"。第一部为 *The Three Body Problems*（《三体》），由美国华裔科幻作家刘宇昆（Ken Liu）翻译。第二部 *The Dark Forest*（《黑暗森林》）由美国译者周华（Joel Martinsen）翻译，2015年出版。第三部 *The Death's End*（《死亡的尽头》）由刘宇昆翻译，2016年出版。

美国总统奥巴马读过第一部和第二部之后，对刘慈欣的崇拜无以言表，甚至不惜动用白宫的力量数次给刘慈欣发邮件催更。他曾说："《三体》太有想象力，背景宏大，非常有趣。"

《三体》获得美国科幻和奇幻作家协会2014年度"星云奖"提名。2015年，《三体》荣获雨果奖最佳小说奖，是有史以来第一部获此奖的亚洲小说。2022年1月，《三体》外文版运作方中国教育图书进出口有限公司宣布，已同托尔图书完成了《三体》三部曲英文版版权的提前续约，续约金高达125

万美元，近 800 万元人民币。"这一数字创造了中国文学作品海外版权输出的新高，向世界证明了中国文学作品的国际市场价值"[1]。《三体》三部曲在海外读者中反响热烈。除了英语之外，《三体》已输出了其他 30 多个语种。外文版累计销量超过 330 万册，在欧美发达国家及"一带一路"沿线国家收获大量粉丝。据出版社推算，截至 2020 年年初，每 393 个波兰人中，就有一个买过刘慈欣的书，每 330 个捷克人中，就有一个买过《三体》[1]。

2022 年，网飞（Netflix）宣布准备拍摄《三体》的电视剧、全世界粉丝翘首期待。

2022 年 12 月，中国 B 站宣布开播《三体》动画片，直接引爆了《三体》系列在全球的关注。Goodreads 网站在 2023 年 1 月初掀起了"想读""加入书单""评分""点评"的浪潮。2023 年 1 月 15 日，《三体》电视剧开播，Goodreads 又再次掀起狂潮（图 1）。

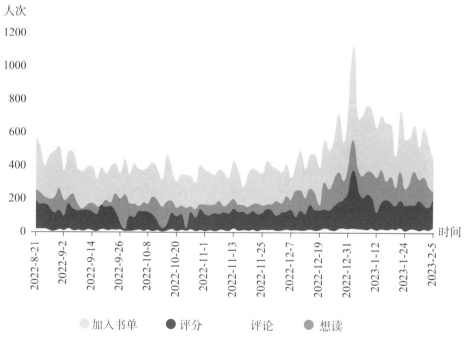

图 1 《三体Ⅰ》全球所有版本 Goodreads 读者参与数据
（2022 年 8 月 21 日—2023 年 2 月 5 日）

三、葡语翻译译本及译者情况

《三体》在英语读者中引起了广泛关注。这部引人入胜的小说，以其发人深省的概念和对人类与科学技术关系的探索，以其对奥巴马等名人的巨大影响力，令葡语世界的读者期待不已。葡语世界的图书市场准确地瞄准了这一需求，翻译出了两个版本。

巴西葡萄牙语的三部曲（*O Problema dos Três Corpos*: 1、*A Floresta Sombria*: 2、*O Fim da Morte*: 3）由西班牙的 Suma de Letras 出版社分别于 2016 年、2017 年和 2019 年出版。该版本由英文版翻译而来。另一个是欧洲葡萄牙语版本，由 Relógio D' Água 于 2021 年 2 月出版，目前只有第一部。

1. 阿尔维斯译本

西班牙 Suma 出版社成立于 2000 年，随着 Prisa-Santillana 集团 Objetiva 和企鹅兰登书屋 Companhia das Letras 经一系列的并购而诞生。从 2005 年到 2015 年，Suma 致力于"守护恐怖、奇幻及科幻小说榜单"，并以之为主导出版了不少畅销书，例如，斯蒂芬·金（Stephen King）、雪莉·杰克逊（Shirley Jackson）、菲利普·普尔曼（Philip Pullman）、卡洛斯·鲁依斯·萨丰（Carlos Ruiz Zafón）、H.G. 威尔斯（H.G. Wells）和康妮·威利斯（Connie Willis）等的作品。近年来，它致力于增加出版书目、扩大在社交媒体上的影响力和关注极客[①]读书社区。

巴西葡语版的《三体》封面分别为灰色、蓝色和紫色背景，图像是星球表面交织的射线形成的巨大三角几何图形，译者为莱昂纳多·阿尔维斯（Leonardo Alves）。阿尔维斯 2009 年毕业于里约热内卢联邦大学社会传播专业，获得编辑制作的资格。在成为一名翻译之前，他一直对科幻文学非常痴迷。他也是里约热内卢数家大型出版商的内部编辑和自由审稿人。2011—2012 年间，出于对翻译的热爱，他决定投身于翻译事业。他的翻译作品中，有关于历史、政治的书籍，也有福尔摩斯的侦探小说集，但更多的是科幻类

---

① 极客，Geek，又译为"技客""奇客"，英语俚语，原指"智力超群、善于钻研但不爱社交的学者或知识分子"，或"反常的人"。近年来随着互联网文化兴起，指"对计算机和网络技术或某个高科技领域有狂热兴趣并投入大量时间钻研的人"。

小说。目前，他翻译的科幻小说都是近几年来在世界领域的重量级作品。一部接一部的翻译作品诞生，使得他近年来在巴西翻译出版行业的地位不断上升。

阿尔维斯翻译的科幻类作品包括尼尔·盖曼（Neil Gaiman）于 2002 年获雨果奖、星云奖的幻想小说《美国众神》（*Deuses Americanos*，Intrínseca，2016）、美国奇幻小说大师乔治·R.R. 马丁（George Raymond Richard Martin）的《火与血》（*Fogo & Sangue*，Suma，2018）、英国科幻小说道格拉斯·亚当斯（Douglas Adams）的《银河系搭车客指南》（*O Guia Definitivo do Mochileiro das Galáxias*，Editora Arqueiro，2020）、查尔斯·狄更斯的《圣诞故事》（*Um Conto de Natal*，Antofágica，2019）及美国理论天体物理学家凯蒂·麦克（Katie Mack）的《万物终结》（*O Fim de Todas as Coisas*，2022）。在奇幻类和科幻类小说之间，阿尔维斯坦言，"我承认我从来不是一个优秀的奇幻类故事的读者，（因为）我更喜欢科幻小说"[2]。因此，他的翻译代表作集中在科学信息比较浓厚的硬科幻小说类。

翻译完《三体》之后，阿尔维斯还翻译了《孙子兵法》（*A Arte da Guerra*，Penguin Companhia，2019）。尽管原文取自英、法、德和其他葡语的译本，学界在评论阿尔维斯翻译的《孙子兵法》时，认为阿尔维斯在《三体》中所展现的"在涉及这种特定类型的翻译时于文化和语言转换方面出色的才能"使得《孙子兵法》的质量得以保障[3]。

2. 卡瓦略译本

另一个《三体》的葡语版本为欧洲葡萄牙语版本，由 Relógio D'Água 于 2021 年 2 月出版。欧洲葡萄牙语版本目前仅翻译了《三体 I》。这本《三体》是直接从汉语翻译而来的。封面是紫色的夜晚背景，中间立着巨大的天文射电望远镜。不过，这个版本并未获得非常大的关注。Relógio D'Água 是里斯本一个中型出版商，成立于 1983 年，主要出版文学和散文，每年出版 45 种新书，其中 60% 是翻译书籍。

欧洲葡语版本译者为特尔玛·卡瓦略（Telma Carvalho）。卡瓦略是一位年轻的中葡语译者。她在葡萄牙莱里亚理工学院获得中葡口笔译学士学位，在里斯本大学获得了翻译硕士学位。她有在中国超过十年的生活经历，曾经在澳门理工学院、北京语言文化大学（现北京语言大学）、西安外国语大学学习，在中国的多个大学任教并加入多个翻译项目。卡瓦略回到葡萄牙后，继续保持着对中国文学、社会和媒体的关注。

四、巴西科幻翻译的时代语境

一直以来，科幻小说被认为是引领者科技潮流的西方工业化国家的产物，而巴西民众对科幻作品并不是十分热情。但是，巴西一直存在着不少科幻小说的读者。在巴西科幻翻译的语境中，科幻翻译呈现出明显的时代性特征。从 20 世纪以来的普通文学译介到巴西科幻小说翻译，出版者和翻译方都试图以自己独特的视角来审视巴西科幻小说。《三体》能够进入葡语世界读者的视野并获得了强烈的反响，不仅仅是因为这部小说本身非凡的魅力，还因为巴西有着独特的科幻文学市场的时代因素。以下试图从巴西的公众特点、科幻小说浪潮、图书市场特点及近年来的思潮，说明《三体》进入巴西的社会、文化和市场背景，解释中国科幻文学在葡语世界科幻文学的角色。

1.公众对科学幻想类文学兴趣不大

科幻小说一直被认为是西方工业化进程的产物。巴西在校学生耳熟能详的最早的科幻作品——玛丽·雪莱的《弗兰肯斯坦》（1818）和儒勒·凡尔纳《海底两万里》（1871）均诞生在欧洲。20 世纪，美国提升为世界大国，为文学的创作提供了许多实验、科学及技术养分，使益格鲁—撒克逊模式的科幻作品在世界科幻文学中占据主导地位。然而，此时，巴西在 20 世纪的大部分时间里，农业经济仍占主导地位。当爱因斯坦的相对论在美国和欧洲的当代科学界引起轩然大波时，处于"第三世界"的巴西依然被殖民文化所笼罩，其经济基础几乎完全依赖农业和矿产的出口，整个国家对科学研究的投资很少。

因此，整体而言，直到 20 世纪，巴西公众对科学的兴趣都不大。巴西社会不太会去欣赏科幻小说，大众通常认为科幻小说是一种带有逃避现实的特征的无趣的文学，它们要么无法被理解，要么被认为在现实中没有实际的用处。在 20 世纪 20—40 年代，当美国廉价的"纸浆小说"（pulp novel）盛行并成为幻想小说沃土、随后又引起学界的对科幻小说热议时，巴西的读者数量非常少，无法形成支撑流行或商业作家的必要的受众群体，更不用说形成动力去萌生、发展和批判这一类型的作品了。"巴西文学经典（偏爱）描绘文学认同感和民族主义感的文本，而那些所涉及文学实验和差异性文本则被边缘化""科幻小说可能被认为是'不真实的'，也就是说，不能代表巴西文化"[4]。

巴西本土的科幻作品中很多属于爱情浪漫或心理、历史、宗教、社会学等"软"主题，而不是关于高科技、太空航行、未来等"硬"主题。如爱德华多·斯波尔（Eduardo Spohr）的《天启之战》（2010）。不少打着"科幻"旗号的小说其实是幻想小说甚至是低俗小说。根据 2022 年 11 月巴西亚马逊的数据，大约有 35% 的前 100 名"外星人入侵类科幻"小说实则为畅销类爱情、探险小说。位列第一名的是巴西的本土作家创作的《李尔的囚禁》（*Aprisionada a L' Rell*，2022）。与其说"外星故事"是本书的标签，还不如说浪漫爱情才是主角。外星幻想和爱情结合的故事，也体现了很大部分巴西读者的口味和出版商的选择，即强调该类型中一般文学性的性质，而不是作为科学性的文学。作品的封面通常也只采用比较传统的元素，不采用奇形怪状的外星人、科技感十足的宇航员、计算机屏幕及宇宙飞船，目的是避免某些普通读者的抵制心理。

一如过去的做法，巴西出版社淡化"科技"在书籍包装上的特点。和我国重庆出版社《三体》充满立体感的星球、飞船和人物的封面不同，巴西葡语版《三体》的封面并没有出现这些复杂的图像，也未对书中的人物、场景进行具象的描绘，而是只用简洁的交错线条，用来暗示星际间的探测扫描。出版社的策略是以更大众化的封面来吸引除了科幻迷之外的读者。不过，尽管如此，据科幻迷的描述，即便是《三体Ⅰ》和《三体Ⅱ》销售尚好，读者对《三体Ⅲ》期待也很高，但是，销售也并未达到完全的预期。《死亡的尽头3》在一段时间里只能以数字形式或订购形式发行。相比之下，欧洲葡语版的《三体》的封面更加具科幻风格，出现了代表高科技的射电望远镜，这也是《三体Ⅰ》中频频提到的设备之一。欧洲葡语版《三体》的封面还出现了"雨果奖获得主"的字眼儿，明示了这本小说在国际科幻界的地位。其销售情况目前尚无数据。

2. 巴西本土科幻小说的三次浪潮

总体而言，虽然巴西读者对于科幻小说的热情不高，但随着 20 世纪科学革命的发生以及巴西加入"发展中"工业化国家的行列，直至 21 世纪初，巴西产生了三次科幻小说的浪潮，培育了一批热爱科幻小说的读者。这些潜在的读者也成了阅读《三体》作品的土壤。

第一次浪潮以 1958 年俄罗斯人造卫星升天为标志开始，贯穿冷战期间太空竞赛的 20 世纪 50 到 60 年代，可称为"巴西科幻小说的觉醒"。像选集《科幻小说奇观》（*Maravilhas da Ficção Científica*）、《巴西科幻小说选集》（*Antologia Brasileira de Ficção Científica*）、小说《看见飞碟的人》（*O Homem Que Viu o Disco Voador*），以及由古默辛多·罗查·多雷亚（Gumercindo Rocha Dórea）主编的整套 GRD 科幻小说集，集中了控制论、新天文学理论和其他技术革命的最新进展。尽管如此，由于之前所述，科幻市场仍以国外作品为主。

第二次浪潮发生于 20 世纪 80—90 年代。浪潮的兴起很大程度得归功于科幻爱好者的推动。巴西的科幻读者虽属小众，但在 1980 年后，形成了比较稳定、隐秘的小圈子。1985 年成立的"科幻读者俱乐部"（Clube de Leitores de Ficção Científica，CLFC）就是在这种背景下形成的，目前已是巴西最大的科幻粉丝俱乐部。为了能让科幻小说的消息、文字和评论得以分享，粉丝还组织、撰写和分发"粉丝杂志"或"同好杂志"（有时译为"同人杂志"），即 Fanzine——由业余、民间爱好者团体创作的、围绕着某个特定的主题，如某种文学、音乐、动漫等，为寻找共同爱好者分享快乐的出版物。通常，粉丝杂志的作者、插画师、编辑等参与人员义务为杂志贡献，不以获利为目的。此时，新一代作家在北美科幻电影和科幻系列故事大张旗鼓的背景下成长，对国外的作品耳熟能详，又组成了新浪潮的前线。作家们的走红与粉丝活动密切相关。这时期的作家包括：写作了硬科幻三部曲《接触模式》（*Padrões de Contato*，1985）、《事件视界》（*Horizonte de Eventos*，1986）和《终结线》（*Linha Terminal*，1991）的豪尔赫·路易斯·卡利夫（Jorge Luiz Calife）、《太空记者》（*Um Repórter no Espaço*，1987）的阿泰德·塔塔里（Ataide Tartari）、著有《我只知道不会走哪条路》（*Só Sei que Não Vou por Aí*，1989）的恩里克·弗洛里（Henrique Flory）、《我的小门》（*Pequenas Portas do Eu*）的罗伯托·斯基马（Roberto Schima）、《霍奇克查尔：印加人的阿兹特克公主》（*Xochiquetzal: Uma Princesa Asteca entre os Incas*）的格尔森·洛迪-里贝罗（Gerson Lodi-Ribeiro）等[5]。粉丝们的阵地在 21 世纪移步互联网，仍旧非常活跃。时至今日，我们能够在个人博客、推特页面上看到不少的关于《三体》和其他科幻小说的葡语评论。

进入 21 世纪，巴西在纺织、食品等基础行业，以及航空、电子、生物医学等高科技行业发展迅速，国内贸易日益强劲，技术依赖减少，政治稳定，经济持续增长。这一时期，巴西的科技氛围日渐浓厚。21 世纪前后，报纸和杂志出现了大量的关于科学的倡议和内容。1987 年，*Superinteressante*（意为"超级有趣"）杂志首发。这本关于科学和文化的杂志，使用简单的语言，向公众解释复杂的话题。《科学美国人》（*Scientific American*）这本著名的美国科普读物，也于 2002 年开始有了巴西葡萄牙语版本。民众的科幻意识得到了增强。人们开始谈论平行宇宙、反乌托邦的未来、太空旅行，伴随着的还有环境危机的主题，如全球变暖、城市污染、物种灭绝、冰川破裂、替代燃料及巴西亚马逊雨林大火。

第三次浪潮的出现受到了互联网的推动。最早的潮流源于作家、翻译家法比奥·费尔南德斯（Fabio Fernandes，《神经漫游者》《雪地崩塌》和《发条橙》的译者）在 2004 年创立的 Orkut 社区（由 Google 所有并运营的社交网络服务）。新时期的代表作有：弗拉维奥·梅代罗斯（Flávio Medeiros）的《精髓》（*Quintessência*，2004）、克林顿·戴维森（Clinton Davisson）的《霸权：巴斯滕的继承人》（*Hegemonia: o Herdeiro de Basten*，2007）、克里斯蒂娜·拉赛蒂斯（Cristina Lasaitis）的《时间与永恒的寓言》（*Fábulas do Tempo e da Eternidade*，2008）、蒂博尔·莫里茨（Tibor Moricz）的《饥荒》（*Fome*，2008）。第三次浪潮中最重要的作者当属路易斯·布拉斯（Luis Bras，1966—），他获得了两次著名的美洲之家奖（Casa de las Americas Prize，1995、2011）。他的故事包括《液体的天堂》（*Paraíso Liquido*，2010）和《孤身在极荒》（*Sozinho no Deserto Extremo*，2012）等。布拉斯将科幻主题与主流手法相结合，具有新浪潮和后赛博朋克的特点。

在第三次浪潮当中，涌现出了十几个中小型出版社。它们之所以出现，一是由于幻想类文学粉丝圈重新兴起；二是由于 J. K. 罗琳的《哈利·波特》系列和托尔金的《指环王》的热销，激发了一大批新作者。规模较大的老牌出版社，如 Devir、Aleph 和 Conrad 扩大了科幻小说种类，而刻意进取的小出版社如 Draco、Tarja、Terracota、Não Editora 则推出了不少新人。不过，新出版社的书籍大多采用按需印刷的做法，因为大多数新出版商和新作者并没有得到主流媒体的认可。在这些新出版的推理小说中，科幻小说的数量落后于恐怖小说、幻想小说和都市言情。但是，第三次浪潮出版商和作者通过推广"新怪奇"（New Weird）和"蒸汽朋克"（Steampunk）等概念，引领了新潮流，唤醒了本土科幻小说，让小说市场更新换代。

巴西科幻小说的三次浪潮，培育了一群开放、包容、渴求新鲜事物的粉丝读者和锐意进取的中小型出版社。粉丝们对兴趣有严密的划分。随着巴西社会环境及科技的发展，科幻类潜在粉丝的科技意识的提升，读者对天文、物理和生态学及环保意识日渐浓厚。出版社的考虑也更加成熟和有经验，为引进像《三体》这样的"硬科幻"小说作出了一定的准备。

3. 巴西的幻想类文学市场：外来文学盛行

2000 年后，巴西出版的幻想类图书有了较大程度的增长。2005 年为 178 部，2007 年为 232 部。根据 2014 年的《巴西幻想类文学年鉴》，在巴西市场上可以见到的幻想类图书更是多达 692 部，其中奇幻类（Fantasy）要比科幻类（Science）要多，科幻类又要比恐怖类（Horror）要多[6]。

但是，由于一直以来巴西民众对科幻小说的保守态度，读者数量还是相对偏少。根据 Ferreira（2008）的分析，巴西奇幻文学（Fantasy Fiction）市场的总体规模很小，和美国相比，只有美国市场的 7.5%。另外，巴西本土作家写作的质量难以满足苛刻的读者的需求："在这巴西 2005 年出版的总共 54 部作品中，什么都有，质量水平普遍参差不齐，……作品由不知名的出版商出版，发行非常差。"[7] 科幻出版市场面临着难以收回成本的棘手问题。

由于上述原因，出版商往往不愿去投资巴西国内的作家作品，而是更愿意出版那些在外国，通常是在北美或欧洲等发达国家已经获得成功、声望比较好、市场回报比较稳定的作家的作品。这样，投资在国外已经成熟的作品的风险，要比投资国内作家要小得多[8]。在过去的十几年中，出版商发行的主要是世界性的科幻经典作品。北美奇幻小说一直在世界占据传统的主导地位，北美作品通常被公认为具有较高的声望而得到出版。被出版的书籍中许多又是在北美科幻的黄金时代（20 世纪 50—60 年代）的鼎盛时期写成的。近年来，面向拉美的出版社还向除欧美之外的其他国家，如中国去寻求优秀成熟的作品，这也是出于得到稳定回报的考虑。

2008 年，根据 Ferreira 的分析，在巴西市场上，巴西本土作者只占全部奇幻文学的 1/3[7]。2014 年的数据略高，但在所有类型中巴西本土作者的比例也只占到 41%[6]。2008 年以前，外国作者的作品销量是巴西作者的 4 倍[7]。

到了 2022 年，根据 11 月 11 日的亚马逊巴西网站数据，综合了纸质书和电子书排名前 100 名的科幻小说（Ficção Científica）总类中，仍有超过 85% 的科幻作者来自非葡萄牙语的国家。其中，北美作家占了 47%。欧洲的英、法、德语等作家占 35%。从作家所属国来看，比例最大的仍是美国（43%），其次是英国（27%）。这再次证明了在 21 世纪的前 20 年前后，盎格鲁 – 撒克逊传统仍然在科幻界占据主导地位。

这里面，乔治·奥威尔（George Orwell）的作品数量最多，占了 10 部，包括不同版本的《1984》和《动物农场》。其次是占了 7 部的美国科幻小说黄金时代的代表人物、曾获雨果奖和星云终身成就大师奖的俄罗斯犹太裔美国作家艾萨克·阿西莫夫（Isaac Asimov）。他的作品包括了《基地系列》《银河帝国三部曲》《机器人系列》。第三名是主打少年浪漫幻想的伊朗裔美国作家塔赫雷·马菲（Tahereh Mafi）。第四名是英国科幻小说家亚瑟·克拉克（Arthur C. Clarke），作品包括《童年的终结》和《2001 太空漫游》等 5 部。另一个很受欢迎的是获得雨果奖和星云奖的美国小说家菲利普·K. 迪克（Philip K. Dick），作品包括《银翼杀手》和《高堡奇人》等 3 部。可以看出，经典的幻想类政治寓言和北美科幻黄金时代的作品仍占主流地位。

在"外星人入侵类科幻"的前 100 名中，非葡语国家作品占 61%，来自英美加的作品在 50% 以上。巴西本土的作品占 14%，另有 25% 的作品作者国籍不详（绝大多数是通俗畅销类科幻，大概是巴西籍作者）。"高科技类科幻"的前 100 名，非葡语世界作品占 88%，来自英国、美国、加拿大等英语国家的作品更是高达 73%，其中，《星球大战》系列就占据了 25 部。

刘慈欣的《三体》三部曲在"科幻小说"总排名、"外星人入侵类科幻"及"高科技类科幻"的前 100 名都榜上有名。在"科幻小说"中位列第 1 名的是美国弗兰克·赫伯特（Frank Herbert）的硬核科幻小说《沙丘》。《三体问题 1》和《黑暗森林 2》两部作品分别位列"科幻小说"的第 53 位和第 67 位。《三体问题 1》列位亚马逊巴西"外星人入侵"类第 2 位，《黑暗森林 2》位列第 6 位，《死亡的尽头 3》位列第 27 位。《死亡的尽头 3》位列"高科技类科幻"第 28 位。可以说，刘慈欣的科幻小说跻身以欧美作家为主导的、高手林立的科幻界，取得了令人瞩目的成绩。

《三体》也是在以上类别前 100 名为数不多的来自亚洲的作品。另外两部亚洲的作品来自日本，分别是日本"科幻之父"海野十三的硬科幻故事集，以及住野夜的轻文学《我想吃掉你的胰脏》。

4. 科幻浪潮中"去盎格鲁 – 撒克逊中心化"的呼唤

在科幻小说长期以来以欧美特别是北美为标准的环境下，在巴西科幻小说第二次浪潮涌动之时，就有人开始反思巴西本土的科幻小说。以作家伊万·卡洛斯·里贾纳（Ivan Carlos Regina）为代表，认为科幻小说作为一种外来文体，总是在借用和模仿外国的模式。里贾纳对巴西作品中所存在的北美文化感到不满。他认为，所有科幻作品并没有真正地深入到巴西文化中，并没有在本土的文学中产生独特、典型、自然的东西。他在粉丝杂志上，模仿巴西诗人奥斯瓦尔德·德·安德拉德（Oswald de Andrade）的口吻，发表了《巴西科幻小说的食人宣言——超新星运动》（*Manifesto Antropofágico da Ficção Científica Brasileira – Movimento Supernova*，1988）。"宣言"中这样写道：

> 人到星星去寻找自己，他只找到了空虚，空虚，空虚。
>
> 他发现在所有太阳的内部都隐藏着黑夜，以及它的宿敌——黑暗。
>
> …… ……
>
> 我们不是来批评机器的功能，而是提出人的美学。
>
> 在萨丁哈主教之后，我们迫切需要吞下激光枪、疯狂的科学家、善良的外星人、拥有完美双腿和胡桃脑的女孩、飞碟，这些与巴西的现实相差甚远，就像最遥远的星星一样。
>
> 巴西科幻小说不存在。
>
> 照搬外国模式，造就了睁大眼睛的孩子、痴迷于书籍的老人、没有读者的作家、神经质的人、逃避现实的文学、荒谬的书封盖和智力群体的精神贫困，他们以一种怪诞的方式寻求模仿，重现技术发达国家的生活方式。
>
> 国家科幻小说不能跟随世界其他地方。我们要么达到它的质量，要么消失。

里贾纳宣言中致敬的灵魂人物，奥斯瓦尔德·德·安德拉德（Oswald de Andrade，1890—1954），是著名的诗人、小说家、文化批评家、巴西现代主义的领袖。他呼吁文学界的"食人主义"，是认为像巴西这样的被殖民国家，应该尽力地去摄取殖民者的文化，去"吸收神圣的敌人"；同样，作家应该"蚕食"外国文学，并以自己的方式消化它，从中获取任何有可能有助于自己民族创造新的文学作品的东西。

不过，"超新星运动"并没有引发作者、读者多大的回应。讨论深度不够，也没有持续多久。实际上，在巴西，除了科幻圈子内部，"食人宣言"在整个文学界并没有太大的影响，因为当时人们对巴西科幻小说几乎没什么兴趣。科幻"食人宣言"只在有限的学术界留下了记忆。

在超新星运动结束时，一条新的主题线开始与平行发展。这就是被巴西科幻作家、评论家、诗人罗伯托·德索萨·考索（Roberto de Sousa Causo）称为 Tupinipunk（图皮尼朋克）的赛博朋克运动。Tupinipunk 一词源于 Tupiniquim，是一个巴西土著的名称，也是一个可以指代巴西人或巴西事物的俗语。20 世纪 90 年代初期，一些作者受到由北美威廉·吉布森和布鲁斯·斯特林（Bruce Sterling）等作家开创的赛博朋克的影响，产生了一种具有巴西文化特有特征的子流派。他们用"图皮尼朋克"来讽刺和批评科幻类型中占主导地位的、以欧美为中心的观点，寻找民族的身份认同。在与斯特林合写的《双面赛博朋克》（*Duplo Cyberpunk*，2010）的序言中，考索认为，"图皮尼朋克"的例子包括阿尔弗雷多·西尔基斯（Alfredo Sirkis）的《硅胶 21》（*Silicone XXI*，1985）和浮士德·福塞特（Fausto Fawcett）的《圣克拉拉吵闹鬼》（*Santa Clara Poltergeist*，1995）、伊万尼尔·卡拉多（Ivanir Calado）探讨里约热内卢有组织犯罪的短篇小说《我们心灵的祭坛》（*O Altar dos nossos Corações*，1993）。进入 21 世纪，随着互联网信息的广泛传播，"图皮尼朋克"的概念大受欢迎。

而另一件让民众欢呼、振奋民族自豪感并在巴西引热议的事件发生在 2006 年。这一年，巴西宇航员马科斯·庞特斯（Marcos Pontes）成为第一个进入太空国际空间站的南美人。如果说半个世纪以前的美苏太空竞赛，激发了无数作者创作以西方白人形象为主的关于银河冒险家、外星探索者和神秘宇宙现象的故事的话，那么，这次巴西是科幻故事的主角。

如果说巴西读者厌倦了"盎格鲁－撒克逊模式"的作品，或者说乐意看到一些来自欧美以外的作品来丰富自己的文学的话，那么，刘慈欣的《三体》便能满足这些读者的需求。刘慈欣的写作方式是独特的，它带着中国式的家国情怀、对人类命运的悲悯，远离了物种间的争斗和对抗，以充盈的科技主义走向葡语读者。葡语读者看到了中国作家不同于西方作家的一面。下面是阅读网站上的葡语读者留言：

Muito criativo, longe dos clichês. A literatura da ficção científica é maravilhosa, e descobrir escritores, como o Chinês Cixin Liu, mostra o quanto vale a pena sair do padrão anglo de escritores.

非常有创意，远离了陈词滥调。科幻文学写得很精彩，能发现像刘慈欣这样的中国作家，说明了跨越盎格鲁作家的模式，是多么有价值的一件事。（Professor Eddie，2021.8.20，Skoob）

Em resumo... não precisa ser americano e cheio de clichês para ser interessante.

总之，不一定是美国人和充满陈词滥调的东西才有趣。（Anderson，2017.11.5，Amazon. br）

Texto em estilo diferente do americano ou inglês, mantém o interesse pela historia e mostra uma visão de mundo distinta da visão ocidental.

不同于美英风格的文字，保持了历史趣味，展现了不同于西方的世界观。（Claudinei Dias，2021.1.1，Amazon. br）

É interessante ver a ficção científica de autores que não são do eixo europeu ou americano. Esse livro nos permite isso. Muito bom.

能看到非欧洲或不是以美国为轴心的作者的科幻小说，这很有趣。这本书做到了。很棒。（Cicero Marques，2018.4.25，Amazon. br）

A chegada de Cixin Liu ao Ocidente abriu os olhos de muitos ao enorme mercado de autores orientais. Um mercado que permanecia inexplorado talvez por culpa da necessidade de haver um investimento na tradução destes materiais. Liu consegue ser contemporâneo ao mesmo tempo em que rende homenagens a autores como Asimov e Clarke.

刘慈欣来到西方，让很多人看到了东方作家的巨大市场。这是一个尚待开发的市场，或许是因为这些材料的翻译需要投入资本。刘慈欣在向阿西莫夫和克拉克等作家致敬的同时，成功地进行了当代的写作。（Paulo Vinicius F. dos Santos–Blog Ficções Humanas，2018.9.12，Amazon. br）

五、《三体》的葡语读者热度

巴西是葡语读者最多的国家之一，葡语版《三体》在巴西的热度一直很高。正如上文所述，《三体》的热度与巴西这个国家的特殊性有关。考虑到全球范围内《三体》的畅销地位，而巴西作为世界上最大的阅读群体之一，其图书市场中的份额自然不可小觑。值得一提的是，尽管巴西拥有 Relógio D' Água 出版的卡瓦略译本，该译本在网上信息相对有限，鉴于这一情况本文选取巴西出版市场较为热门的 Suma 版本的《三体》在各大阅读平台的评论人次进行分析，以揭示其读者数量和趋势（见表 1）。

表 1 Amazon、Skoob 和 Goodreads 对葡语《三体Ⅰ》的评论人次

（2014 年 12 月—2022 年 11 月）

年份	Amazon.br	Skoob	Goodreads	年总评论数
2014	0	0	1	1
2015	0	0	5	5
2016	9	2	1	12
2017	29	8	5	42
2018	23	5	9	37
2019	29	5	7	41
2020	28	21	9	58
2021	33	34	12	79
2022	18	31	17	66
平台总评论数	169	106	66	341

葡萄牙语《三体Ⅰ》虽然于 2016 年出版，但早在葡语版本出现前，就已经有读者使用葡萄牙语撰写心得了。这些读者或许是阅读了英语或中文版本。Skoob、Goodreads 和 Amazon 的数据表明，截至 2022 年 11 月，该小说的读者和热度（评论数量）仍在不断攀升，没有下降的趋势。这预示着《三体》在未来将会成为比肩吉布森和阿西莫夫等作者作品的世界级科幻文学经典之作。

表 2 葡语《三体》三部曲在所有阅读平台的评论数

（2014 年 12 月—2022 年 10 月）

年份	《三体问题 1》	《黑暗森林 2》	《死亡的尽头 3》	年总评论数
2014	1	0	0	1
2015	5	0	0	5

续表

年份	《三体问题1》	《黑暗森林2》	《死亡的尽头3》	年总评论数
2016	12	0	2	14
2017	42	8	1	51
2018	37	23	1	61
2019	41	14	29	84
2020	58	26	28	112
2021	79	33	38	150
2022	66	32	25	123
作品总评论数	341	136	124	601

虽然《黑暗森林2》和《死亡的尽头3》的销量和评论数量不及《三体问题1》,但随着它们的陆续出版,三部曲起到了叠加的效果,保持了一贯的热度,整体表现优异,且其热度一直在攀升。2022年12月10日,《三体》动画在中国哔哩哔哩网站播出;2023年1月,《三体》电视连续剧在中国腾讯视频、咪咕视频和中央电视台电视剧频道播出,在YouTube、腾讯平台同步播出并设有英文字幕。此消息再度在葡语世界的Twitter、YouTube等平台游走。截至2023年2月,所有阅读平台网站上的点赞、想读、点评、评分数量还在增加。

六、葡语读者评论主题和内容

葡语读者的评论内容来自亚马逊巴西网站、Goodreads葡语网站、Skoob网站,具体是对《三体》三部曲自2014年12月到2022年10月的601条葡萄牙语留言,其中《三体问题1》341条、《黑暗森林2》136条、《死亡的尽头3》124条。将这些留言纳入命名为PtgRC_Trilogy的目标语料库。PtgRC_Trilogy中共计有87,303个形符、76,169个词语、3657个葡萄牙语句子。

PtgRC_Trilogy的参照语料库应是一个体量巨大的语言语料库,它体现了葡萄牙语语言的总体风格、语法特征、词汇面貌,是该葡萄牙语社区的理想模型和代表典范。经过查找,确定语料库Portuguese Web 2018(ptTenTen18)可满足参照语料库的要求。ptTenTen是由互联网上收集的文本组成的葡萄牙语网络语料库。ptTenTen18 语料库包括欧洲葡萄牙语和巴西葡萄牙语两种主要的葡萄牙语变体，包含了 2018 年 2 月至 4 月期间下载的超过 74 亿个单词。信息显示，ptTenTen18 网络语料库共计来自 25,538,786 个网页，包含 8,731,838,327 个形符、7,407,393,731 个单词及 357,242,825 个句子。

通过语料库管理器和文本分析互联网软件 Sketch Engine，将 PtgRC_Trilogy 和 ptTenTen18 的常用词语进行频率、排位上的比对，得出葡语读者《三体》三部曲评论语料库（以下简称 PtgRC_Trilogy）的"关键词"（Keywords）。"关键词"的意义在于"关键性"，指的是目标语料库的常用词的凸显程度，是一个语料库的内容独特性的指标。Sketch Engine 关键性分值的算法为两个语料库中同一词语出现的每百万频率加上 1 的比值。

Sketch Engine 提供了两种关键词。一种是 single words，即"单个词语的关键词"，任何的单个形符都有可能成为此类。选择 lemma 即"词项"，则忽略词语的屈折变化即由于时态、性、数、格等语法范畴引起的词形变化，留下能够代表语义的原形或词根部分。另一种是 multi-word terms，即"多词惯用术语"，是由两个或两个以上的形符组成的词组。

PtgRC_Trilogy 语料库前 50 名单个词语关键词排名如下表 3 所示。

表 3　PtgRC_Trilogy 语料库前 50 名单个词语关键词

排名	词项	中文含义	PtgRC_Trilogy 频数	ptTenTen18 频数	PtgRC_Trilogy 相对频数（百万）	ptTenTen18 相对频数（百万）	关键性指数
1	Cixin	慈欣	145	47	1660.8822	0.00538	1652.985
2	Liu	刘（慈欣）	202	12051	2313.78076	1.38012	972.547
3	Ye	叶（文洁）	84	2677	962.16626	0.30658	737.166
4	Wenjie	（叶）文洁	58	34	664.35291	0.00389	662.772
5	realmente	真正的	57	0	652.8985	0	653.898
6	corpos	（三）体	95	9151	1088.16418	1.048	531.818
7	Luo	罗（辑）	56	1867	641.44415	0.21382	529.277
8	trissolaris	三体世界	42	7	481.08313	0.0008	481.697
9	Ji	（罗）辑	57	6339	652.8985	0.72596	378.86
10	trissolarianos	三体人	30	6	343.6308	0.00069	344.394

排名	词项	中文含义	PtgRC_Trilogy 频数	ptTenTen18 频数	PtgRC_Trilogy 相对频数（百万）	ptTenTen18 相对频数（百万）	关键性指数
11	Miao	（汪）淼	30	340	343.6308	0.03894	331.715
12	sci-fi	科幻	43	4416	492.53748	0.50574	327.772
13	Wang	汪（淼）	68	12471	778.89648	1.42822	321.18
14	trilogia	三部曲	212	58783	2428.32446	6.73203	314.19
15	Asimov	阿西莫夫	33	3440	377.9939	0.39396	271.883
16	Xin	（程）心	24	1216	274.90463	0.13926	242.179
17	Cheng	程（心）	28	3619	320.72208	0.41446	227.452
18	sófons	智子	19	6	217.63284	0.00069	218.483
19	ficção-científica	科幻小说	22	1889	251.99593	0.21633	207.999
20	totalmente	完全	17	0	194.72412	0	195.724
21	Clarke	克拉克	36	10209	412.35696	1.16917	190.56
22	ficção	小说	326	164451	3734.12134	18.83349	188.324
23	principalmente	原则上	16	0	183.26976	0	184.27
24	Shi	（大）史	27	7239	309.26773	0.82904	169.635
25	especialmente	尤其	14	0	160.36104	0	161.361
26	barreiras	面壁	50	23787	572.71802	2.72417	154.053
27	scifi	科幻	14	489	160.36104	0.056	152.804
28	trissolariana	三体	13	0	148.90668	0	149.907
29	alienígena	外星人	85	52467	973.62061	6.0087	139.059
30	trisolaris	三体世界	12	4	137.45232	0.00046	138.389
31	extraterrestre	外星人	47	28158	538.35492	3.22475	127.666
32	infelizmente	很遗憾	11	0	125.99796	0	126.998
33	hard	硬（科技）	56	38261	641.44415	4.38178	119.374
34	sombrio	黑暗（森林）	100	77021	1145.43604	8.82071	116.737
35	astrofísico	天体物理学家	17	6028	194.72412	0.69035	115.789

续表

排名	词项	中文含义	PtgRC_Trilogy 频数	ptTenTen 18 频数	PtgRC_Trilogy 相对频数（百万）	ptTenTen 18 相对频数（百万）	关键性指数
36	nanomateriais	纳米材料	12	2223	137.45232	0.25459	110.357
37	trisolarianos	三体人	9	0	103.08924	0	104.089
38	Hinir	希金斯	14	4840	160.36104	0.55429	103.816
39	Beihai	（章）北海	9	82	103.08924	0.00939	103.121
40	particularmente	特别地	8	0	91.63488	0	92.635
41	problem	问题	12	4651	137.45232	0.53265	90.335
42	finalmente	最后	7	0	80.18052	0	81.181
43	three-body	三体	7	11	80.18052	0.00126	81.078
44	sci	科学	10	3878	114.5436	0.44412	80.01
45	eras	时代	8	1992	91.63488	0.22813	75.428
46	instigante	发人深省	23	22033	263.45029	2.52329	75.058
47	astrofísica	天体物理学	10	5428	114.5436	0.62163	71.251
48	constantemente	不断地	6	0	68.72616	0	69.726
49	aparentemente	显然	6	0	68.72616	0	69.726
50	destruidores	驱逐舰	6	78	68.72616	0.00893	69.109

　　PtgRC_Trilogy 语料库单个词语的关键词语义比较零散，但仍可以看出读者对故事本身，对作者刘慈欣（Cixin 出现 145 次，平均每 4 条留言里就有一条提及刘慈欣），还有书的主要人物如叶文洁、罗辑、汪淼、程心、大史等进行了比较热烈的讨论。对书中相对于地球人的敌对力量，如三体人、三体世界、外星人也有较为详细的提及。《三体》的特别之处，如智子、驱逐舰等关键信息在留言中也有所涉及。

　　相对于单个词语关键词，词组关键词由于语义覆盖更广、表达更准确，更能明显地体现出葡语读者的话题所在。Sketch Engine 筛选出了前 100 名词组关键词，经过去除重复、覆盖的词组，得出 PtgRC_Trilogy 语料库前 50 的词组关键词，排名如表 4 所示。

表 4　PtgRC_Trilogy 语料库前 50 名词组关键词

排名	词组项	中文含义	PtgRC_ Trilogy 频数	ptTenTen 18 频数	PtgRC_ Trilogy 相对频数 （百万）	ptTenTen 18 相对 频数 （百万）	关键性 指数
1	Cixin Liu	刘慈欣	123	30	1408.88635	0.00344	1405.059
2	três corpos	三体	86	92	985.07495	0.01054	975.794
3	floresta sombria	黑暗森林	82	200	939.25751	0.0229	919.203
4	revolução cultural	"文化 大革命"	93	5682	1065.25549	0.65072	645.933
5	Luo Ji	罗辑	55	0	629.98981	0	630.99
6	ficção científica	科幻小说	248	40150	2840.6814	4.59812	507.614
7	Ye Wenjie	叶文洁	41	13	469.62875	0.00149	469.929
8	Cheng Xin	程心	24	0	274.90463	0	275.905
9	costa vermelha	红岸	21	8	240.54156	0.00092	241.32
10	Wang Miao	汪淼	21	10	240.54156	0.00115	241.265
11	Rey Diaz	雷迪亚兹	15	0	171.8154	0	172.815
12	projeto barreiras	面壁计划	15	14	171.8154	0.0016	172.539
13	base costa vermelha	红岸基地	14	0	160.36104	0	161.361
14	autor chinês	中国作家	13	42	148.90668	0.00481	149.189
15	prêmio Hugo	雨果奖	12	394	137.45232	0.04512	132.475
16	Liu Cixin	刘慈欣	11	11	125.99796	0.00126	126.838
17	conceitos científicos	科学概念	13	2534	148.90668	0.2902	116.188
18	Wenjie Ye	叶文洁	10	0	114.5436	0	115.544
19	explicações científicas	科学解释	11	940	125.99796	0.10765	114.655
20	civilização alienígena	外星文明	10	354	114.5436	0.04054	111.042
21	invasão alienígena	外星人入侵	11	1706	125.99796	0.19538	106.241

排名	词组项	中文含义	PtgRC_Trilogy 频数	ptTenTen18 频数	PtgRC_Trilogy 相对频数（百万）	ptTenTen18 相对频数（百万）	关键性指数
22	ficção científica hard	硬科幻	9	68	103.08924	0.00779	103.285
23	livro de uma trilogia	三部曲	9	375	103.08924	0.04295	99.803
24	Isaac Asimov	艾萨克·阿西莫夫	10	1587	114.5436	0.18175	97.773
25	Miao Wang	汪淼	8	0	91.63488	0	92.635
26	civilização extraterrestre	地外文明	8	258	91.63488	0.02955	89.976
27	jogo três corpos	三体游戏	7	0	80.18052	0	81.181
28	three-body problem	三体问题	7	11	80.18052	0.00126	81.078
29	cultura chinesa	中国文化	9	2531	103.08924	0.28986	80.698
30	revolução chinesa	中国革命	8	1370	91.63488	0.1569	80.072
31	Chinês Cixin	中国的慈欣	6	0	68.72616	0	69.726
32	ficção científica chinesa	中国科幻小说	6	0	68.72616	0	69.726
33	chinês Cixin Liu	中国刘慈欣	6	0	68.72616	0	69.726
34	livro de FC	科幻小说著作	6	14	68.72616	0.0016	69.615
35	Carl Sagan	卡尔·萨根	8	2908	91.63488	0.33303	69.492
36	trilogia de ficção científica	科幻小说三部曲	6	44	68.72616	0.00504	69.377
37	vida inteligente	智能生活	8	3192	91.63488	0.36556	67.837
38	fãs de ficção científica	科幻迷	6	322	68.72616	0.03688	67.246
39	seres extraterrestres	外星人	7	1825	80.18052	0.20901	67.147

排名	词组项	中文含义	PtgRC_Trilogy 频数	ptTenTen18 频数	PtgRC_Trilogy 相对频数（百万）	ptTenTen18 相对频数（百万）	关键性指数
40	fãs de ficção	小说迷	6	399	68.72616	0.04569	66.679
41	história chinesa	中国历史	6	423	68.72616	0.04844	66.504
42	desenvolvimento de personagens	个性发展	6	687	68.72616	0.07868	64.64
43	ideias interessantes	有趣的想法	6	837	68.72616	0.09586	63.627
44	história de ficção	小说故事	6	930	68.72616	0.10651	63.015
45	vida alienígena	外星生命	6	936	68.72616	0.10719	62.976
46	civilização humana	人类文明	7	2632	80.18052	0.30143	62.378
47	teorias científicas	科学理论	7	2741	80.18052	0.31391	61.786
48	interação de Luo Ji	罗辑互动	5	0	57.2718	0	58.272
49	trilogia o problema	问题三部曲	5	0	57.2718	0	58.272
50	trissolaris o plano	三体计划	5	0	57.2718	0	58.272

1. "慈欣"

词组关键词更清楚地揭示出作者"刘慈欣"作为核心话题，引发了读者热烈的讨论。对刘慈欣赞誉的理由，涉及刘慈欣个人经历、著作评价、写作技巧、情节引导、人物塑造、涉及领域、知识水准等各个方面。词组关键词表明，嵌套"慈欣"的词组，还包括"作家刘慈欣""刘慈欣老师"等，显示了读者对他的敬佩之情。此外，"中国的刘慈欣""中国作家"等出现频率也很高。可以说"刘慈欣"作为一个响亮的中国作家品牌，带动了读者对中国的认知。

Maravilhoso, Liu Cixin é incrível!

太棒了，刘慈欣太厉害了！（Ana Ramos，2019.5.30，Skoob）

Me senti em uma sala de aula recebendo lições do professor Cixin Liu.

我仿佛置身于刘慈欣教授的课堂上。（Paulo Vincius Figueiredo dos Santos，2018.10.6，Goodreads）

Gostei bastante, no começo é um pouco cansativo, mas o desenvolvimento do livro é um bom triller com syfy, excelente criatividade do autor Cixin liu Engenhoso demais, dá gosto de ler.

我真的挺喜欢的。刚开始看会儿有点累，不过这本书的故事发展和 Syfy 频道（作者注：NBC 的科幻电视频道）一样惊悚。作者刘慈欣的创意太棒了，太巧妙了，读起来很愉快。（Rogerio Carlos，2018.10.6，Goodreads）

Feliz de ver um autor não anglófono tendo sua obra premiada, merecidamente, e sendo apreciada em minha língua-mãe. "Melhor da Vida Maravilhoso", Liu Cixin é incrível!

很高兴能看到一位非盎格鲁模式作家的作品实至名归，并且我可以用我的母语来赞赏它。Best of Wonderful Life，刘慈欣太棒了！（Silvio Rodrigues，2019.7，Goodreads）

Obrigado por não ter me decepcionado, Liu Cixin!！Acabei lendo esse livro em português apesar da tradução indireta pois a edição da Suma é bem bonita e essa é uma saga q eu sinto q vou querer ter os físicos na estante, além tbm de querer gravar o imaginário dessa história na minha mente em pt ao invés de em inglês. Quem sabe, se me motivar o suficiente pra voltar a estudar, eu pratique o mandarim lendo no original. Por conta das várias reviews q assisti, eu até esperava mais complexidade e trechos muito obscuros nesse livro, mas na.

谢谢你没有让我失望，刘慈欣！！尽管是间接翻译的译本，但我最终还是用葡萄牙语读完了这本书，因为 Suma 出版的这本书非常优秀。这是一本传奇，它除了让我想把这个故事的意象用葡萄牙语而不是英语印在脑子里，还让我想要把科学家们放在书架上。说不定呢，如果这本书足以激励我回去学习，我会拿原版著作使用普通话阅读它。（Kalil Zaidan，2022.1.18，Goodreads）

Confesso também que Cixin apesar de ter uma escrita regular, sabe gerir muito bem o suspense e despertar a curiosidade fazendo com que viremos páginas atrás de páginas.

我也承认，虽然慈欣文笔十分规律，但他很懂得如何处理悬念来激发好奇心，让我们一页一页地翻下去。（Nelson Zagalo，2020.11.12，Goodreads）

O modo como o Cixin conduz a trama é maravilhoso, difícil quando se está no início prever o fim, mas quando se termina o livro e se reflete no que veio antes tudo se encaixa.

慈欣引导情节的方式很精彩。你在刚开始的时候，会感到很难预测结局。但当你读完这本书并反思之前发生的一切事情时，就觉得一切都顺理成章了。（2022.2.3，Goodreads）

Cixin conseguiu deixar Astrofísica interessante para mim, o que achei que não era possível.

慈欣设法让我对天体物理学感兴趣，而在此之前我认为这是不可能的。（Filipe，2021.11.5，Skoob）

Legal mesmo foi saber que esse prêmio, que já tem 62 anos de existência, nunca havia sido entregue para um livro que não tivesse sido escrito em inglês-ou seja, Cixin é bom mesmo.

知道这个已有62年历史的奖项从未颁发过给任何一本非英文写的书的时候，我觉得这真是太酷了——也就是说，慈欣真的很棒啊。（Sheila，2018.2.28，Skoob）

Do campo dos problemas sociais, políticos e econômicos, Cixin Liu invade com maestria a Física, a Astronomia, a Matemática, a Informática e a tecnologia de uma forma geral para seguir uma narrativa épica de dor, sofrimento, resiliência, esperança, sonhos e Amor.

在社会、政治和经济领域，刘慈欣巧妙地涉足物理学、天文学、数学、信息学和一般技术，讲述着痛苦、苦难、韧性、希望、梦想和爱的史诗般的故事。（Yuri Oliveira，2022.6.27，Amazon. br）

2. "三体""黑暗森林"

频率第二高的词组关键词是书名。"三体"是讨论得最多的词组，是第一部书名的组成部分，也是书中主要人物的关联词汇。其次是小说第二部的标题"黑暗森林"。但第三部的标题"死亡的尽头"却未被列于前 100 位。

3."文化大革命"

词频最高的词组中，位列第 4 的是"文化大革命"。大约平均每 6 条留言里面就有一条提及"文化大革命"。"文化大革命"是主人公之一叶文洁的出场历史背景，也是使"叶文洁主动争取与三体人联系"这一故事情节逻辑合理化的关键一环。从读者的留言分析，对于书中"文化大革命"的解读基于以下几点。

1）以"文化大革命"为故事的开头，在小说的行文结构上，开篇气势恢宏，十分震撼（chocante），极富影响力（impactante）。

Do chocante início sobre a revolução cultural chinesa e do suspense sobre o que está acontecendo a descoberta do destino da humanidade a curiosidade só aumenta a cada página. Uma obra fantástica de ficção científica.

从中国的"文化大革命"震撼开篇，到发现人类命运的故事悬念，我的好奇心随着书的每一页只增不减。这是一部多么美妙的科幻作品。（Eliel Jorge Ribeiro，2020.11.23，Amazon. br）

Essa é uma história chinesa e, para apimentar, começa com um chocante retrato da revolução cultural e evolui para um ficção científica de primeira.

这是一个中国故事。为了加重一点儿口味，故事以"文化大革命"的震撼描写开篇，逐步发展为一流的科幻小说。（Renato Fonseca，2019.1.16，Amazon. br）

O romance inicia com narrativa impactante centrada no auge da revolução cultural na China e como a política e ainda mais a ignorância afetam a comunidade científica.

这部小说以极具冲击力的叙述开始，讲述了中国"文化大革命"的高潮，以及政治和无知是如何影响科学界的。（Jaime Lerner，2017.10.19，Amazon. br）

2）"文化大革命"这段历史本身对西方读者就是神秘和有趣的（interessante）。

《三体》是一本以科幻内容为主的小说，太复杂的科学叙述可能会让部分缺乏科学理解能力的读者望而生畏。但当有读者希望从中了解中国历史和社会时，历史元素的加入，就给读者带来精彩的人文体验。

A trama enreda com habilidade a história recente da China, com ênfase para a sua triste e nefasta Revolução Cultural, com uma trama de ficção-científica de tirar o fôlego, explorando elementos riquíssimos que vão desde jogos de realidade virtual a tecnologias que exploram realidades multidimensionais.

它的情节巧妙地把所强调的悲惨的、灾难性的"文化大革命"和中国的近代史联系起来。它具有令人叹为观止的科幻情节，探索着从虚拟现实游戏到多维现实的技术的丰富的元素。（Rafael N. Dias，2019.6.25，Amazon. br）

do livro, que traz todo um contexto histórico muito interessante, acerca da Revolução Cultural, como plano de fundo.

这本书带来了整个非常有趣的关于"文化大革命"历史，作为背景。（Moisés Menezes，2020.7.30，Amazon. br）

Os dois primeiros capítulos tendo como plano de fundo na Revolução Cultural da China foram os mais interessantes que eu li e também é fácil se apaixonar pelos personagens principais que são muito bem desenhados.

以中国"文化大革命"为背景的前两章是我读过的最有趣的章节，读者很容易便爱上其中刻画得非常精彩的主要人物。（Fah Pan，2021.8.21，Amazon. br）

Que infelizmente para mim, como quase toda ficção científica, tem também trechos áridos de física quântica que me deixaram a ponto de largar o livro-várias vezes... Os personagens são cativantes, o desenrolar entre as teorias todas é quase de thriller e a parte histórica da Revolução Cultural, impressionante.

对我来说不幸的是，就像几乎所有的科幻小说一样，它包含有枯燥的量子物理学段落，这让我好几次差点儿放下这本书……人物非常具有吸引力，而且所有理论之间的展开几乎就像一部惊悚片，（然而）"文化大革命"的历史部分令人印象深刻。（Tina Lopes，2020.9.29，Goodreads）

3）历史事件与科幻的巧妙融合，富有创意却又符合情理。主人公叶文洁就是由于政治环境恶化、家人背叛、理想破灭而把救赎的希望转向太空，从而导致三体人的入侵。

Para quem gosta de ficção científica, o autor fez uma intrigante mistura entre os acontecimentos da Revolução Cultural na China e o contato com uma possível civilização de outro planeta, com um excelente toque científico em uma narrativa muito bem elaborada. Nota 10 ! ! !

对于那些喜欢科幻小说的人来说，作者将中国"文革"事件与来自另一个星球的潜在文明的接触进行了有趣的融合，在精心创作的叙述中体现了出色的科学探索。10级！！！（PAULO HENRIQUE，2019.8.8，Amazon. br）

Maravilhoso! Uma obra de ficção científica original e ousada. Um de seus maiores méritos é o fato do autor ser chinês e se valer da história da China para a narrativa, mesclando fatos decorrentes da revolução cultural chinesa com o presente e o futuro.

令人惊叹！这是一部原创而大胆的科幻小说。它最大的优点在于作者是中国人，用中国历史来叙述，将中国"文革"的事实与现在和未来融合在一起。（Francisco Pizzette Nunes，2020.1.5，Amazon. br）

No livro, a ideia-base é a do contacto entre civilizações extra-terrestres. Terreno muito batido na FC, mas Liu consegue dar-lhe um novo interesse. A descoberta da existência de civilizações extraterrestres ficará intimamente ligada a traumas decorrentes da violência da revolução cultural chinesa... Para evitar isto, atacam em duas frentes. Numa, socorrem-se de humanos sugestionáveis cujos traumas os levam a querer aniquilar a civilização humana. Entre ambientalistas desgostosos com a destruição de ecossistemas e cientistas amargurados pelo destino dos pais e os seus próprios problemas políticos às mãos dos guardas vermelhos nos tempos da revolução cultural o terreno é fértil.

在这本书中，基本的思想是联络外星文明。这在科幻小说中很老套，但是，刘慈欣设法给它带来了新的兴趣点。地外文明的发现与"文革"的暴力创伤密切相关。……（三体人）求助于受暗示的人类，这些受过创伤的人们想要消灭人类文明。在"文革"期间，环保主义者因生态系统被破坏而反感，科学家们为父母的命运和为自己因政治问题而落入红卫兵手中而感到苦恼。而三体人的计划，在这些人当中，有着深厚的基础。（Artur Coelho，2014.12.29，Goodreads）

4. "硬科幻""科学""科幻""科学家"

上文提到，巴西社会的普通读者历来不太会去欣赏科幻小说，对科幻小说真正感兴趣的读者也局限在较小的科幻圈内的"死忠粉"。而科幻迷们对科幻小说的推崇，以硬科幻为尊，因为"硬科幻作品的核心思想是对科学精神的尊重和推崇"。葡语读者多次提及"科学"及科学的内涵，包括物理学、理论物理、智子、量子物理等。硬科幻不像一般注重人物爱情的浪漫幻想类、避开技术细节的软科幻故事，它更强调科学细节和逻辑推导的合理性，使用技术来推动和解决问题。在手法上，硬科幻以追求科学可能的细节或准确为特性，着眼于自然科学和技术的发展。

葡语读者把《三体》三部曲归结为硬科幻作品并强烈推崇，体现了读者对科幻的理解与对这部科幻作品的高度认可。除了"硬科幻"元素外，中国社会、历史和悬疑、动作都被认为叙述得相当精彩。

Não me senti perdido em nenhum momento embora o livro seja claramente um hard scifi. Recomendado para pessoas que gostam de scifi.

尽管这本书显然是硬科幻，但我在任何时候都没有感到困惑。推荐给喜欢科幻的人。（Paulo，2018.10.06，Skoob）

Yesssss. simmm Talvez a mais importante história de scifi dos últimos 50 anos e ainda nos posiciona sobre a sociedade na China desde a deposição de Chiang Kai-Shek.

是的，也许这是过去50年来最重要的科幻故事，它仍然使我们置身于自推翻蒋介石政府以来的中国社会。（Amazon Customer，2019.12.24，Amazon. br）

Hard scifi chinesa de altíssima qualidade não é sempre que se encontra.

来自中国的高质量的硬科幻并不常见。（Fabio Bettega，2015.3.10，Goodreads）

É absurdo como os chineses tem esse dom de criar universos tão complexos. Melhor livro de scifi hard Eu amei o livro, foi a primeira vez que li um livro de scifi que abordou de forma tão palpável a vida extraterrestre.

中国人有创造如此复杂宇宙的天赋，真是不可思议。这是最好的硬科幻书，我喜欢这本书，这是我第一次读到以如此详细的方式讲述地球以外生命的科幻书。(Talmo，2020.02.04，Skoob)

Não é só scifi, é suspense e ação de um nível altíssimo.

这不仅仅是科幻作品，还是非常高水准的悬疑和动作小说。(Adriano Sampieri，2022.8.27，Amazon. br)

Scifi de qualidade "A trilogia do" "O Problema dos Três Corpos" é sensacional, esse livro em especial é fantástico.

优质科幻《三体》三部曲轰动一时，尤其是第一部。(Julio Rocha，2019.4.3，Amazon. br)

5. 西方作家参照系

葡语的科幻迷们会比较专业地对同一类型的故事作出深入的总结，他们列出了一连串的西方作家作为参照。评论中频繁出现的作家有业瑟·克拉克 (Arthur C. Clarke，39 次)[1]、艾萨克·阿西莫夫 (Isaac Asimov，33 次)、卡尔·萨根 (Carl Edward Sagan[2]，8 次)、菲利普·K. 迪克 (Philip K. Dick，4 次)、弗兰克·赫伯特 (Frank Herbert，3 次)、厄修拉·勒古恩 (Ursula K. Le Guin，3 次) 及特德·姜 (Ted Chiang，1 次)、皮埃尔·布尔 (Pierre Boulle，1 次) 等。

普遍的看法是刘慈欣已经把西方科幻作品融会贯通，在向这些大师们致敬:

De qualquer modo, devo dizer que fiquei muito bem impressionado. O Cixin certamente leu bastante coisa do cânone americano, conhece o gênero e suas nuances.

无论如何，我不得不说我印象非常深刻。刘慈欣显然读过很多美国经典科幻作品，了解这种类型及其细微差别。(Dario Andrade，2017.6.9，

---

[1] 关键词表中未包含读者的笔误，如把 Clarke 写成 Clark。
[2] 卡尔·萨根，被誉为美国科幻"黄金时代"的开山鼻祖。著有《接触》(Contact)，故事中有人类首次联络外星人的共同情节。不少读者认为《三体》和《接触》最为相似。

Goodreads）

Liu é, sem sombra de dúvidas um autor que merece o legado de ser herdeiro dos grandes nomes como Isaac Asimov, Arthur C. Clarke, Philip K. Dick, Stanislaw Lem e outros grandes mestres que fundaram as bases da Sci-Fi Hard do século XX.

毫无疑问，刘是一位值得继承那些为 20 世纪美国的硬科幻奠定了基础的作家，如艾萨克·阿西莫夫、亚瑟·克拉克、菲利普·K.迪克、斯坦尼斯劳·莱姆和其他伟大的大师级别的作家。（Orlando，2018.4.14，Skoob）

不过，刘慈欣和西方的著名科幻作家有所不同。主要不同点在于对外星生物性格的设定、历史元素的使用、人物的塑造和宏大主题的理念等。

Recomendo muito aos fãs de ciência, tecnologia e ficção científica... Como exemplo, enquanto Clarke trás alienígenas que nos ignoram em "Encontro com Rama", Liu nos dá aliens que lutam por sua vida tanto quanto qualquer outra especie deste planeta.

（我）强烈推荐将此书给科技迷和科幻迷。……克拉克在《与拉玛相会》中带来了无视我们的外星人，而刘慈欣给我们带来了"为生命而战"的外星人，就和我们这个星球上的任何物种一样。（Romero A Medeiros，2017.10.11，Amazon. br）

Há um uso muito inventivo de elementos científicos e um apreço especial ao mágico, no sentido Clarkeano. Aliás, há influência de Arthur C. Clarke, em um estilo sóbrio, de ênfase nas ideias que aparecem durante o desenrolar da história e crises enfrentadas, e sua relação com as tecnologias e táticas desenvolvidas, em detrimento dos personagens, que atuam de modo mais duro e estereotipado.

在故事中，有着克拉克意义上的对科学元素的创造性运用，还有对魔幻的特别品味。顺便提一句，这里有克拉克的影子。克拉克以一种冷静的风格，强调在历史进程中出现的思想以及所面临的危机，还有这些事物与所发展的技术和战略的关系。他以牺牲角色为代价，且这些角色的行为方式更加强硬、更加刻板。（Henrique Iwao，2020.2.20，Goodreads）

对刘慈欣的评价，认为他的水准比肩这些大师，或者甚至在这些西方大师之上。

O Problema dos Três Corpos já nasceu um clássico. É fácil de ler e traçar paralelos com Isaac Asimov, pois Cixin Liu aparenta estar no mesmo patamar visionário do autor russo–americano. As suas previsões sobre a ciência e o futuro da humanidade são extremamente palpáveis, sendo de fácil imaginação até para uma leiga（como é meu caso）.

《三体Ⅰ》注定是个经典。我们很容易将其与艾萨克·阿西莫夫相提并论，因为在远见上，刘慈欣似乎与这位俄裔美国作家处在同一水平。他对科学和人类未来的预测是非常具体的，即使是像我这样的一个外行也很容易能想象得出来。（Beatriz.Cruz，2020.8.29，Skoob）

Uma livro que começa parecendo levar a uma narrativa histórica mas que tem um final surpreendente Uma surpresa. Ao nível de Arthur C. Clarke. O melhor de ficção científica que li nos últimos anos. Aspectos científicos e históricos muito bem abordados. Recomendo muito.

一本看似通向历史叙事的书，却有着意想不到的结局，这本小说在亚瑟·C.克拉克的水平上。这是我近年来读到的最好的科幻小说，它很好地涵盖了科学和历史方面的内容。我强烈推荐。（Amazon Custumer，2021.3.22，Amazon. br）

七、葡语读者评论视角和基调

视角和基调反映了读者在阅读一部作品时所产生的感觉、反应和评价。对某一部作品进行评论时，读者所表现出来的感受或反应通常是不同的。有的读者会因为作者的某一词句而感动、兴奋或愤怒；有的读者则表现出对人物的喜爱或同情。视角和基调主要通过评价性、形容性等属性的词语反映出来。使用 Sketch Engine，形成葡语读者评论语料库的形容词排行榜单。

1. "科学的""第一的"

在榜中，"科学的"（científico）一词再次成为排名之冠。用得最多的组合是"科学小说"（ficção científica），其次是"科学概念"（conceitos científicos）和"科学解释"（explicações científicas）。排在第二位的是"第一的"（primeiro），用于"第一部作品"，常指三部曲之中的第一部《三体Ⅰ》。排在第三位的是"物理学的"（físico）。físico 多的组合是"物理概念"（conceitos físicos）、"物理现象"（fenômenos físicos）、"物理理论"（teorias físicas）等（见表 5）。

表 5　PtgRC_Trilogy 语料库的形容词排名

排名	词项	中文含义	PtgRC_Trilogy 频数	PtgRC_Trilogy 相对频数（百万）
1	científico	科学的	402	4604.65276
2	primeiro	第一的	249	2852.13567
3	físico	物理学的	193	2210.6915
4	bom	好的	180	2061.78482
5	melhor	最好的	146	1672.33657
6	interessante	有趣的	134	1534.88425
7	chinês	中国人的	130	1489.06681
8	humano	人类的	118	1351.61449
9	cultural	文化的	111	1271.43397
10	sombrio	黑暗的（森林）	100	1145.43601
11	grande	大的	96	1099.61857
12	segundo	第二的	83	950.71189
13	diferente	不同的	72	824.71393
14	novo	新的	70	801.80521
15	próximo	下一个的	62	710.17033
16	maior	大的	62	710.17033
17	real	真实的	57	652.89853
18	difícil	困难的	55	629.98981

续表

排名	词项	中文含义	PtgRC_Trilogy 频数	PtgRC_Trilogy 相对频数（百万）
19	incrível	不可思议的	55	629.98981
20	último	最后的	53	607.08109
21	alienígena	外星人	53	607.08109
22	excelente	伟大的	52	595.62673
23	terceiro	第三的	51	584.17237
24	complexo	复杂的	50	572.71801
25	ótimo	出色的	50	572.71801
26	político	政治的	49	561.26365
27	possível	可能的	48	549.80928
28	próprio	自己的	47	538.35492
29	importante	重要的	41	469.62876
30	técnico	技术的	41	469.62876
31	principal	主要的	39	446.72004
32	claro	清除	39	446.72004
33	capaz	有能力的	35	400.9026
34	extraterrestre	外星人	34	389.44824
35	histórico	历史性的	34	389.44824
36	único	单身的	33	377.99388
37	fácil	简单的	32	366.53952
38	alto	高的	32	366.53952
39	impossível	不可能的	32	366.53952
40	narrativo	叙述的	32	366.53952
41	diverso	各种各样的	32	366.53952
42	profundo	深刻的	31	355.08516
43	longo	长的	30	343.6308
44	fantástico	极好的	30	343.6308
45	filosófico	哲学的	29	332.17644
46	presente	在场的	29	332.17644

续表

排名	词项	中文含义	PtgRC_Trilogy 频数	PtgRC_Trilogy 相对频数（百万）
47	cheio	满的	29	332.17644
48	tecnológico	技术的	28	320.72208
49	inteligente	聪明的	28	320.72208
50	final	最终的	28	320.72208

2. "好的"

从排在第四位的"好的"（bom）开始，能够看出读者对三部曲的态度。Bom tempo 出现多次，读者表示"我有很长时间没有读过那样的书了"（9次）。另外，bom 一词贯穿了三大平台的读者评论，常见的短语有 bom livro（好书，8次）、bom ficção（好小说，6次）、bom argumento（好的论证，3次）、bom nível（好的等级，3次）、boa ideia（好主意，4次）、boa qualidade（好的质量，2次）、bom ritmo（好的韵律，2次）、boa parte（好的部分，3次）、bom história（好故事，3次）、muito bom（非常好，49次）、tão bom（太好了，9次）、uma criatividade muito boa（一个很好的创意，3次）、uma ideia boa（一个好的主意，4次）和 o livro é bom（一本好书，12次）等。和 bom 一起出现过的名词搭配还有：começo（开始）、pesquisa（搜索）、sequência（顺序）、maneira（方式）、situação（情况）、surpresa（惊喜）、protagonista（主角）、base（依据）、enredo（情节）、fim（结束）、sentido（感觉）、questão（问题）、momento（时间）、obra（作品）、coisa（事物）、personagem（特点）等。可以看出，非常多的读者都给予三部曲极大的好评。

A narrativa tem um bom ritmo e você fica preso do início ao fim.

叙事节奏很好，我从头到尾都被吸引住了。（Vitor，2020.4.15，Amazon.br）

Achei um livro muito bem escrito, com uma narrativa muito instigante e que tem uma trama muito complexa, mas muito boa.

我觉得这是一本写得很好的书。叙事很发人深省，虽然情节很复杂，但是很棒。（Filipe Faria，2018.1.17，Amazon.br）

Escrita fácil e fluida e uma boa ideia, se destaca muito bem em como desenvolver a estória "Essa foi a primeira obra de ficção científica e a primeira trilogia que já li, além de ter sido a primeira obra chinesa tbm.

文笔流畅，构思好，非常擅长描写故事的发展。这不仅是我读的第一部中国作品，还是我读的第一部科幻小说、第一部三部曲。（Anderson，2018.12.25，Amazon. br）

3. "最好的"

读者还用"最好的"（melhor）来表示对这部三部曲的认可（排名第五）。三部曲的 estilo（风格）、coisa（事物）、trilogia（三部曲）、livro（书）、leitura（阅读）、ficção（小说）、romance（虚构）、texto（文本）、entendimento（理解）、nível（等级）、qualidade（质量）、série（系列）、personagem（特点）、caraterística（特征）、versão（版本）、intenção（意图）、tipo（类型）、escritor（作家）、experiência（经验）、título（标题）、autor（作者）、obra（作品）都被读者赞誉为是"最好的"。

A melhor trilogia de Ficção Científica que eu li até hoje.
我读过的最好的科幻小说三部曲。（Tomio Makihara，2021.2.10，Amazon. br）

Com certeza um dos melhores livros de ficção científica que já li, devorei em um dia e meio.
这绝对是我读过的最好的科幻小说之一，我在一天半的时间内看完了。（Isaac，2021.4.30，Amazon. br）

É uma das melhores ficções científicas que há e dificilmente alguma outra vai superar.
这是目前最好的科幻小说之一，几乎没有其他科幻小说能够超越它。（Iago Immediao Martins，2021.4.4，Amazon. br）

4. "有趣的"

"有趣的"（interessante）也是读者对这部三部曲的评价（排名第六）。
"有趣的"意味着能够激起读者兴趣、好奇和欢乐。查找 interessante 一词
和与词相关的搭配发现，读者认为三部曲中"有趣的"包括：ideia（想
法）、trajetória（轨迹）、abordagem（方法）、enredo（情节）、tema（主题）、
história（故事）、leitura（阅读）、mundo（世界）、forma（形式）、cunho（烙印）、
crescendo（生长）、cerne（核）、roteiro（脚本）、coisa（事物）、astrofísica
（天体物理学）、saga（传奇）、argumento（观点）、plot（情节）、desfecho（结
果）、sequência（顺序）、vista（看法）、reflexão（反射）、premissa（前提）、
elemento（元素）、visão（眼力）、personagem（特点）、situação（情况）、
desenvolvimento（发展）、conceito（概念）。《三体》三部曲是一本"有趣"
的小说（ficção）、有趣的书籍（livro）。有时候读者会列举一些"有趣的"情
节和对话，如下。

Essa parte da narrativa seguida por ele e Da Shi é muito interessante...
他和大史接下来的这段叙述很有意思……（Paulo Vincius Figueiredo dos
Santos，2018.10.6，Goodreads）

读者也会把三部曲的每一部进行对比或进行总体评价。

O primeiro livro é um pouco devagar, mas o segundo já se torna mais
interessante e o terceiro mal te dá tempo de pegar o fôlego antes de te atirar
em outro evento inacreditável.
第一部节奏有点儿慢，但第二部已经变得很有意思了，第三部几乎没
给你喘口气的时间，就把你扔进了另一个难以置信的事件中。（Heitor C.,
2020.11.26，Amazon. br）

Gostei da premissa básica do livro, que traz reflexões interessantes
sobre vida além da Terra, como seriam os comportamentos da nossa
sociedade, e também de outras sociedades alienígenas.
我喜欢这本书的基调，它对地球以外的生命、我们社会的行为方式以及外
星社会进行了有趣的思考。（Luciano，2018.1.26，Amazon. br）

5. 其他正面评价

除此之外，评论中相当正面的形容词还有：incrível（不可思议的，55次）、ótimo（出色的，50次）、fantástico（极好的，30次）。在谈到具体的故事细节时，complexo（复杂的）也是用得比较多的词语。读者提到了"复杂的"情节（enredo）、情况（situação）、概念（conceito）、主题（tema）、三部曲（trilogia）、转向（vez）、宇宙（universo）、阴谋（trama）、特点（personagem）、关系（relação）、游戏（jogo）、问题（problema）、理论（teoria）等。

50 名之后的正面形容词如表 6 所示。

表 6　PtgRC_Trilogy 其他正面形容词

排名	词项	中文含义	PtgRC_Trilogy 频数	PtgRC_Trilogy 相对频数（百万）
52	criativo	有创造力的	27	309.26772
59	surpreendente	惊人的	23	263.45028
60	fascinante	迷人的	22	251.99592
67	enorme	巨大的	20	229.0872
75	maravilhoso	惊人的	17	194.72412
78	épico	史诗般的	16	183.26976
88	impressionante	感人的	14	160.36104
92	intrigante	耐人寻味的	14	160.36104
94	genial	伟大的	13	148.90668
96	empolgante	激动人心的	13	148.90668
97	grandioso	宏伟的	13	148.90668
98	belo	美丽的	13	148.90668
145	cativante	迷人的	9	103.08924
170	magnífico	华丽的	7	80.18052
175	mirabolante	耀眼的	7	80.18052
215	arrebatador	狂喜的	6	68.72616
217	emocionante	激动人心的	5	57.2718
223	lindo	漂亮的	5	57.2718
255	influente	有影响的	4	45.81744
305	imaginativo	富有想象力的	4	45.81744
312	impecável	无懈可击的	4	45.81744

续表

排名	词项	中文含义	PtgRC_Trilogy 频数	PtgRC_Trilogy 相对频数（百万）
325	chocante	震惊的	3	34.36308
335	estonteante	令人惊叹的	3	34.36308

6. 负面态度："混乱""困难""无聊"

葡语评论中出现的第一个带有负面情绪的词语 difícil（困难的）出现在第 18 位，第二个 confuso（混乱的）出现在第 70 位。负面词语总体排名比较靠后、数量较少，频数较低且语义较为复杂。

表 7　PtgRC_Trilogy 主要负面形容词

排名	词项	中文含义	PtgRC_Trilogy 频数	PtgRC_Trilogy 相对频数（百万）
18	difícil	困难的	55	629.98981
70	confuso	混乱的	19	217.63284
119	chato	无聊的	11	125.99796
122	desnecessário	无必要的	11	125.99796
160	caótico	混乱的	8	91.63488
172	absurdo	荒诞的	7	80.18052
179	terrível	糟糕的	7	80.18052
187	superficial	肤浅的	7	80.18052
188	didático	说教的	7	80.18052
190	pior	更差的	7	80.18052
193	frustrante	令人沮丧	6	68.72616
198	monótono	单调的	6	68.72616
208	infantil	幼稚的	6	68.72616
241	bizarro	奇怪的	5	57.2718
258	entediante	乏味的	4	45.81744
271	abrupto	突兀的	4	45.81744
297	dececionante	令人失望的	4	45.81744
318	inquietante	令人不安的	3	34.36308
319	insensível	麻木不仁的	3	34.36308

"困难的"（difícil）一词虽然带有负面情绪，但其实这个词语也反映了理解、总结、评价三部曲的复杂程度，因为作品本身就具有丰富的内涵和复杂的关系。普通读者在阅读、评价文本的质量和评论作者的水平时，容易感到困难。

É difícil avaliar o livro pois parece haver nele dois textos de qualidade muito diferente.

很难对这本书进行评价，因为其中似乎有两个质量非常不同的文本。（Jaime Lerner，2017.10.19，Amazon. br）

Escrever ficção científica do nível de Arthur C. Clarke ou Isaac Asimov é difícil.

能写出与亚瑟·C.克拉克或艾萨克·阿西莫夫水平相当的科幻小说是很困难的。（Romero A Medeiros，2017.10.11，Amazon. br）

Um livro difícil de se ler, muita coisa sobre astrofísica e suas variações, mas vale o esforço.

这是一本难读的书，有很多关于天体物理学及其门类的内容，但值得努力。（William Fernandes，2019.7.1，Goodreads）

但真正让读者退缩的地方，可能在于记住文中的汉字名字和理解其中的物理名词上。

Quanto aos nomes chineses, que podem ser difíceis de lembrar, tem um sumário no início do livro.

至于中文名字，可能比较难记，但书的开头有总结。（2020.8.16，Amazon. br）

Sendo um homem de Humanidades, seria difícil apreciar um livro que fala de física de uma ponta à outra, adicionando-lhe um jogo de computador e comunicação com extraterrestres.

作为一个人文学科的人，很难欣赏一本从上到下讲物理学，并讲计算机游戏和与外星人交流的书。（Nuno Ferreira，2019.2.25，Goodreads）

"混乱的"（confuso）出现了19次，表示"杂乱无章、没有条理、没有秩序"。个别读者认为令人混乱的事物是 enredo（情节）、apresentação

（呈现方式）和história（故事），有读者觉得没有看明白，甚至感觉这本书"absurdamente confuso"（荒谬地令人困惑）。不过这种"混乱"在绝大多数读者口中是可以克服的：

> Por último tem toda a parte científica e coisas que eu nunca conseguiria imaginar se não houvesse uma explicação, que algumas vezes fica confusa pra quem não tem real conhecimento do assunto, mas nada que prejudique o andamento do livro e a história.
>
> 最后，如果没有解释，我将无法想象这本书所涉及的科学部分和细节。这有时会让那些对该主题没有真正了解的人感到困惑，但不会损害本书的进展和故事。（Amazon Customer，2017.6.21，Amazon）

"无聊的"（chato）出现了11次，虽然极少部分读者认为故事拖沓乏味，但尤其在"虚拟游戏"部分，有读者抱怨"同一个段落反复出现同样的词语"（chatíssimos de repetições infinitas de palavras iguais no MESMO parágrafo，指科学术语），存在"很多无聊的回转"（muitas reviravoltas chatas），还有的表示"第一、第二部很有趣，但第三部很无聊"（A trilogia é muito interessante exceto o terceiro livro, que é chato）。

八、葡语读者群体的独有反应

《三体》无论是在英语世界，还是在葡语世界，都取得了令人瞩目的成绩。那么，葡语读者群体对《三体》有什么样的特殊反应呢？为了获得葡语读者评论中特有的反应信息，本小节对比了葡语读者和英语读者的评论。考虑到阅读评论的巨大体量，这个计划将重点放在最具影响力和最受评论者关注的《三体问题1》的评论上。

将亚马逊巴西网站、Goodreads葡语网站及Skoob网站上对于葡语版本《三体问题1》的所有葡语评论342条翻译成英文，共计51,380个形符、45,275个单词、2157个句子。将其命名为"葡萄牙语《三体问题1》读者语料库"（PtgRC_TBP1）。然后，把亚马逊总站、Goodreads英语网站上对于英语版本《三体问题1》的所有英语评论共计1361条，总共219,956形符、

192,246 个单词、10,318 个句子。把它命名为"英语《三体问题 1》读者语料库"（EngRC_TBP1）。

通过 Sketch Engine 将 PtgRC_TBP1 和 EngRC_TBP1 互为参照语料库，将超过 15 频次的词语和词组进行相对频数、排名上的比对。把 single words 即"单个词语的关键词"的常见度和 multi-word terms 即"多词惯用术语"的焦点量级均设定为 500（范围为 0~1000000）。这样做的目的是通过差异化查找，找出各自目标语料库中去除非罕见语之外的不常见词语或词组。

1. 英葡读者评论内容的比较

由于虚词只表明了两种语言的特点或说话者的语法习惯，并不代表实际传达的信息、态度和内容，在本报告的单个关键词中，略去所有虚词。所得前 50 名单个关键词比较如表 8 所示。

表 8　葡语读者和英语读者关注的单个词语主题比较

PtgRC_TBP1（葡语读者）				EngRC_TBP1（英语读者）			
排名	词项	频数	关键性指数	排名	词项	频数	关键性指数
1	narrative	91	2.589	1	novel	569	3.257
2	reading	93	2.172	2	translation	328	2.239
5	end	150	1.929	5	enjoy	279	1.946
6	addition	28	1.854	6	translate	159	1.922
7	manage	38	1.843	7	English	209	1.877
8	subject	34	1.839	8	translator	134	1.857
9	extraterrestrial	38	1.806	12	Ken	97	1.746
11	beginning	37	1.71	16	job	75	1.682
12	três	18	1.701	17	series	268	1.676
16	understand	89	1.687	26	compelling	61	1.555
17	physic	88	1.667	28	enough	117	1.528
18	scientific	108	1.659	30	tale	56	1.509
19	base	46	1.65	38	hard	333	1.443
20	bring	42	1.647	41	culture	163	1.427
21	explanation	36	1.641	44	spoiler	138	1.424

续表

PtgRC_TBP1（葡语读者）				EngRC_TBP1（英语读者）			
排名	词项	频数	关键性指数	排名	词项	频数	关键性指数
22	Wang	65	1.638	45	idea	344	1.42
23	theme	34	1.638	48	fascinating	137	1.418
25	author	197	1.619	50	write	353	1.41
27	physical	20	1.604	51	imaginative	57	1.409
28	Ye	71	1.598	52	keep	177	1.406
29	complex	38	1.567	53	star	176	1.401
30	confess	16	1.566	54	unique	68	1.4
32	curiosity	16	1.552	55	absolutely	50	1.4
33	situation	24	1.542	56	stuff	50	1.4
34	reflection	16	1.539	57	actual	44	1.4
35	work	106	1.536	58	mean	79	1.393
37	present	57	1.526	60	original	120	1.388
38	leave	49	1.523	62	three	398	1.385
39	term	26	1.516	63	turn	107	1.381
41	creativity	16	1.513	64	perspective	106	1.375
42	use	73	1.493	65	guess	45	1.356
45	event	43	1.478	67	blow	39	1.355
46	point	72	1.473	68	sun	85	1.352
47	country	23	1.468	70	math	50	1.35
48	eye	24	1.467	71	destroy	44	1.348
49	soon	24	1.457	74	storyline	38	1.346
50	important	27	1.455	76	pull	49	1.341
51	question	46	1.455	78	fantasy	60	1.337
52	little	76	1.446	79	wait	100	1.337
53	us	60	1.444	80	pretty	88	1.333
54	believe	33	1.444	82	scope	42	1.33
55	text	22	1.438	83	nature	53	1.327

PtgRC_TBP1（葡语读者）				EngRC_TBP1（英语读者）			
排名	词项	频数	关键性指数	排名	词项	频数	关键性指数
56	genre	43	1.435	86	prose	52	1.319
57	know	116	1.431	87	writing	159	1.317
58	class	15	1.428	88	include	63	1.317
59	mix	22	1.428	89	review	181	1.315
60	nothing	34	1.428	90	play	68	1.312
61	historical	35	1.42	91	try	152	1.311
62	information	27	1.419	93	struggle	39	1.304
63	research	23	1.418	94	enjoyable	33	1.3
64	Clarke	22	1.418	95	get	506	1.3
65	necessary	17	1.417	96	version	55	1.298

词组项则表明了两个语料库中特有的固定搭配。由于词组关键词中未见虚词类搭配，故无须删减，列表9。

表9　葡语读者和英语读者关注的词组主题比较

PtgRC_TBP1（葡语读者）			EngRC_TBP1（英语读者）		
排名	词组项	频数	关键性指数	词组项	频数	关键性指数
1	fiction book	30	1.806	Ken Liu	72	1.535
2	science fiction book	27	1.722	first contact	80	1.446
3	human being	17	1.576	body problem	61	1.345
4	first book	38	1.49	Liu Cixin	47	1.278
5	Cixin Liu	44	1.421	three body problem	101	1.274
6	long time	18	1.417	science fiction novel	40	1.265
7	Chinese cultural revolution	25	1.382	fiction novel	40	1.265
8	red coast base	13	1.369	video game	51	1.225
9	beginning of the book	10	1.341	hard science	75	1.211
10	extraterrestrial civilization	9	1.326	good read	20	1.182
11	physics concept	9	1.326	English translation	25	1.181

续表

排名	PtgRC_TBP1（葡语读者）			EngRC_TBP1（英语读者）		
	词组项	频数	关键性指数	词组项	频数	关键性指数
12	quantum physic	12	1.312	little bit	19	1.173
13	science fiction	174	1.295	hard sci-fi	54	1.172
14	Wenjie Ye	7	1.272	Chinese history	68	1.165
15	Miao Wang	7	1.272	western reader	23	1.164
16	first volume	10	1.263	alien race	23	1.164
17	next one	7	1.261	story line	18	1.164
18	scientific explanation	8	1.254	great job	18	1.164
19	Wang Miao	18	1.239	writing style	32	1.156
20	três corpos game	6	1.234	view spoiler	31	1.148
21	historical fact	6	1.234	first half	26	1.147
22	point of view	14	1.231	sci-fi novel	16	1.145
23	online game	8	1.222	big idea	16	1.145
24	cultural revolution	88	1.214	interesting concept	16	1.145
25	extraterrestrial being	6	1.212	plot device	16	1.145
26	Carl Sagan	6	1.212	second book	69	1.139
27	excellent book	6	1.201	plot point	15	1.136
28	Três Corpos	5	1.195	part of the story	15	1.136
29	scientific part	5	1.195	human nature	14	1.127
30	Chinese revolution	8	1.192	hard time	14	1.127
31	young woman	7	1.186	great read	14	1.127
32	Ye Wenjie	25	1.186	Chinese sci-fi	14	1.127
33	certain situation	5	1.184	sci fi	52	1.123
34	third person	5	1.184	quantum mechanic	18	1.12
35	theory of physics	5	1.184	real world	18	1.12
36	main character	16	1.182	time period	13	1.118
37	physics class	5	1.173	Chinese version	13	1.118

排名	PtgRC_TBP1（葡语读者）			EngRC_TBP1（英语读者）		
	词组项	频数	关键性指数	词组项	频数	关键性指数
38	scientific development	5	1.173	wow wow	13	1.118
39	technical term	5	1.173	plot line	13	1.118
40	fate of humanity	5	1.173	different culture	13	1.118
41	middle of the book	5	1.173	page turner	13	1.118
42	first chapter	6	1.17	computer game	22	1.113
43	pleasant surprise	5	1.163	rest of the series	17	1.111
44	end of the story	5	1.163	short story	12	1.109
45	lot of physics	5	1.163	body game	12	1.109
46	fiction part	5	1.153	American reader	12	1.109
47	Isaac Asimov	5	1.153	wow wow wow	12	1.109
48	scientific concept	9	1.151	cultural reference	12	1.109
49	half of the book	7	1.147	plot development	12	1.109
50	part of a trilogy	5	1.143	English reader	12	1.109

2. "小说" vs. "叙述"

从单个词语频率的比较中可以看出，英语读者喜欢用 novel 一词来指代《三体问题 1》，而葡语读者更倾向于描绘更加具体的 narrativa（narrative，叙述）一词。葡语读者使用比较专业的评论手段，对小说的叙事结构（structure）、叙事节奏（pace）、叙事网络（web）、叙事角度（person，人称）进行探讨。在评论中，葡语读者会指出叙述的开头（beginning）是怎样的、结尾（end）会怎样，叙事如何伴随着悬念（suspense），同时自己的感想如何随着叙事起伏。

3. 翻译的显性 vs. 隐性

英语评论的大量内容聚焦于小说的翻译。Translate（翻译，动词）、translation（翻译，名词）、translator（译者，名词）这几个词语都出现在单个关键词表中。读者的母语 English（英语）也有较高的反映。English translation（英文翻译）、western reader（西方读者）、American reader（美国读者）、English reader（英语读者）成为关键词组。有大量的读者评论提及 Chinese version（中文版本），说这本书"其实是从中文翻译过来的"。在包含有"翻译"类讨论的评论中，读者表示"有中文表达的痕迹""不太符合英语读者的习惯"，或者提示说"这种结构／风格不是我们西方读者所熟知"（isn't structured in a way that western readers may be familiar with），但要明白这部作品本身就是"非同寻常的"（unusual），读者可以走进它的世界（enter the world of this novel）。有的读者对译本的质量进行了评论或猜测，有读者感受到了翻译的难度，认为能够翻译成目前的水平已经很了不起：

An important thing to recall is that this is a translation, and in the translator's afterword, he is very clear about how difficult it is to translate Chinese and Chinese cultural references into something that Americans might understand.

重要的是要记住这是一个译文，在译者的后记中，他非常清楚将中文和中国文化事物翻译成美国人能够理解的东西是多么困难。（Jeff，2020.12.2，Amazon）

更多的读者关注翻译所导致的阅读问题。有的认为在原文中读到了中式英语，有的把阅读的障碍归于翻译"失误"，也有读者表示翻译中"信息丢失"（There's a certain degree of lost-in-transition）的遗憾，怀疑自己未能真正地享受到原汁原味的《三体问题1》，更有读者表示希望能够去读原著。

The author gives some backgrounds with certain footnotes, but I still feels that a lot is lost in translation, especially in the dialogue, which feels stilted—like two intelligent and well-educated non-english speakers are trying to communicate.

作者给出了一些背景和一些脚注，但仍然感觉在翻译中丢失了很多东西，尤其是在对话中，感觉生硬——就像两个聪明且受过良好教育的非英语母语者正在尝试交流。（Daniel Switts，2016.9.1，Amazon）

《三体问题1》的英译本译者刘宇昆（Ken Liu）被多次提及，以至在关键词组表中排行第一。读者介绍他是一位享誉美国的华裔科幻作家，大多数读者对他的才华赞誉有加：

The prose is quite good, and Ken Liu did a marvelous job of retaining the differences in style and sentence construction between Chinese and American writing.

散文非常好，刘宇昆很好地保留了中美写作在风格和句子结构上的差异。（Neil Hepworth，2014.12.2，Amazon）

The translator did a great job of conveying the essence of the the original author's intend with beautifully constructed English narrative, while maintaining the original Chinese characteristics of literature flavor and culture background.

译者用结构优美的英文叙事，很好地传达了原作者的意图，同时又保留了原汁原味的中国特色的文学气息和文化背景。（H. Wang，2014.12.3，Amazon）

虽然葡语版的《三体问题1》是经过两次翻译的结果，但葡语读者很少对"翻译行为"本身进行质疑和讨论，极少人提及英译本及葡译本的译者的姓名，更没有人去质疑句子的结构是否受到中介语言的影响，似乎阅读国外故事是自然而然的事情。笔者猜测，葡语读者对"翻译"缺乏讨论的原因，除了译者在巴西的地位不高外，还因为间接翻译后的汉语原语的痕迹消失，反而让译者更加透明化，译本归化程度更高，使读者失去了判断的基础。尽管有个别读者发现"有些部分似乎写得不好，可能是翻译的问题"，但也很难再深入讨论下去。而其他读者提及翻译时，只是期盼"更多的类似书籍翻译成葡萄牙语"。这样的现象表明，中国文化要走进葡语世界，间接翻译是第一步，但在完成第一步之后，应该更注重文化间的直接交流，让中葡语言的直接碰撞，产生更多的火花，使这个话题引起更广泛的关注。

4. 文化 vs. 科学

英语读者中，"文化"（culture）这一名词的频率达到了0.74‰，说明英语读者在阅读中，对文化问题非常敏感。读者非常明白这是一部来自中国（东方）的作品，和自己的"西方"有着迥异的文化，即便是在科幻文学传统上，也有着巨大的区别。来自中国的作品没有后殖民主义的观点，没有基督教文化的背景，也摆脱了"黄金时代"的模式。阅读来自不同文化的作品，是一种享受、欣赏、洞见和学习。英语读者中有关"文化"的搭配非常多（cultural reference, culture politics and history, Chinese culture, different cultures 等）。关于"文化"的论述也非常多，其中不乏相当深刻且精彩的论断。此处选取一部分进行展示。

Some Western critics have complained that the characters are "shallow", which may be valid when comparing the novel to many Western ones. I suspect that this reflects a difference between western and eastern cultures, as well as a difference between science fiction as a genre（at least old-style science fiction）and other fiction genres. Our western mindset is to attribute the causes of a person's behavior to elements of their personality. They are adventurous, courageous, lazy, lackadaisical, psychopathic, etc. Sociological research has suggested that many eastern cultures tend to see the causes of behaviors as due to events and circumstance or even luck, rather than to ongoing personality characteristics（it is a more or less difference, rather than an either-or difference）. Liu's novel takes the latter approach, giving a detailed description of the circumstances leading characters to do what they do in the novel. It is not a lack of depth of characters so much as it represents a different approach to character motivation which is reflective of the overall culture of the writer.

　　一些西方评论家批评（《三体》）人物"肤浅"。如果将这部小说与许多西方小说进行比较，这个结论可能是正确的。我怀疑这除了反映科幻小说（至少是旧式科幻小说）和其他类型小说之间的差异外，还反映了西方和东方文化之间的差异。我们的西方思维方式是将个人行为的原因归于个性因素。西方人有爱冒险、勇敢、懒惰、懒散、精神变态等性格。而社会学研究表明，许多东方文化倾向于将行为的原因归于事件、环境，甚至运气，而不是发展中的人格特征（只是多少的差异，不是非此即彼）。刘慈欣的小说采取了后一种途径，对小说中主人公行为的情境进行了详细的描写。这并不是缺乏人物深度，而是代表了一种不同的塑造动机的方式，反映了作家所处的整体文化。（Casey Dorman，2021.8.31，Amazon）

It weaves an intricate believable story true to science, yet pushes the readers into new areas of thought. It is bound to be a classic. But more than that, as a westerner, it expanded my understanding of a different culture and gave me the hope for the future, due to our common humanity.

这本书创造了一个复杂而可信的科学故事，将读者推向了新的思想领域。它必将成为经典。但更重要的是，它增进了我作为一个西方人对不同文化的理解，给了我对未来的希望，这归功于我们有着共同的人性。（Semmelweis，2015.3.12，Amazon）

美国和英国以英语为官方语言，代表了东西两大文化阵营中较强势的西方世界的典型模式，是人们普遍认同的"西方的中心"。英语读者，尤其是来自英国、美国等国家的读者，一般自认为其理解、认同并代表西方语言和文化，常以典型的"westerner"自居。在阅读来自他国的作品时，英语读者常常以自己熟悉的事物、传统作为参照或正统，以此来比较他者事物和传统，不自觉地去辨认、识别"自我文化"和"他者文化"的不同之处。当遇到对方文化阵营的事物时，"文化"一词的敏感性可想而知。

反观葡语国家的读者，对文化传统的差异却不存在那样强烈的反应。"文化"（名词）并未成为阅读评论中的关键词。部分原因在于，像葡萄牙、巴西国家的国民，并不一定完全认同盎格鲁－撒克逊所有文化传统和价值观，或许也不会以典型的"西方人"自居。当他们阅读刘慈欣的小说时，不会以盎格鲁－撒克逊传统的角度去衡量作品的质量，因为美国人引以为豪的"黄金时代"所形成的美式科幻传统，在葡语世界同样是"舶来品"。摆脱了地缘政治的刻板思维，在葡语读者眼里，科幻作品里就不存在文化上的"二元对立"，只有象征着世界多元的缤纷色彩。

于是，深层的文化对立议题被搁置了，读者的注意力更多地沉浸于作品的类型主题——科学与幻想。这是剥离了意识形态、历史价值观和地理隔阂的议题。当我们去查看单个词语关键词和词组关键词时，我们看到 scientific（科学的）、subject（主题）、physics（物理学）、extraterrestrial（外星的）、science fiction（科学小说）、scientific concept（科学概念）、quantum physic（量子物理）等和科技有关的词语或词组非常多，说明葡语读者正在试图就"科幻"本身厘清头绪。而这，恰恰是英语读者所缺失的。

其中，científicos（科学的）作为形容词在PtgRC_TBP1的频数为275次，搭配的词语有"科学小说"（ficção científica）、"科学概念"（conceitos científicos）、"科学解释"（explicações científicas）、"科学推测"（científica e especulativa）等。ciência（科学）作为名词出现了101次，包含的词组有"科学边界"（ciência limítrofe）、"科学与技术"（ciência e tecnologia）、"真正的科学"（ciência real）、"地外的科学"（ciência extra-terrestre）等。

不少葡语读者显然是科技行家，给出了书中涉及科学的说明：

Praticamente toda a parte de ciência, história da ciência e da China no livro são reais; muitos desses ramos（nanomateriais, inteligência artificial, teoria das supercordas etc）estão sendo desenvolvidos e pesquisados neste exato momento.

书中几乎所有的有关科学、科学史和中国的部分都是真实的；许多学科分支（纳米材料、人工智能、超弦理论等）现在正在开发和研究中。（Kenhimura，2022.10.1，Skoob）

另一些则是真正的科学爱好者，虽然不是非常专业，但他们非常热衷于通过科幻小说来学习知识：

Me considero uma pessoa da área da ciência e entusiasta das pesquisas nesse sentido, então o livro fez um agradável passeio pela física, pela radioastronomia, e por vários outros assuntos. O elemento do "jogo dos três corpos", baseado num problema clássico da física e que apresenta a civilização trissolariana, também é de uma criatividade que eu nunca vi.

这里的科学解释有时有点儿难理解，但这些概念的丰富性，以及它们如何与故事的元素结合在一起，是这本书最独特的地方之一。我认为自己是一名科学人士和研究爱好者，因此认为这本书很好地介绍了物理学、射电天文学和其他几个学科。基于经典的物理问题、呈现三体文明的"三体游戏"，也是我从未见过的创意。（Juliano. Camargo，2020.1.6，Skoob）

5. 人物关注：大史 vs. 叶文洁、汪淼

人物是任何一部小说的主要元素。一般来说，分析、欣赏一部小说，读者都会不可避免地去讨论人物的塑造。在英语读者语料库中使用 Ye、Wang、Shi 作为词语索引，可以发现"叶文洁"出现的频率为 158 次（0.072%），"汪淼"出现的频率为 127 次（0.058%）。两个主要人物的频率均高于次要人物"大史"（49 次，0.022%）。但当使用葡语读者语料库搜索时，"叶文洁"和"汪淼"未能进入单个词语关键词或词组关键词的前 100 名，而"大史"作为关键词组却出现在了第 82 位。

虽然英语读者抓住了主要人物，但显然英语读者对"大史"即史强这个次要的人物给予了与其地位不相符的热烈讨论。经过细读读者评论后发现，英语读者对"史强"这个角色普遍存在好感。有读者直言不讳地说："我喜欢史强这个角色"（I did like the character of Shi Qiang）。甚至有英语读者说"无法理解正在发生的事情或任何角色，除了大史，他很有趣，比其他所有角色加起来更具个性"（I couldn't connect to what was happening or any of the characters, other than Da Shi who was funny and had more personality than any other character put together）。

英语读者喜欢史强作为"硬汉"（a tough cop）的性格，说人物发展得很好，尤其是大史作为"一名粗鲁而又聪明的警察"（crude but clever police detective），往往可以跳出物理学家的思维限制（think outside the box）来思考问题，并且，他也给小说带来了喜剧效果（provided additional comic relief）。

Da Shi, a charismatic Chinese detective who, though ignorant of theoretical physics, can think outside the box and who therefore represents humanity's resilience in the face of an invasion by a superior but hostile alien intelligence.

大史是一位魅力十足的中国警察，虽然他对物理学理论一无所知，但可以跳出思维限制，因此，他代表了在面对充满敌意的高等外星智能入侵时人类的韧性。（Marianne, 2015.2.21, Amazon）

As things turn out though, Da Shi's ability to think outside the box is useful and his common sense is comforting...so I developed quite a liking for the fellow.

不过事实证明，大史跳出思维限制的能力很有用，他的常识令人欣慰……所以我对他产生了好感。（Barbara，2016.7.26，Goodreads）

Da Shi, a Chinese cop, would seem out of place in the story but he provides a lot of humor and the everyday-man insight into the story.

中国警察大史在故事中似乎格格不入，但他为故事提供了许多笑料，也提供了普通人的视角。（Geoff，2015.1.25，Goodreads）

史强"硬汉＋不羁＋灵活＋搞笑"的形象，是美国传统文化中热衷和推崇的形象之一。美国历史上进行了长期的西部拓荒运动，这期间需要人们在荒野中自力更生，和野兽、敌人单打独斗，诞生了对独立精神和粗犷性格的推崇。直到现在，西部牛仔的形象，包括健硕的体格、不羁的精神和坚韧的品格仍被认为是一种典型的"美国精神"。好莱坞电影把这种形象加以幽默元素不断放大，时至今日仍然受人喜爱。增加票房收入，这种策略屡试不爽。

或许葡语世界的"硬汉文化"不如美国根深蒂固，葡萄牙语读者并不像美国读者那样热衷于讨论"大史"。在葡语读者语料库中，Shi（大史）只出现了 11 次（因次数太少，未被列入关键单个词或关键词组），频率（0.021%）虽然和英语语料库基本持平，但远比两位主角"叶文洁"（73 次，0.14%）和"汪淼"（65 次，0.13%）少得多。细读评论可以发现，读者只是在叙述情节的时候带上"大史"，如"汪淼开始与大史一起研究三体问题"，但并未表现出对"大史"特别的关注或喜爱。

反之，让读者积极讨论的，是"叶文洁"和"汪淼"两位主角。在单个关键词和词组关键词列表前 50 名，均有 Ye Wenjie 和 Wang Miao 的信息，而这在英语列表上不存在，这说明葡语读者对两位主角的关注，远远高于英语读者的关注。

通过细读发现，葡语读者之所以谈到两个主角，往往是在介绍或复述故事的内容。葡语读者喜欢把看到的重要或有趣的故事情节用自己的话讲给其他读者听，讲述两个主角的身份、出场顺序、相互关系和来龙去脉，理解得准确到位，这体现了科幻迷的严肃态度。

A narrativa é escrita em terceira pessoa a partir de dois pontos de vista:

Ye Wenjie, uma cientista da Base Costa Vermelha que aparece no começo da narrativa e depois só retorna muito tempo depois e Xiao Wang, um professor que trabalha com nanofibras e vai ser os nossos olhos da história.

故事以第三人称从两个角度来展开：叶文洁，一位来自红岸基地的科学家，她在故事的开头出现，然后到很后面才再次出现；小汪，一位研究纳米纤维的教授，他将成为我们的历史之眼。（Paulo, 2018.10.6, Skoob）

O plot: Pode-se dizer que o livro tem 2 personagens principais: A Ye Wenjie e o Wang Miao.

《三体》跟随两个中心人物——叶文洁和汪淼的轨迹，穿插于过去和现在之间。（Matheus. Berlandi, 2017.1.2, Skoob）

Essa é narrada em dois frontes: Ye Wenjie que inicia a história e fornece o background cultural e político necessário para criar a conjuntura que favorecerá os atos de Wang Miao-o responsável pela maior parte da especulação tecnológica presente na história.

这本书从两个方面进行了叙述：以叶文洁为起始，提供了必要的文化和政治背景，创造出能够解释汪淼的行为的背景，而汪淼负责故事里的主要技术活动。（Priscilla, 2022.6.19, Goodreads）

对于两个主要角色的态度，基本上是中性持平，只有一条评论表示了自己不喜欢"叶文洁"。

Odiei a personagem Ye Wenjie, que vendeu a humanidade porque acreditou em uma história que ela mesmo criou na cabeça dela e por conta de traumas do passado, quando chega no fim, ela vê a laranjada que fez com que a humanidade inteira se enfiasse.

我讨厌叶文洁这个角色。叶文洁因为相信了自己在脑海中编造的故事，因为自己过去的创伤，出卖了人类。当她走到最后时，她看到了整个人类掉入了尴尬的坑里。（Mari, 2021.10.12, Skoob）

总的来说，葡语读者似乎能更冷静、更客观地作为读者来重述、介绍《三体问题1》中的人物，这是难能可贵的。相比而言，英语读者似乎更受到自己传统文化的影响而对人物产生某种刻板印象。

九、英葡读者的消极评价对比

在亚马逊网站上所有留下的评论中，显然，葡语读者的评分（4.51）要比英语读者的评分（4.15）要高得多。似乎葡语读者比英语读者更加喜爱《三体》三部曲。那么，葡语读者在哪些方面不太在意《三体》的"缺陷"呢？为了探讨这个问题，我们首先调查了英语读者的负面态度，然后去调查葡语读者的负面态度。

我们找出了亚马逊总站中 2 分或低于 2 分的英语评论，这些评论占总评论的 8.8%，总结出主要的观点。我们以其他评分和其他网站的读者留言作为参照。下面按照意见的激烈程度，从多数到少数排列读者意见。排列靠前的是评分较低的读者。

篇幅方面：没有看懂书中的计算机游戏，或认为游戏部分篇幅太多、缺乏存在的意义（jg852，2018.12.12；Hongmei Dou，2019.9.24；Providential，2019.7.8；randomshopper，2019.12.14；isiton?，2017.11.27）。

"科学"专业方面：认为需要专门的物理知识才能看懂这个故事（jg852，2018.12.12；Eabate3，2019.7.8）；认为作者对"科学家"或"物理学"的理解有偏差（Matthew I. Grivich，2019.1.18；Providential，2019.7.8）；"科学"的表现手法很糟糕（MikeW，2016.6.30）。

角色塑造方面：故事的角色没有人情味，人物似乎对文学、音乐、艺术缺乏兴趣（Samuel T. Ackerman，2017.5.1），角色糟糕，没有发展甚至不可信（jack，2018.4.15；Tim Sebel，2015.6.10；int19h，2015.4.16；randomshopper，2019.12.14）。

手法情节方面：写作手法简单粗暴，情节荒谬，缺乏有效的发展（swf，2019.3.14；Tim Sebel，2015.6.10；Sunil Simha，2019.7.25）；对话糟糕（LearnedHand，2021.7.8）。

节奏方面：由于大量的篇幅花在人物的背景上，故事的节奏过于缓慢（int19h，2015.4.16；S. M.Silver，2021.4.19；Michael Harmon，2022.7.26）。

语言方面：语言风格乏善可陈，可能是原文很难懂，也可能是翻译很糟糕（int19h，2015.4.16；Randomshopper，2019.12.14；Sean Cier，2016. 8. 13）。

意识形态方面：意识形态的偏好，读者期待作者对"文化大革命"的描写更加丰富，但感到了失望（Samuel T. Ackerman，2017.5.1；swf，2019.3.14）。

然后，我们调查了葡语读者的负面态度。相比之下，从葡萄牙语读者对《三体Ⅰ》批评没有英语读者来得尖锐。葡语读者的批评是比较中肯的，只有5.1%的读者给出了2分或2分以下的评分，67.6%的评论者给出了满分5分的高分。

1. 阅读困难、呈现方式和语言

葡语读者的批评中，位列第一的是无关作者写作水平，对"物理术语的阅读困难"，物理解释的枯燥、冗长让人产生了负担，使读者忘记了其他的学科（Fah Pan，2021.8.21；SERGIO ARMELIN，2020.4.6；Cliente Amazon，2019.12.30，Amazon.br；Tina Lopes，2020.9.29，Goodreads）。不过也有读者表示，阅读物理专业知识"并不复杂到什么都不懂的地步"，而且"谷歌可以提供帮助"（Eva Luna，2018.3.11.Amazon. br）。

não tarda para que o leitor seja lançado exaustivamente a temas como "difração da onda de radiação centrimétrica" e "flutuação geral da radiação cósmica de fundo em micro–ondas".É algo extremamente ENFADONHO, acredite! Outrossim, não sei mensurar até que ponto as questões teóricas apresentadas na obra são reais, dado que não possuo formação acadêmica（conhecimento científico）em física.

读者很快就会被详尽地引入诸如"向心辐射波衍射"和"宇宙微波背景辐射的一般性波动"之类的主题中。这是非常无聊的事情，相信我！此外，因为我没有物理学的学术背景（科学知识），我不知道如何衡量作品中提出的理论问题，我不知道它们到底在多大程度上是真实的。（Amazon Customer，2022.2.17，Amazon. br）

Também se perde em diversas explicações físicas/matemáticas que não ficam muito claras. No final o livro até volta a ficar interessante.

迷失在各种不太清楚的物理 / 数学解释中，不过，最后，这本书再次变得有趣起来。（Fred，2018.5.6，Amazon.br）

其次才是"呈现方式的混乱和单调"（Roberto de Frias，2017.11，Amazon）。个别读者提到角色塑造问题，然而语言问题鲜少有所提及。

2. 东方作家的独特性

然后，我们针对小说的总体风格分别考察了英葡读者的态度。有美国读者认为《三体Ⅰ》的不足之处在于故事体现的悲观态度，而这也是相对于盎格鲁－撒克逊的科幻小说标准而言，被诟病的缺点之一。这位定位为美国的英语留言者说：

作者是一位非凡的作家，他创作了一部极具复杂性和趣味性的多层次三部曲。唉，读完最后一本书后，我发现自己非常沮丧。人们常拿本书作者和亚瑟·C.克拉克作比较。我认同他的写作具有几乎与克拉克先生一样出色的科学知识、情节发展和人物塑造，但是，我感觉到了他那些因为背叛、谋杀和自杀而死亡的角色，以及两个处于高科技水平的智能物种注定共同毁灭，却一直对看清世事无常无能为力。故事沿着这条令人沮丧和泄气的道路前进。克拉克先生的书总有一种潜在的对人性的乐观态度，而我发现我在阅读《三体》这些书时完全缺乏这种态度。它们让我更想要去寻找抗抑郁治疗的处方。（Donald W. Weikle，2017.3.11，Amazon）

有意思的是，恰恰相反，葡语读者认为正是这种"悲观主义的态度"，让刘慈欣区别于盎格鲁的传统，显得如此与众不同。这也是这位东方作家的价值所在。

A abordagem sobre a humanidade é única. Mistura um pessimismo com uma frieza difícil de ver num escritor ocidental. Recomendo a todos.

（刘慈欣）对待人性的方法是独一无二的。他混合了悲观态度和一种在西方作家身上很难见到的冷酷。我会把它推荐给每一个人。（Rodrigo，2022.3.11，Amazon. br）

其实，已经有不少葡语读者发现，刘慈欣事实上是一位融会贯通的集大成者，他既能够传承经典的科幻传统，更能为科幻小说注入新的活力（Ele deu uma nova vida ao scifi)。而这正是他独特的地方，他代表了中国的特色，也值得所有第三世界国家学习。

No seu cerne Three-Body Problem é um romance de FC hard, na clássica e por cá já ultrapassada tradição campbelliana de conceito científico à volta do qual todo o enredo se desenrola. Esse é um dos aspectos que nos cativa. Na FC contemporânea esse espírito campelliano é quase anátema, lido como um recuo nostálgico ao passado. O ser assumido, neste livro, e sublinhado no posfácio do autor, torna-o intrigante e percebe-se que há uma dimensão interventiva na FC chinesa que nos meios ocidentais se perdeu.No livro, a ideia-base é a do contacto entre civilizações extra-terrestres. Terreno muito batido na FC, mas Liu consegue dar-lhe um novo interesse... O toque old school do estilo de ficção científica de Cixin Liu dentro da hard SF dá a esta obra inesperada um gosto especial. Sabemos da vitalidade da FC numa China cujas instituições apoiam abertamente o género precisamente sob o ponto de vista de concepções de futuro. No gigante asiático, saído de um conturbado século XX a afirmar-se como potência global também na ciência e tecnologia, parecem sentir aquela necessidade de interpretar o presente à luz de futuros prováveis que caracterizou a FC euro-americana no seu passado recente. Ajuda o ser um texto magnífico, cheio de ideias, infodumps que fazem voar o imaginário e peripécias suficientes para manter o interesse na leitura. Este livro não passará despercebido, quer pela significância da afirmação da FC não anglo-americana no espaço de ideias global, quer, simplesmente, por ser uma leitura fantástica. Recupera aquele espírito optimista da Astounding na era de ouro da FC.

从本质上讲，《三体》是一部硬科幻小说。它采用经典的、现已过时的坎贝尔式的科学概念传统，围绕着它展开整个情节。这是吸引我们的方面。在当代科幻小说中，这种坎贝尔精神被解读为对过去的怀旧，几乎称得上是一种诅咒了。而经典存在于这本书中，作者在后记中也强调了。这使得坎贝尔精神显得有趣。我觉得中国科幻小说中，保留着西方科幻圈已经丢失了的介入维度。在这本书中，基本思想是联系地球以外的文明。这在科幻小说中很老套，但刘设法给它带来了新的兴奋点。……硬科幻中的刘慈欣的老派风格，为这部新奇的作品赋予了特殊的品位。我们意识到这是科幻在中国的活力。中国官方正是从未来的角度，公开支持科幻这一类型文学。作为亚洲巨人，中国从困难重重的20世纪崛起，在科学和技术领域确立自己的全球强国地位。他们似乎觉得，需要根据最近欧美科幻小说中幻想的未来来解释现在。《三体》就是能够帮助实现这一目标的书。《三体》是一部宏伟的作品，充满了想法、信息、想象力、惊奇连连使得阅读趣意盎然。无论是作为在全球思想空间中非英美科幻作品发出的声音，还是仅仅作为一本精彩的读物，这本书都不应该被忽视。带回到科幻黄金时代那种令人震惊的乐观精神吧。（Artur Coelho，2014.12.29，Goodreads）

这种传承和创新让葡语读者觉得《三体》不守旧、不老套，不蓄意谄媚西方传统。葡语世界属于较边缘的文化地界，一直以来在文化上强调兼容并蓄，盼望多元化、多极化世界。它们欢迎《三体》的到来，就是在力图打破以盎格鲁 – 撒克逊为中心的西方科幻传统。

O livro é muito bom, prende você na História e mostra como 320 páginas pode ser lida rapidamente.O Cientista Wang é apaixonante e confesso que me espantei com a Reviravolta da personagem Ye Wenjie. Muito criativo, longe dos clichês. A literatura da ficção científica é maravilhosa, e descobrir escritores, como o Chinês Cixin Liu, mostra o quanto vale a pena sair do padrão anglo de escritores.

书很好，把你锁在故事里，320 页马上就看完了。汪科学家很热情，我承认叶文洁这个角色的转变让我很吃惊。这非常有创意，远离了陈词滥调。科幻文学很精彩，能发现像中国刘慈欣这样的作家，说明了超越盎格鲁作家的模式，是多么有价值的一件事。（Professor Eddie，2021.8.20，Skoob）

Espero q essa emancipação do gênero scifi chegue tb a América latina, África, Índia... Assim como se deu ao longo do Floresta Sombria, é inimaginável o q irá acontecer no último volume da trilogia, a qual aguardo ansioso o lançamento.

我希望这种科幻类型的释放，也能到达拉丁美洲、非洲、印度……就像整个《黑暗森林》的故事那样，作为三部曲的最后一卷，我想象不出会有怎样的故事，我很期待第三部的发布。（Rômulo Macêdo，2018.4.22，Amazon. br）

结　语

　　《三体》三部曲是一部比肩西方科幻大家的鸿篇著作，它不仅令英语世界瞩目，还令葡语世界的读者痴迷和疯狂。由于葡语国家的科技实力、经济状况，以及一直以来本土科幻文化的缺乏、外来作品盛行的市场环境，再加上国民性格中期待独立自主的成分，葡语读者能够欢迎和欣赏像刘慈欣这样的非英美作家，并给予刘慈欣高度评价。葡语读者评价普遍高于英语读者，他们表达了细致的故事情节介绍，以及对故事中出现的科学元素和基本论调的认可和欣赏。相对于偏爱文化对比、偏爱美式风格人物的英语读者来说，葡语读者更注重对科学元素的理解和对主要人物的整体建构，也能够感受到非盎格鲁－撒克逊科幻风格带来的新的兴奋点。

　　科幻文学的特点是能够超越政治文化、意识形态和民族偏见的限制，提供想象的空间，不断扩展人类对科学的认知边界。它是一种自由的思想，让人们去创造出一个新的未来，探索令人向往的新世界。科幻文学中的各种奇异而美丽的想象，让人们期待着别样的可能性，拓宽人类的思维，增强对未来的信心。中国要在海外提升软实力，可以借助科幻文学在世界范围广受欢迎的契机，参与到世界对未来、对科技和人类共同体的讨论中。中国应积极组织世界科幻文学的大型活动，吸引科幻文学爱好者，让全世界的科幻文学爱好者更多地了解中国科幻文学，推动中国科幻文学在世界范围的更广泛的认可。中国还可以加强与国际科幻文学社群的交流，把中国的科幻文学作品介绍给世界，将中国科幻文学的独特思想融入到世界科幻文学的潮流中。此外，还应积极打造科幻作品 IP。随着中国科技实力的增强，科幻文学、科幻电影都能凭借其与生俱来的独特中国智慧，让世界了解中国，在中国的积极参与下，建立起超越偏见的人类共同体。

参考文献

　　[1] 中国日报.《三体》再创新纪录！英文版以近 800 万续约 [N/OL]. 中国日报网，2021年 1 月 7 日 . http://ex.chinadaily.com.cn/exchange/partners/77/rss/channel/cn/columns/8hk2q2/stories/WS61d7a6baa3107be497a01215.html.

　　[2] Bini F. Entrevista com os Tradutores Brasileiros de 'Fogo & Sangue'[EB/OL]. Geloefogo,

15 Nov 2018. https://www.geloefogo.com/2018/11/entrevista-com-os-tradutores-brasileiros-de-fogo-sangue.html.

[3] Czepula K. Essa Não é Apenas Mais Uma Tradução da Arte da Guerra de Sunzi[J]. Revista de História, 2021, 27(1): 440-444.

[4] Ginway M E. Ficção Científica Brasileira: Mitos Culturais e Nacionalidade no País do Futuro[M]. São Paulo: Devir, 2005.

[5] Tavares B, Causo R D S. Brazil, Clute J, Langford D（编）, The Encyclopedia of Science Fiction[M], London: SFE Ltd and Reading, 2022.

[6] SBAF. Anuário Brasileiro de Literatura Fantástica 2014[M]. Sao Bernardo do Campo: Cesar Silva, 2015.

[7] Ferreira R H. Anuário Brasileiro de Literatura Fantástica: Ficção Científica, Fantasia e Horror no Brasil em 2005 (book review)[J]. Journal of the Fantastic in the Arts, 2008, 19(3).

[8] Causo R D S. Ficção Científica, Fantasia e Horror no Brasil 1875–1950[M]. Belo Horizonte: Editora UFMG, 2003.

异邦的乡土
——陈忠实《白鹿原》的葡语读者反应

关中大地，地势平坦，山川交融。这片土地，风景宁静而热烈，令人流连忘返。正是在这片土地上，诞生了《白鹿原》。《白鹿原》是陈忠实描写关中地区的乡土小说，是 20 世纪中国文学的经典作品之一。陈忠实的作品，把乡间景色、乡土人物和乡土文化气息渲染得如此生动，让读者仿佛置身于一片神奇的土地。陈忠实的文字抒发的是一种浓浓的乡土情怀，一种淳朴而温暖的乡土精神，他把乡土文化和乡土情怀融合在一起，让人感受到一种淳朴的中国文化之美。

在国内，《白鹿原》早已被公认为当代文学的经典，然而，其海外翻译状况却不容乐观。由于版权问题，《白鹿原》一直未被翻译成英语，因此它在以英语为代表的西方世界鲜有人知。幸运的是，《白鹿原》已经被翻译成葡萄牙语并在葡萄牙、巴西等地销售。淳朴的乡土文学，通过翻译之船，漂洋过海散播到异邦。研究葡萄牙读者对《白鹿原》反应，我们得以知晓这部作品在葡语读者中的接受程度、在阅读过程中的认知和思考，了解这部作品在葡语读者眼中的价值。《白鹿原》以中国农村为背景，包含了不少中国传统文化的元素。研究葡语读者的反应，更能深入了解不同文化背景、语言的读者对文化元素的解读和感知，通过解读葡语读者的评论，我们可以更准确地感知、预测这部中国文学经典作品与当代西方世界的联系，归纳其在世界文学史上的意义。

一、《白鹿原》内容梗概及其国内出版

《白鹿原》是陕西作家陈忠实创作的、以陕西关中地区白鹿原上白鹿村

为缩影、描写当地历史、人物变迁的鸿篇巨作。该作品历时 6 年才创作完成，首次出版于 1993 年，获得了中国第四届茅盾文学奖，入选了改革开放 40 年最具影响力小说。该小说也被改编成同名电影、电视剧、话剧、舞剧、秦腔等艺术形式。2019 年，葡语翻译版《白鹿原》由巴西自由站点（Estação Liberdade）出版社出版。

《白鹿原》以白嘉轩为人物主线，以从清朝末年到 20 世纪七八十年代的历史更迭为背景，围绕白鹿两家矛盾纠葛展开情节。白嘉轩是白家的族长，是宗法家族制度及儒家伦理道德的代表，恪守祖训、维持宗族制度。他育有三儿一女：白孝文、白孝武、白孝义和白灵。鹿子霖是鹿家的代表，在时代变迁与政治运动中跟随时代沉浮。鹿子霖有两个儿子：鹿兆鹏和鹿兆海。鹿三是白家的长工，黑娃是鹿三的长子。

两个家族的两代子孙，伴随着世事、朝代的更迭，为争夺对白鹿原的"统治"争斗不已。白家后代中规中矩，长大后白孝文继任族长。黑娃外出谋生，领回了地主家的小老婆田小娥，遭到同村人排斥，后离开村子，投奔革命军，之后又成为土匪。在此期间，鹿子霖的儿子鹿兆鹏和鹿兆海，一个加入共产党，一个加入国民党。白灵也加入了共产党。鹿子霖和田小娥狼狈为奸，鹿子霖设套陷害白孝文，让孝文和小娥有染并吸上了鸦片，将家产败光。鹿三以儿媳田小娥为耻，最终杀了她，因终日被田小娥死时的情形折磨，最终死去。鹿兆海因参加抗日战死沙场，白灵因党内"肃反运动"而死。白孝文则成为保安团营长。最后，黑娃归服保安团，在鹿兆鹏的带领下参加起义。鹿子霖病死。

《白鹿原》故事贯穿半个多世纪，是一部伟大的现实主义作品。其语言极具当地特色，情节跌宕起伏，内涵深刻丰富。《白鹿原》被陈忠实描述为自己呕心沥血的"垫棺作枕"之作，作品一经发表立即引起轰动。文学评论家白烨评论道："《白鹿原》本身就是几乎总括了新时期中国文学全部思考、全部收获的史诗性作品。"

截至 2022 年，《白鹿原》仅在人民文学出版社就有 15 种版本。其他出版社和中国台湾、香港，中文版本就有 30 种以上。《白鹿原》中文版在汉语读者中的反响异常强烈。仅豆瓣网站，截至 2022 年 8 月，就有 11 万人次以上的读者对《白鹿原》进行了评分（《百年孤独》14 万，《三国演义》15 万），评分结果高达 8.8（10 分为满分）；短评人数超过 2 万条，长篇书评高达 3336 条，另有读书笔记 484 篇。

二、《白鹿原》的外译及葡萄牙语版本

如果说一部宏大、优秀的小说，只能在自己的文化中被欣赏，那是不公平的。外译方面，《白鹿原》被翻译成日语、韩文、越南语、蒙古语等。2012年，法国塞依（Seuil）出版社出版了法语版的《白鹿原》，这是该书首次以西方语言亮相。法文版《白鹿原》在巴黎面世一个多月以来，售出了3000多册[1]。2013年，陕西白鹿原影业有限责任公司与七星电影共同宣布将由七星电影旗下美国洛杉矶公司制作电影《白鹿原的故事》英文版[2]。2015年，李志武作品、连环画《白鹿原》法语版在法国出版并参加安古兰国际漫画展。值得注意的是，《白鹿原》因版权问题，至今仍无英文版面世。仅有的英文译文为杨孝明教授试译的两章，相关部分讨论发表于2013年《中国翻译》第6期[3]。《白鹿原》至今没有英文版的原因，根据陈忠实的回忆，在于陈忠实协商出版法文版的时候，把其他外语版的权利也签给了法方出版社。美国的出版社几经尝试商讨出版英文版，但需经过法方授权，而美方想直接取得作者本人授权。反复协商之后，此事一直未能解决[4]。

与此同时，在法文版出版前后，巴西自由站点出版社（Estação Liberdade）的主管安赫尔·博亚德森（Angel Bojadsen）一直在寻找一本可以代表中国现代文学的作品。他看了《白鹿原》的法文版本后，就被深深地迷住了。博亚德森告诉新华社，"这部具有马尔克斯风格的魔幻写实风格的具有讽刺意味的作品，对于中国传统文化和民俗有着深刻的洞见，其情节之精妙令人赞叹"。

2014年，博亚德森找到圣保罗大学东方文学系的中国语言文学教授何晔佳（Ho Yeh Chia），邀请她将这部50万字的小说翻译成葡萄牙语。之后，巴西青年汉学家马西亚·施马尔茨（Márcia Schmaltz）也加入了翻译团队。施马尔茨中文名为修安琪，在北京、澳门大学任教，精通中葡双语，熟悉中国文化。然而，不幸的是，在翻译期间，修安琪罹患肺癌，不幸去世。修安琪病重后，为使翻译工作按计划进行，巴西小说家毛罗·皮涅罗（Mauro Pinheiro）成为《白鹿原》葡语版的第三位译者，承担了审阅全部译文并进行润色的工作。翻译工作极具挑战性，需要查证中国北方的风土地貌、对长句进行斟酌、颠倒段落顺序、考虑读者的适应性以及统一译者风格等[5]。

2019年，葡语版《白鹿原》由巴西自由站点出版社正式出版。该书封

面背景色为黑色，中间是一只直立的白色鹿角，上面缠绕着红色的丝带，象征着红色中国和白鹿传说中的渊源。封面上用拼音写着陈忠实的名字和书名 *Na Terra do Cervo Branco*（"在白鹿的土地上"）。正文开篇之前，出于照顾葡语读者的考虑，对"白鹿原""白鹿村""白鹿镇"等地名的含义及中国人的姓氏名字的排列顺序作出了说明。书籍的封底对书籍作出了适当的描绘："真实、深厚，这部中国的真正史诗，却充满了惊奇、幽默、舒适、传说和传统民间信仰。陈忠实的这部作品描绘了动荡不安的年月——20世纪的前半叶。它标志着清王朝的崩塌、国内战争和革命力量的胜利。形形色色的灾难、饥荒、强盗、流行病和军阀降临在白鹿原，而家族的成员们彼此相爱相杀、战斗不已。一些人选择去冒险，另一些人则屈服于传统的力量。"封底还引用了北京某大学文学教授赵勇的赞誉："任何真正想了解中国人的思维方式和中国社会运作方式的人，都不应该错过这本书。《白鹿原》是一部经典之作。"[6]

葡语版《白鹿原》在自由站点 Facebook、YouTube 的知名阅读博主以及巴西的 Livrariamegafaun、Extra、Bookgoogle、Saraiva、Martinsfontespaulista 等网上书店均有推介。网上的新书介绍这样赞美《白鹿原》："《白鹿原》是中国文学的现代经典之作。本书把陈忠实提升到了余华或诺奖获得者莫言等作家的水平。"[7]

三、《白鹿原》的葡语读者反应

事实表明，读者接受对文学作品的历史命运极其重要。每部文学作品的成功都离不开普通读者参与。姚斯曾说过："在作家、作品和读者的三角关系中，后者并不是被动的因素，不是单纯的做出反应的环节，它本身就是一种创造历史的力量。文学作品的历史生命没有接受者能动的参与是不可想象的。"[8]

由于《白鹿原》尚无英文译本，葡语版《白鹿原》是其在除法语世界以外的西半球首次亮相，也是目前唯一在美洲大陆推出的版本。研究葡语版《白鹿原》的读者口碑，不管是对于了解葡语国家读者阅读中国文学作品的习惯，还是对于预测该书将来译成英语后全球的阅读市场和读者反应，都具有十分重要的参考价值。

由于英文版本的缺失，上述目的只能通过比对汉语和葡语读者对《白鹿原》的反应来达到。

葡语版《白鹿原》亚马逊巴西评分 4.60，Goodreads 评分 4.47，Skoob 评分 4.70，都是非常高的分数；参与人数分别是 57、549、39。葡语版参与评分人数虽不及汉语版，但经过 10 分制折算，在总评分上，甚至高于中国国内读者在豆瓣网站上给出的评分。

1. 研究方法

本研究对中文《白鹿原》读者和翻译成葡萄牙语的葡文版《白鹿原》的读者评价进行比较，分析葡语版《白鹿原》的读者反应。

首先，用爬虫收集所有豆瓣网站上对《白鹿原》的书评，得到不重复记录共 3132 条，共 3,259,270 个汉字，平均每篇书评约 1000 个汉字。使用文本分析的方法，用 CorpusWordParser 对书评中的文本进行了词语切分及词性标注，用语料库工具 AntConc 提取词语每百万的频率。去掉一些常用功能词后获取关键词，配合细读分析，对关键词进行编码、分类，提炼出中国读者对《白鹿原》评价列表。虽然豆瓣网站评论并不能完全反映所有中国读者的观点，但因语料库体量巨大，我们认为这个豆瓣网站评论抽象化的词语列表能够在一定程度上代表中文普通读者的感受和态度。这个列表用来作为和葡语版《白鹿原》评价作对比的基础。

同理，在亚马逊葡语网站、Goodreads 网站、Skoob 网站，收集葡语版《白鹿原》的葡萄牙语读者长留言共 21 条，共 3017 个葡萄牙语单词，平均每条点评 144 个单词。用 AntConc 排出词频列表。由于面世时间短、受众数量少等，葡语语料库要大大小于汉语语料库。但这不影响我们用同样的文本分析方法提取出葡萄牙语关键词及频率。

《白鹿原》的读者评论内容的编码可以分为 5 类。第一类，对故事人物本身的叙述，即对人的所作所为进行描述，重述人物形象，重构人物关系。词语包括"白嘉轩""鹿子霖"等书中出现的人名。第二类，对故事主题的提炼。读者阅读后会把小说中有可能涉及的重大政治、文化议题提取出来，对自己所生活的社会进行深刻的思考。这类词语语义比较抽象，如"历史""文化""社会"。第三类，故事所涉及的气候、地理、人文、历史等自然背景信息。作品的厚度、丰盈造就了瑰丽的文学世界，这类词语比较具象。在正常的读者评论中，能够注意到并重述这些信息，如"白鹿原""关中""国民党"

等。第四类，关于读者分析和批评的词语。部分读者是资深的文学爱好者，已不满足于单纯、被动地接受故事的内容，而是更高层次地要求对写作手法、动机、理念等专业性较强的文学议题进行比较、对比甚至批评。这类词语包括"史诗""隐喻""现实主义"等。第五类，用于对小说的质量进行评价和评估的形容、修饰性、描述性词语，这些词语一般包含着读者正面或负面的态度，如"棒极了""栩栩如生""伟大"，等等。上述词语编码的依据，只凭借概念语义的成分，不考虑词汇的语法功能。

借助关键词比较，结合文本细读，可以对中葡读者进行读后分析，了解读者特别是葡语读者的观点、感觉、态度、评价等。

2. 读者评论角色和话题

在小说中，角色的设定会产生不同的意义。对角色的解读，往往取决于读者的经历、知识、背景和价值取向。角色与故事有着千丝万缕的联系，而这种联系可以激发出读者对剧情发展的好奇、关注和思考，从而产生阅读欲望。由于人们对人物、事物的认识和理解的不同，想要突出的部分不同，在人们的脑海中会形成不同的印象。这就使读者对小说感悟出千姿百态的话题。

1）人物关键词

《白鹿原》中读者对人物的关注可以从"人物关键词"中得到反映。我们搜索豆瓣读书评论，得出汉语评论中人物类评论关键词（见表1）。

表1　中文《白鹿原》读者评论中的人物关键词

排序	人物	频数	频率（每百万）
1	白嘉轩／嘉轩	9854	2480.4
2	黑娃	8361	2104.6
3	田小娥／小娥	8004	2014.7
4	白孝文／孝文	5895	1483.9
5	朱先生	5219	1313.7
6	鹿子霖	5034	1267.2
7	白灵／灵灵	4173	1066.3
8	鹿兆鹏／兆鹏	3425	862.2

排序	人物	频数	频率（每百万）
9	鹿三	2293	577.2
10	鹿兆海／兆海	2132	536.4
11	冷先生	819	206.2
12	仙草	640	161.1
13	白孝武／孝武	582	146.5
14	田福贤	371	93.4
15	大拇指	201	50.6

资料来源：豆瓣读书，2022 年 8 月 18 日。

由表 1 可知，汉语读者对《白鹿原》的阅读是深入而全面的。评论提及小说中所有的主要人物，也涉及不少的次要人物和小角色；提及人物时的频率基本上与人物实际上在小说中的重要性相吻合。中文读者还善于进行人物性格分析。大量的评论涉及了对人物是非好坏及功过上的评判。葡语语料库中人物名字被提及的频数比较少，在本文中列出比较数据没有太大意义，故在此省略。

由 Amazon、skoob 和 Goodreads 网站上搜集的葡语读者语料库中，评论中只有白嘉轩被提及了 2 次。

Chen nos relata, através do clã de Bai Jiaxuan – que teve na vida sete esposas e isso era para ele motivo de orgulho – um período turbulento, com elementos de folclore, crenças tradicionais e com um humor bastante peculiar.

陈（忠实）通过白嘉轩家族讲述了一个动荡的时期，书中有民间传说和传统信仰的元素，也有相当奇特的幽默。白嘉轩一生中共有七个妻子，这是他吹嘘的资本。（Lusia.Nicolino，2020.4.27，Skoob）

上述评论是对故事主线的介绍。

葡语评论语料库中被提及的有田小娥、黑娃、冷先生、田福贤、白灵和大拇指。

É importante dizer que não só essas duas famílias que têm suas histórias apresentadas, como também de vários personagens a elas linkados e que são muito bem descritas, completando todas as lacunas abertas: Mestre Zhu principalmente, simbolizando o confucionismo; Xiao'e, Lu Zhaoqian, doutor Leng, Polegar, Tian Fuxian, além de muitos outros, cada um abordado com perfeição. São como? side quests? da história principal, necessárias para completar o 100%.

　　在书中不仅这两个家族的故事被呈现出来，而且与之相关的各种人物也被很好地描述出来，填补了所有的空白：朱先生主要是儒家的象征；田小娥、鹿兆谦、冷先生、大拇指、田福贤等众多人物，每一个人都被描写得接近完美。他们是主要故事的支线，需要 100% 的阅读。（NAo.Livro，2021.9.20，Skoob）

　　这条评论补充说明了故事的支线人物，对人物关系进行简单的介绍；点明"朱先生"这一角色的象征意义，而这一意义对于西方读者来讲意义深远。儒家文化是迥异于西方文化的独特的存在，小说中出现的所有和儒学有关的元素，必然引起葡语读者的兴趣。另外，葡语读者评价了次要角色的重要地位，认为他们对故事的发展起到了推动作用，丰富了情节，是不可或缺的元素，需要读者完整地阅读全文。

　　葡语读者点评作品人物的情况并不多见，他们在陈述评论观点时，更多的是使用"他们""个体"这种笼统的指称，对人物形象的细节描述相对模糊。我们也尚未看到有大量葡语读者能够对《白鹿原》的人物性格特点进行非常详细、深入的讨论。一方面是由于资料有限，仅有的资料局限于对小说进行大概的略述；另一方面可能是现实、文化和历史上的差距，读者很难切身处境地理解小说中人物的动机，也很难觉得角色本身能够对西方现代社会有着重要的启迪，读者更多的只是被跌宕的情节所震撼。

　　2）主题关键词

　　主题，指故事的核心内容或与事件相关的事件。一部优秀的作品，通常会引起读者对不同主题的思索，在此提取出多个与自己的经历、知识、实践有关的关键事件（见表 2）。

表 2　汉语读者和葡语读者关注的主题

排序	汉语读者			葡语读者			
	关键词	频数	频率（每百万）	关键词（葡语）	中文译文	频数	频率
1	历史	3122	785.9	china/chinês/chinesa/chineses	中国	36	6995.3
2	时代	3105	781.6	história/histórias	历史/故事	24	6329.1
3	生活	2736	688.7	famílias/família	家庭	15	4330.4
4	中国	2078	523.1	vida/vidas/vivendo	生活	12	2664.9
5	社会	2050	516.0	tradição/tradições/tradicionais/tradicionalista	传统	10	1332.4
6	命运	1878	472.7	povo	人民	9	2998.0
7	传统	1811	455.9	mundo/mundial	世界	8	1998.7
8	女性	1806	454.6	guerra/gerra/guerras	战争	8	1998.7
9	文化	1666	419.4	país/países	国家	7	1665.6
10	人生	1648	414.8	rural	农村	7	2331.8
11	男人	1490	375.1	cultura/cultural	文化	7	1998.7
12	家族	1417	356.7	aldeia	村庄	6	1998.7
13	父亲	1375	346.1	históricos/histórica/histórico	历史	6	999.3
14	封建	1324	333.3	forma	方式	5	1665.6
15	人性	1210	304.6	nome	名字	5	1665.6
16	道德	1146	288.5	sociais/sociedade/social	社会	5	666.2
17	经历	1120	281.9	crenças/credos	信仰	5	1332.4
18	世界	1111	279.7	acontecimentos	事件	4	1332.4
19	精神	1070	269.3	confucionismo/confuncionista/confucianos	儒家	4	666.2
20	民族	1050	264.3	mulheres	女性	3	999.3

续表

排序	汉语读者			葡语读者			
	关键词	频数	频率（每百万）	关键词（葡语）	中文译文	频数	频率
21	年代	977	245.9	mudanças	变化	3	999.3
22	爱情	758	190.8	feudal/feudais	封建	3	666.2
23	农村	732	184.3	clã	家族	3	999.3
24	农民	712	179.2	honra	荣誉	3	999.3
25	信仰	711	179.0	democrática	民主	2	666.2
26	仁义	686	172.7	vícios	恶习	2	666.2
27	世事	674	169.7	acontecem	发生	2	666.2
28	政治	674	169.7	eventos	事件	2	666.2
29	反抗	663	166.9	hábito/hábitos	习惯	2	333.1
30	变化	646	162.6	governo	政府	2	666.2
31	变迁	616	155.1	politicas/políticos	政治	2	333.1
32	家庭	593	149.3	sabedoria	智慧	2	666.2
33	欲望	577	145.2	ancestrais	祖先	2	666.2
34	发展	554	139.5	conquistas	成就	1	333.1
35	堕落	547	137.7	impulsos	冲动	1	333.1
36	理想	544	136.9	moral	道德	1	333.1
37	儒家	541	136.2	pai	父亲	1	333.1
38	教育	534	134.4	fomes	饥荒	1	333.1
39	斗争	525	132.2	contradições	矛盾	1	333.1
40	坚持	493	124.1	homens	男人	1	333.1
41	自由	493	124.1	campesina	农村	1	333.1
42	孤独	474	119.3	feminina	女性	1	333.1
43	死亡	459	115.5	dores	痛苦	1	333.1
44	宗族	396	99.7	sofrimento	痛苦	1	333.1
45	幸福	369	92.9	arrependimentos	遗憾	1	333.1

资料来源：豆瓣、亚马逊、Skoob、Goodreads。

《白鹿原》所揭示的主题意义，或许是相比于人物刻画，更受西方读者关注的内容。据中葡《白鹿原》的读者评价语料库显示，中国和葡萄牙读者所提取的主题具有较大差异。

汉语读者语料库提取的主题词中，频数超过 60 次的有 200 个。除了表 2 中的词语外，还包括"乡村""国家""伦理""起伏""母亲""男性""婚姻""主义""变革""制度""政权""封建礼教""修身""乱世"等主题词（频数 270 次以上，按降序排列）。相比于中国读者的细致入微、数量庞大的主题词，葡语读者的评论数量少，而且主题词不太集中。位于前列的是"中国""历史／故事""家庭""生活""传统""人民""世界""战争"等。为了方便对比和讨论，本文只取前 45 名。虽然词频不均衡，但是通过比对，仍然能够大致看出两种文化的读者的侧重点：

① "历史"和"中国"

中国读者首先把《白鹿原》看作一部关于"历史"和"时代"的小说。对自我文化的讲述，小说内容是第一位的，而作为自我认同的"中国"标签反而因其共同语境下的默认状态而退居其次。葡语读者作为异国文化者，首先把《白鹿原》看作一部来自"中国"的小说，这一标签标示着文化的他者身份，始终提醒读者，这是一部具有浓厚的中国特色、标榜中国故事的作品，和自身的文化迥异，因此必须在介绍或评论中加以凸显；然后才是关于"历史故事"内容的表述。正如不少的网上书店的推介中认为，《白鹿原》与其他中国许多具有世界性话题的文学著作相比，不同之处在于，《白鹿原》"不是寻求全球化的文学，而是处理突出的中国主题"，完完全全在讲述中国的故事。这一极具中国特色的特点，在葡语读者中得以充分地体现。可以这样认为，《白鹿原》在某种程度上就代表了"中国"，是葡语读者了解"中国"的窗口。

其次，葡语读者和国内读者一样，准确地抓住了"历史"这一关键词，无论是 YouTube 的读书主播还是其他网友，在小说中都窥见了中国的近代历史。不少读者提到了书中讲述清朝政府、国共纷争、抗日战争等细节，这些都是非常好的现象。

ão de um governo facista e, por fim, a China comunista de Mao (não é spoiler, é ns bem vulgares e obsceno, além da aura de realismo mágico q perpassa toda a ista e, por fim, a China comunista de Mao (não é spoiler, é história). Dito isso, as nco, mitológico. É importante dizer que não só essas duas famílias que têm suas ássico por aí no chinelo. Um olhar pra um período sobre o qual pouco se fala na e valorizar seus aprendizados e origens. Na Terra do Cervo Branco acompanha a . Não se deixe intimidar pelas mais de oitocentas páginas dessa epopeia chinesa. us (cervo), cada indivíduo com suas dores, suas perdas e conquistas no período www.facebook.com/lunicolinole) Um dos melhores livros que já li. Uma narrativa	história1) história histórias histórias história história História histórico história	Dito isso, as histórias ancestrais das duas famílias também são apresentadas den a e istia é bem fluida, no começo eu tava bem engajado pois essa atmosfera do ancestrais das duas famílias também são apresentadas dentro de uma lógica trac apresentadas, como também de vários personagens a elas linkados e que são mi chinesa de um jeito diversificado, abordando perspectivas de um mandarinato e de duas famílias: Bai (branco) e Lu (Cervo), na vila de Bailu, no planalto do Cervo B densa, de anos que atravessam mudanças políticas e climáticas, fome, epidemias, do final da dinastia Qing à criação da República Popular da China, passando pela impressionante. difícil de avaliar!! sempre tive uma vontade enorme de ler esse li

O autor nos leva numa viagem pela história da China, intercalando momentos históricos, com tradições e costumes, e seguimos esses personagens desde a dinastia Qing, até a criação do comunismo, que teria como sua figura mais importante Mao Tse Tung.

作者带我们踏上了穿插着传统和习俗的中国历史之旅。我们跟随着这些人物，从清朝开始，直到到中华人民共和国的成立。（jesse，2020，Amazon.br）

Sempre é tempo de mergulhar na história que não é nossa, que é de todo mundo.

是时候沉浸在历史中了。这不是我们的历史，而是每个人的历史。（Lusia. Nicolino，2020，Skoob）

葡语中的名词 história 及其复数形式 histórias 还包括了"故事"这一层含义。不管是历史还是故事，都说明葡语读者都被小说曲折的发展脉络所吸引。

②"家庭/家族"

当国内读者在感慨"时代"的更迭，以及其对"生活"带来的影响的时候，葡语读者关注到了中国的"家庭"或家族这一重大主题。另外，geração（代）在葡语读者中也使用较多。在国内读者看来，"白鹿原"的书名本身就暗含了白家和鹿家两个家族，这是不言而喻的；书中白鹿两家的争斗代表的是中国近代社会时代更迭中派系相争的缩影，读者追寻的深层次的意义也在于此。对于葡语读者来说，"白鹿原"的葡语是 Na terra do cervo branco，意为"在白鹿的平原上"，如果没有事先的注解，一般人不会把"白鹿原"和白鹿两个家族联系起来。因此，出版社在书籍和网页上的葡语介绍，以及一般的葡语读者介绍中，都会花费笔墨去解释"白鹿原"这个书名的含义。此外，对于两个家族的争斗和中国历史社会之间的联系，葡语读者或许本无切合实际的理解。对他们而言，只有中国的宗族文化是新奇而独特的，在故事中应该反映出来。为了准确地理解全书的故事，他们必然需要去了解书名、地名和缠绕于其中的家族关系。

③"命运"

中国和葡语读者都注意到了故事所描述的是居住在白鹿原的人民的"生活"，这是本小说的主题之一，对此差异不大。然而，中国读者更加关注"命运"的主题。"命运"这一词语并没有在小说中经常出现，而是读者总结归纳出来的关键词语。这一词语极具中国特色：在《诗经》里"命"具有"命定"的意思，中国古代有用易学"测算"命运的命理学，佛教认为"命运"是"业力"的体现。至今，中国社会还流传着"天命不可违""一命二运三风水，四积功德五读书"的俗语。"命运"意味着生命终将终结，本身暗含着个人在面对宏大事件时的无能为力，它意味着故事中人物的个人经历在频繁的战乱、瘟疫、天灾、变革中各自沉浮，时起时伏，仿佛总有一双看不见的手，在推动着各个人物的行为选择。中国读者熟悉的《红楼梦》就充满着宿命论的论调。有读者认为，陈忠实在写作上采取了与《红楼梦》同样的经典结构，即开篇奠定人物命运的基础："白嘉轩后来引以为豪的是一生娶过七房女人"，暗示着白嘉轩的命运和家族、子孙捆绑，这些人物的命运就是我们所能回溯的中国近代史的缩影。从读者评论看，似乎中国读者更能体会个人在自然、历史、阶级中的抗争以及成败中的无力感。

葡萄牙语中的 destino 词源可追溯到拉丁语 destinare，意为"使坚定、建立"，12 世纪的古法语有 destinée 这一名词，意为"目的、意图，注定要去的地方"。在希腊神话中，命运拟人化为 3 个女神，象征着主宰人类生活的 3 种力量：纺线者 Clotho，纺出了人类命运的"线"；分配者 Lachesis，分配这些线；切线者 Atropos，切断了线，决定了人的死亡。西方传统中，虽然也有这些关于命运的传说，但是总体而言，葡萄牙语中的 destino 并没有那么深刻的文化内涵，葡语国家中并不存在如中国文化中那样根深蒂固的宿命论，宿命论也并非十分广泛地在其文学作品中有所体现。在现代社会中，西方人提倡个人自由，认为社会能够提供多种选择。当陈忠实以高超的写作技巧，幻命运之影于无形时，葡语读者乃至于西方读者并没有那么迫切地往"命运"的方向解读。对于他们来讲，"历史"和"个人"的关系仅限于"透过个人生活故事了解历史"，或者历史是作为了解个人故事的背景。当然，读者也认为，两者关系的呈现方式相当精彩。

④ "传统"

与此同时，中葡读者都关注到了中国的"传统"，二者在词频表的排位相近。

Verdadeira epopeia da China profunda, densa, repleta de sobressaltos e de humor com fortes elementos do folclore e crenças tradicionais, esta obra retrata um período turbulento.

这部深厚的中国真正史诗，充满了波澜和幽默，融入了浓厚的民间传说和传统的信仰元素，描绘了一个动荡的时期。（Biblioteca Álvaro Guerra，2022.5.16，Skoob）

不过，中国读者的"传统"是一个较为抽象的名词，主要作修饰语，与"现代"相对应：

Left Context	Hit	Right Context
c朱先生_nh 就是_r 们_a 鹿_n 的_u 化身_n ，_w 在_p 象征_v 革命_v 和_c	传统	n_u 他们_r 一个_r 榨妮_v 一个_r 安思_v 后_nd ，_w 自鹿原_ns 再_d 尤_
w面对_v 冲突_v ，_w 作者_n 无_d 一例外_i 都_d 选择_v 了_u 站_v 在_p 捍卫_v	传统	n_u 立场_n ，_w 来_vd 对_a 冲突_v 进行_v 处理_v ，_w 摒弃_v 了_u
学派_n 过时_v ，_w 面对_vl 南方_nd 缺乏_v 文化_n 之_u 根_n ，_w 作者_n 捍卫_v	传统	n_u 立场_n 暴露_v 无疑_d ，_w 的_u 嗨_d ，_w 如其_c 所_u 言_v ，_w 陈忠实_
到了_v 自己_r 身上_nl ，_w 岸点_d 让_v 他_r 完了_v 个_q 蛋_n ，_w 按照_d	传统	n_u 乡民_n 观念_n 来看_v ，_w 小娥_nh 是_vl 一个_r 不折不扣_l 的_u 婊子_
盾_n 中_nd 向蔚_v 发展_v 的_u ，_w 前_nd 六_m 章_n 才_d 写到_v 辛亥革命_n ，_w	传统	n_u 东西_n 依旧_a 吉根_v 主流_n ，_w 愚昧_a 迷信_v 依然_d 浓厚_a ，_w
n_u ，_w 有_v 一种_r 对_a 生活_n 无限_d 热情_a 和_c 满足_v ，_w "_w 最_d	传统	n_u 中庸_n 思想_n 他_d 得到_v 的_u 体现_v ，_w 他们_r 圈_n 他们_
家族_n 意识_n ，_w 女人_n 祸_a 水_n 论_v ，_w 他_r 与_c 鹿_n 之间_nd 性格_v	传统	n_u 上什么_z 之_u "_w 文_x "_w ，_w 他_r 坚守_v 自家_nh 世代相传_j 的_u
d对_a 他_r 产生_v 了_u 深远_a 的_u 影响_v ，_w 他_r 不仅_c 切_a	传统	n_u 现实主义_n 进行_v 传承_v 发展_v ，_w 把_d 引进_v 西方_nd 先进_a 的_u
的_u 毒刺_n ，_w 连_p 看_u 坚_v 了_u 七房_ns 女人_n ，_w 表现_v 民间_n	传统	n_u 生殖_v 崇拜_v ，_w 原_a 上_nd 悠悠_a 婚姻_v 的_u 精灵_n 自_
n 等_v 先进_a 的_u 创作_v 技巧_n ，_w 使得_v 作品_n 的_u 感染力_n 比_p	传统	n_u 现实主义_n 更为_d 强大_a ，_w 陈忠实_nh 在_p 这些_r 文学_n 思想_n 的_
思考_v ，_w 从_d 此_d 黯然_d 开朗_j ，_w 迎来_v 一个_r 转型_v 突破_v 的_u 局面_n ，_w	传统	n_u 中国文学_n 和_c 新藏_a 的_u 外国文学_n ，_w 这_r 两_m 种_v 不同_
和_c 领导_v ，_w 社会_n 组织_n 的_u 纽带_n 从_p 家族_n 变成_v 阶级_n ，_w	传统	n_u 基层_n 乡村_n 社会_n ，_w 是_vl 章_n 乡绅_n 和_c 宗族_n 组织_
起作用_v 的_u 是_vl 王朝_nt 的_u 政府_n ，_w 不是_vl 近现代_j 的_u 政府_n ，_w	传统	n_u 农荒_n 腐败_n 和_c 变乱_n 总是_d 暂时_nt 的_u ，_w 结束_v 后_

葡语读者除了与表示"变化"这一层含义的词语搭配外，如"传统与转型""传统与过渡"，还有另一种搭配，即往往和"习俗"并列。我们在小说

推广的网页上也能看到类似的表述。因此，葡语读者从小说中看到的，或期待看到的中国"传统"可能更具象一些，与旧社会中国人的形象、宗族仪式和信仰等联系，更具图像化。

Terra do Cervo Branco, é um lugar de pessoas muito conservadoras, cheias de símbolos e tradições, costumes antigos (os homens ainda usavam tranças, as mulheres enfaixavam os pés, faziam rituais para garantir a descendência da família, etc),magia, festas, lendas e crenças.

这里充满了象征和传统、古老的习俗（男人仍然扎辫子，女人裹脚，人们为了确保家规而举行仪式等），魔法、党派、传说和信仰。（NHFS, 2019, Skoob）

西方人对中国旧社会的习俗难免有距离感、陌生感。加上过去西方宣传的旧中国形象，读者也难免有猎奇的心态，对"蓄发、裹脚"好奇也就不足为奇了。

dos os aspectos. Ou até mesmo pra quem está procurando fugir um pouco do
aterial e entrado para o mundo dos imortais."" Pag. 114" " Histórias e Lendas de
otivo de orgulho – um período turbulento, com elementos de folclore, crenças
m citações aos grandes pensadores e poetas chineses ao decorrer da leitura." "
es. É cinco estrelas sem pensar duas vezes." Excelente livro sobre a China rural. A
ecente chinesa, nos eventos listados acima. O choque do antigo com o novo, a
ervo Branco, é um lugar de pessoas muito conservadoras, cheias de símbolos e
ro é muito diferente do q eu imaginava. 白鹿原 tem ares de romanção europeu
iquele do interior da China, saindo de um rígido sistema feudal, de obediência à

tradicional.
Tradição
tradicionais
Tradições
tradição,
tradição
tradições,
tradicional
tradição,

e quer arriscar na literatura de outros países. É cinco estrelas sem pensar duas ve.
e Transição Mas que livro! Muito, mas muito bom mesmo, uma daquelas raras o
e com um humor bastante peculiar. Acompanhamos a trajetória de três geraçõe
e guerra em meio a uma saga familiar. Foi com grande prazer que concluí a leitur
a moral, a religião, a pedagogia confunciana, que orientou e balizou a China p
com a transição, tudo perfilado com os conceitos de honra e sabedoria chinesa
costumes antigos (os homens ainda usavam tranças, as mulheres enfaixavam os
do século XIX, mas com uma boa dose de humor/passagens bem vulgares e ob
para entrar em um regime comunista, de obediência às decisões coletivas. Era ur

⑤ "人民" "世界" "战争" "国家"

葡语读者热衷于讨论书中人群或民族（povo）的特异性，想象故事中人物的精神世界（mundo/mundial），联系自己已知的历史知识，如中国的国内（país/países）战争、抗日战争，第二次世界大战（guerra/gerra/guerras），来重构作品中的想象世界。

famílias passando por momentos históricos da China. A cultura e costumes de um | povo | milenar. "Para mim foi como se me transportasse para a Terra do Cervo Branco e vi
as histórias vividas por eles e, com isso, pudesse conhecer um pouco mais sobre o | povo | chinês. Uma viagem maravilhosa!!!"
Terra do Cervo Branco" podemos vivenciar todas as contradições por que passou o | povo | chinês, especialmente aquele do interior da China, saindo de um rígido sistema feu
no decorrer dos anos em castelos de singularidades. " A China vista pelos olhos do | povo | do interior, camponeses. A epopeia de famílias passando por momentos históricos
e deixaram uma onda arrasadora de mudanças, destruição e sofrimento no país. O | povo | da planície do Cervo Branco passaram por muitos acontecimentos marcantes nesse
s inesquecíveis, que transmitem de forma vívida as características marcantes de um | povo | que tanto valoriza a honra e o saber. Leitura apaixonante." "Foi com grande prazer c
Xi'an, famosa pelo exército de terracota. Só o fato de contar sobre esse período de | guerra | civil a partir da vida de camponeses, e não de pessoas dos grandes centros da Chin
entos e incentivar a leitura e os estudos. Mas isso tudo veio abaixo com o início da | guerra | civil e o novo governo que não se baseava nas boas relações e na reputação, mas e
ões aos grandes pensadores e poetas chineses ao decorrer da leitura." " Tradições e | guerra | em meio a uma saga familiar. Foi com grande prazer que concluí a leitura desse épi
o país foi dividido em dois partidos, o nacionalista e o comunista que entraram em | guerra | entre (as guerras intestinas), e ainda os ataques japoneses que deixaram uma onda a
ntros da China, já vale a leitura. Um épico com um imenso painel cultural sobre um | país | que conhecemos tão pouco. O autor Chen Zhongshi nasceu em 1942 na região rur
elações e na reputação, mas em ordens, criando novos valores e formas de vida. O | país | foi dividido em dois partidos, o nacionalista e o comunista que entraram em guerra
os os personagens tiveram suas vidas mudadas com tanta coisa que aconteceu no | país | desde o fim da Dinastia Qing até o surgimento da República Popular da China. Terra

tá procurando fugir um pouco do tradicional, e quer arriscar na literatura de outros | países | É tanta estrelas sem pensar duas vezes." " Épico chinês Um tijolaço de 864 páginas,
s dos personagens que representam a continuidade, fazem todo o sentido naquele | mundo | antigo. Ao mesmo tempo, as gerações mais novas representam cada qual sua parti
re Zhu lia um desses livros, sua concentração era tanta que ele parecia ter saído do | mundo | material e entrado para o mundo dos imortais."" Pag. 114" " Histórias e Lendas de 1
ncentração era tanta que ele parecia ter saído do mundo material e entrado para o | mundo | dos imortais." Pag. 114" " Histórias e Lendas de Tradição e Transição Mas que livro!
ing à fundação República Popular da China, passando pela invasão japonesa e a 2a | Guerra | Mundial. Esse livro precisou ser traduzido por três pessoas! Conta sobre 3 gerações
ão da República Popular da China, passando pela invasão japonesa e pela Segunda | Guerra | Mundial. Sempre é tempo de mergulhar na história que não é nossa, que é de todo
ência ideológica faz os dois partidos romperem, mergulhando o país em sangrenta | gerra | civil, logo transformada em luta de classes. Ambos os partidos se valem de método
do em dois partidos, o nacionalista e o comunista que entraram em guerra entre si (| guerras | intestinas), e ainda os ataques japoneses que deixaram uma onda arrasadora de mu
io!" ""... ler já não era um hábito, mas uma necessidade vital. Nenhuma iguaria deste | mundo | depois de ser mastigada, conservaria seu sabor. Já os livros escritos pelos sábios su
rou!?" " Sempre é tempo de mergulhar na história que não é nossa, que é de todo | mundo | Não se deixe intimidar pelas mais de oitocentas páginas dessa epopeia chinesa. His
Mundial. Sempre é tempo de mergulhar na história que não é nossa, que é de todo | mundo | site: https://www.facebook.com/lunicolinole Um dos melhores livros que já li. Uma

⑥ "女性""男人"

《白鹿原》里时常用粗暴的语言描写情欲，在男女关系上呈现了中国旧社会农村中男女地位不平等、婚姻受世俗礼教束缚、女性受压迫受侮辱的场景。女性的典型形象田小娥，是淫欲和邪恶的化身，故事中几位男性的不幸，甚至是村庄的灾难，皆和田小娥有关。中国读者似乎比葡语读者更热衷于讨论书中呈现的两性关系。"女性""男人"分别出现了1806次和1490次，排在高频主题词的第8位和第11位，远在"世界""民族""战争"之前。而"女性"和"男人"这两个词语在葡语评论中出现率在上述几个词语之后。故事中几位女性的命运能够引起中国读者的共鸣的原因，是中国读者作为作者和作品的相同语境体验者，对于本民族内部的问题（体现在本书中是两性问题）比较敏感，尤其是自中华人民共和国成立以来，提倡男女平等，在社会逐渐城市化、人们普遍受过较高的教育、接受现代理念之后，再来回看中国传统农村的陋习，中国读者感受更为深刻，批判性更强。

对于葡语读者这些异语文化人群来讲，作为首批阅读此书的人，首先是精神冲击，是独特的民族的历史和政治层面的问题，其次才是特殊文化内部的具体问题。因此，中国民族内部的性别矛盾远远没有上述中国"民族特性"上的冲击力来得明显。亦或许，"女性缺乏尊重"本身就被认为是中国"民族性"所包含的内涵之一，只不过小说更加夸大了这一方面而已。不过，葡语读者同样能够发现书中的令人不安之处，有葡语读者表示小说中的男女性爱描写非常"粗俗"和"淫秽"。

白鹿原 tem ares de romanção europeu tradicional do século XIX , mas com uma boa dose de humor/passagens bem vulgares e obsceno, além da aura de realismo mágico q perpassa toda a história.

白鹿原具有 19 世纪传统欧洲浪漫主义的气息，但除了魔幻现实主义的光环之外，还带有大量的幽默／段落，非常粗俗和淫秽，渗透整个故事中。（Kalil Zaidan，2020.10.4，Goodreads）

另一位葡语读者对书中女性的粗暴对待，感到震惊和不可置信，甚至怀疑这种对女性的描绘有多大的可信度。

não consigo me decidir se o tratamento por vezes brutal e exagerado q o autor deu às personagens femininas foi apenas um retrato mais ou menos fiel à vida das mulheres na China rural, ou se foi uma falta de vontade de mostrar outras facetas das mulheres. apenas Bai Ling teve um arco q se distanciou bastante do papel da esposa ou da prostituta. talvez um pouco das duas opções, vai saber.

我无法确定作者对女性角色残酷和夸张的描写，究竟只是或多或少忠实地描绘了中国农村女性的生活，还是缺乏展示女性其他方面的意愿。只有白灵与妻子或妓女的角色保持着足够的距离。也许是这两种选择中的一点点。（Kalil Zaidan，2020.10.4，Goodreads）

不过，直接指出书中的男女关系问题的评论，目前在葡语读者中并不多见。或许随着葡语读者的增多和深入，这一主题将引起关注。目前，构建"中国"这一标签的主要成分，仍然是小说所呈现的宏大的方向，即中华民族在近代史中的几次异动（清朝灭亡、国民革命、抗日战争、解放战争）、宗族与社会的关系、儒家的传统等。

3. 评论里的中国文化反映

作者在《白鹿原》中用朴实的语言、细腻的笔触写出了农村生活，以生动的人物形象和情节语言表现出了乡村生活中淳朴、自然、厚重而又富有情趣的风土人情，展示出浓郁独特而又多姿多彩的乡土景象，塑造了一个性格鲜明而又鲜活可感的白鹿原。"乡土文学"是中国文学史上的一座高峰，《白鹿原》便是其中的代表作。《白鹿原》既表现了封建制度对人们精神领域的压迫和摧残，又展示了农村社会生活中丰富多彩的一面。

中葡读者的成长环境不同，所知晓的有关中国的背景文化知识和意识形态都有很大差异，这决定了二者在书中的关注点和所能展开讨论的内容有所不同。在豆瓣网站的中国读者评论中，频数超过100的背景关键词有50个，除表3列出的18个最高频数的关键词外，还包括"新中国""抗日""解放""西安""内战""运动""鸦片""军阀""民国""党派""村子""近代""文革""清朝""旧社会""渭河""西北""革命者""黄土""建国""肃反""日本""辛亥革命""共产主义""风水宝地""红卫兵""农耕""日寇""黄土地""共产党员""抗战""旧时代"等。而葡语读者评论中相对应的词语，在频数和种类上都要少得多，用词频率多少的排列也有较大差异。位于前列的是"共产主义（者/的）""世纪""白鹿原""革命""毛泽东""地区""结束""日本""入侵"等。本文选取了前18位的词语列在表3中。

表3 汉语评论和葡语评论中的中国文化特色词语

排序	汉语读者			葡语读者			
	关键词	频数	频率（每百万）	关键词（葡语）	中文译文	频数	频率
1	白鹿原	9654	2430.1	comunista/comunismo/comunistas	共产主义（者/的）	10	1665.6
2	革命	2389	601.4	século/séculos	世纪	7	1998.7
3	白家	1709	430.2	terra do cervo branco	白鹿原	6	1998.7
4	族长	1640	412.8	revolução/revoluções	革命	6	999.3

续表

排序	汉语读者			葡语读者			
	关键词	频数	频率（每百万）	关键词（葡语）	中文译文	频数	频率
5	鹿家	1227	308.9	Mao	毛泽东	3	999.3
6	土匪	1180	297.0	região	地区	3	999.3
7	祠堂	1039	261.5	fim	结束	3	999.3
8	共产党	838	210.9	japonesa	日本	3	999.3
9	白鹿村	832	209.4	invasão	入侵	3	999.3
10	土地	804	202.4	planalto	高原	2	666.2
11	关中	771	194.1	terracota	兵马俑	1	333.1
12	瘟疫	734	184.8	lugar	地方	1	333.1
13	国民党	681	171.4	kuomintang	国民党	1	333.1
14	乡约	664	167.1	imperador	皇帝	1	333.1
15	国共	653	164.4	militares	军事	1	333.1
16	县长	609	153.3	confúcio	孔子	1	333.1
17	陕西	497	125.1	clima	气候	1	333.1
18	农协	477	120.1	clãs	氏族	1	333.1

① "白鹿原"

在汉语读者中，"白鹿原"一词毋庸置疑地排在第一位。这既是重要的地点名，也是作品的名称，无论是重述故事，还是进行作品评论，都有着重要的指称作用。"白鹿原"是一个统领讨论的最大的语域范围，所有的主题、论点都围绕其展开。与此类似的词语还有"白鹿村"。而在葡语读者中，"白鹿原"虽然也被多次提及，但并没有出现在最显眼的位置。这证明，跨文化视角的关注点并不在于他者文化中的某个具体的地域位置。对于葡读者来说"白鹿原"只是一个故事中的符号代指，这个想象出来的符号有很强的可替代性，它的具体形式如何并不重要；符号背后的跨越文化的丰富内涵，即语义所指，如"中国特性""历史""家族"，还有下面谈到的"共产主义"，才是更值得关注的内容。

② "共产主义"

葡语语料库中，"共产主义"（comunismo）及"共产主义者/的"（comunista/comunistas）作为历史背景的交代，被排在了第一位。其相对应的汉语"共产党"在汉语读者语料库中只排第 8 位,"共产主义"排在第 42 位。葡萄牙语中,comunismo/comunista/comunistas 的语义搭配非常丰富,可以表示为"共产主义主张""共产党所领导的力量""共产党势力""共产党领导中国的历史时期""共产党员",等等。这一词项排在首位,说明葡语读者对中西方意识形态区分敏感。共产主义意味着中国特色,意味着这本书带来的全新风貌。葡语读者喜欢讨论"共产主义",说明他们对共产主义有着一定的认识,而这认识并一定不足以深刻到形成一种高语境的、共识的文化,他们只是对共产党如何在中国取得革命胜利感到好奇。因此,"国民党"一词也被提及。

③ "世纪"

葡语语料库中排在第二位的背景关键词是"世纪"(século/séculos)。几乎所有的葡语"世纪"都是和"20"相搭配,即"20 世纪"是葡语评论中的一个时间标记语,它指明了小说故事发生的时间,即 20 世纪初到 20 世纪中期这将近 50 年的一段时间。"20 世纪"是以公元纪年来标识的,它的参照是西方的时间坐标。值得注意的是,小说原文中没有使用到"20 世纪"一词作为明确的时间交代,而是以"皇帝""乡约""农协""民国""军阀"等具有时代特色的词语暗示故事发生的背景,这或许给葡语读者的理解造成了一定困难。不过,在不少的葡语《白鹿原》小说推介上,出版社和编辑对故事发生的时间进行了说明,有效补充了原文信息的缺失。葡语读者在总结读后感的时候,使用西方纪元的"20 世纪",也是希望帮助后续的读者判断小说的具体时间,为将来的同好创造好阅读条件。而中国读者熟悉相关的历史背景,无意中跨越了这一步。

④ "革命"

历史事件类的葡语背景关键词,提到了 revolução/revoluções(革命)和抗日战争这一背景。

Para derrubar o Imperador e os mandarins, os partidos Nacionalista e Comunista se unem sob o lema da 'Revolução Democrática e do bem estar'.

为了推翻皇帝和官员,国民党和共产党在"民主革命和福利"的口号下联合起来。(Marcelo lobo,2020,Amazon.br)

É uma imersão na cultura daquele povo, vivendo no início do século vinte, tendo as revoluções às vezes como pano de fundo, às vezes com um certo protagonismo, enquanto os personagens vivem sua vida ordinária/extraordinária no Planalto.

它（本书）沉浸在那个民族（中国）的文化中，其人物生活在20世纪初。本书有时以革命为背景，有时以某个主角为背景，但这些人依旧在高原上过着平凡/非凡的生活。（Luiz Fabricio Calland Cerqueira，2021，Goodreads）

"革命"在中国是一个客观的历史存在，无论是中国读者还是葡语读者，都准确捕捉到了革命在此小说中的地位，但是对"革命"一词的内涵的理解可能不太一样。"革命"在汉语中国是褒义词，而在西方绝大多数语言中并不一定富含正面含义。在现阶段，"革命"一词实现了跨文化亮相，这其实是一个积极的现象。上海交通大学外国语学院英语教授、比较文学专家彭青龙认为，外语学科国际传播的具体内容应该是中华文化，而"革命文化"是中华文化中很重要的组成部分。中国对外传播不应羞于谈论"革命文化"，更不应惧怕谈论"革命文化"。

进入葡语关键词前十名的还有Mao（毛泽东）。读者在提到共产主义中国的时候，特意提到了毛泽东，点明他是中国革命的重要领导者。

⑤地理类词语及"兵马俑"

地理类关键词值得关注。《白鹿原》是一部极具地方特色的小说，以其丰富的地理类词语体现了中国西北尤其是关中的气候、植物和地形。这些词语也成了翻译的难点。西北作家贾平凹就曾经描述过地理环境对西北作家创作的影响。从葡语评语语料库提取出来的地理类的关键词不仅提及故事发生的地理形态planalto（高原），还有关于作者陈忠实家乡的词语，这些联系体现了读者对新事物的包容和渴望。甚至有读者提到这部小说"讲述了在西安附近的农村地区两个家庭三代人的故事，那里以兵马俑闻名"。（Edianne.Novaes，2020，Skoob）以西方人向往的旅游景点为连接点，一下子就把读者和作品的距离拉近了。汉语读者中进入前18名的地理类关键也有"关中"和"陕西"。

4. 读者评论中的文学批评

文学评论意味着对作品的文学性，即人物的塑造手法、故事情节、叙事方式、环境烘托、思想内容和主旨深度等进行比对、评估和评论。评论需要使用专门的文学术语，是相对于复述、比较和感言更加高级和复杂的思维活动。传统上，能够进行文学评论的是受过专门教育，在行业浸润多年的专栏作家、批评家和学院专业人士。但随着网络的普及，普通读者也参与进来，成为阅读社交网络上书评写作的活跃分子。他们有的是大学生，有的是城市白领，有的是普通打工者，有的只是单纯的文学兴趣爱好者。《白鹿原》在中国根基深、受众广、影响大，目前在对《白鹿原》进行的众多汉语评论中，已经有相当大量的篇幅不仅仅局限于浅短的感叹或感受，而是已经涉及非常专业的文学性评估的内容。调查表明，汉语语料库中出现频数在 100 次以上的文学类关键词就高达 98 个。为了方便和葡语读者的评论比较，表 4 中列出前 18 位。除以下 18 位之外，还有"读者""现实""印象""作家""电视剧""史诗""魔幻""塑造""矛盾""秘史""文字""刻画""展现""语言""感受""现实主义"等（按频率排列）。葡语读者的明确身份不可考，但从留言的文笔来看，可能有相当一部分读者是具有较高文学素养的研究者或教授。上海外国语学院英语学院教授孙会军也曾经说过，阅读中国文学的外国读者不多，目前普遍以汉学家为主[9]。

表 4　汉语读者和葡语读者的文学评论关键词

排序	汉语读者			葡语读者			
	关键词	频数	频率（百万）	关键词（葡语）	中文译文	频数	频率（百万）
1	人物	4763	1198.9	leitura	阅读	16	5329.8
2	小说	3987	1003.6	épico/epopeia	史诗	7	2311.8
3	故事	2663	670.3	autor	作者	6	1998.7
4	作者	2485	625.5	lenda	传说	3	999.3
5	陈忠实	2224	559.8	narrativa	叙述	3	999.3
6	描写	1767	444.8	Balzac	巴尔扎克	2	666.2
7	思想	1600	402.8	destaque	突出	2	666.2
8	作品	1324	333.3	escritor	作家	2	666.2
9	结局	1198	301.6	estilo	风格	2	666.2
10	最终	1182	297.5	estória	故事	2	666.2
11	形象	1181	297.3	leitor	读者	2	666.2
12	感觉	1171	294.8	lendas	传说	2	666.2
13	情节	1041	262.0	mitos	神话	2	666.2
14	角色	999	251.5	papel	角色	2	666.2
15	文学	908	228.6	romance	小说	2	666.2
16	悲剧	905	227.8	sabor	味道	2	666.2

续表

排序	汉语读者			葡语读者			
	关键词	频数	频率（百万）	关键词（葡语）	中文译文	频数	频率（百万）
17	性格	889	223.8	descritas/descrições	描述	2	666.2
18	电影	879	221.3	literária/literário	文学	2	666.2

① "人物"

从上表来看，中国读者善于对文学作品进行分析研究，而葡语读者更注重感性的评价。在中国读者中，分析得最多的就是"人物"，认为人物是小说的最基本的构成因素之一，没有人物就没有故事情节。这和上文中对小说人名提及最多的事实相吻合。在中国读者心目中，白嘉轩、黑娃、田小娥是一个个生动的个体，活在与自己共同的文化群体中，各自有不同的性格和特点。有的中国读者还指出《白鹿原》某些角色的结局具有"悲剧"性。此外，思想性也是中国读者注重的品质之一。中国读者还善于全方位地分析小说的"描写方式""形象""感觉""情节""角色""性格"等，而葡语读者普遍对这种分析没有太大热情。

② "小说"和"史诗"

分析性研究的结果是中国读者对《白鹿原》的定位是"小说"。"小说"意味着《白鹿原》在中国读者中被归属于某种一般的文本类型，被置于比较客观的框架下展开文学评论。"小说"这种文体在葡语中的对应是 romance。在葡语读者中，也有读者使用了 romance 一词，但对这部"小说"的评价是充满描述性的。

fico muito feliz de ter concluído essa obra tão fundamental pra cultura chinesa contemporânea. é um romance bizarro, absurdo e profundo.

我很高兴完成了这次对当代中国文化至关重要的阅读。这是一部离奇、荒诞、深刻的小说。（Kalil Zaidan，2020，Goodreads）

不过，相比 romance（小说）一词，葡语读者更加倾向于使用总结性的、高评价性、赞许类的词语，即用 epopeia/épico（史诗/史诗般的）来定位《白鹿原》。Epopeia（史诗）在葡语中意为"用于庆祝具有特殊品质的英雄的宏大而英勇的行为而演出的大型叙事诗"。把《白鹿原》评为"史诗"，意味着葡语读者不吝惜自己高度的赞美，给出了非常高的评价。

ra e o saber. Leitura apaixonante." "Foi com grande prazer que conclui a leitura desse
erra em meio a uma saga familiar. Foi com grande prazer que conclui a leitura desse
ue é de todo mundo. Não se deixe intimidar pelas mais de oitocentas páginas dessa
quer arriscar na literatura de outros países. É cinco estrelas sem pensar duas vezes."
    "A primeira coisa que você precisa saber é que esse livro é um verdadeiro
fe camponeses, e não de pessoas dos grandes centros da China. já vale a leitura. Um
os de singularidades. " A China vista pelos olhos do povo do interior, camponeses. A

épico
épico
epopeia
Épico
épico
epopeia

Chinês escrito pelo romancista Chen Zhongshi. E posso dizer sem sombra de dúvidas
Chinês escrito pelo romancista Chen Zhongshi. E posso dizer sem sombra de dúvidas
chinesa. História densa, de anos que atravessam mudanças políticas e climáticas, fom
chinês com tijolaço de 864 páginas, ambientado na China durante a 1a metade do séc
cobrindo a história da China desde os senhores feudais até a imposição do comunis
com um imenso painel cultural sobre um país que conhecemos tão pouco. O autor C
de famílias passando por momentos históricos da China. A cultura e costumes de um

A China vista pelos olhos do povo do interior, camponeses. A epopeia de famílias passando por momentos históricos da China. A cultura e costumes de um povo milenar.

（本书）从农民的角度看中国。中国家庭经历的历史时刻的史诗。一个古老民族的文化和习俗。（Andre Abukawa，2020，Goodreads）

Verdadeira epopeia da China profunda, densa, repleta de sobressaltos e de humor com fortes elementos do folclore e crenças tradicionais, esta obra retrata um período turbulento–os primeiros 50 anos do século XX，marcados pela derrocada do império da Manchúria, a guerra civil e a vitória das forças revolucionárias.

这部作品是中国深刻、密集、充满动荡和幽默的真正史诗，具有强烈的民间传说和传统信仰元素，描绘了一个动荡的时期——20世纪的前50年，以清朝帝国的崩溃、内战和革命力量的胜利为标志。（Biblioteca Álvaro Guerra，2022.5.16，Skoob）

使用"史诗"来评价《白鹿原》，说明了葡语读者更加感性、激情。排在频率表第一位的 leitura（"阅读"）也印证了这一点。读者跟随着故事发展体悟喜怒哀乐，与角色呼吸与共，写下自己的感受、感想，描述自己的阅读体验的第一印象，而不是以学术化的方式分析总结作品的人物、情节、环境等。例如，葡语读者会这样撰写读后感："对我来说，就好像把我自己带到了白鹿原，与那些人一起生活、激情、冲突、怀疑、选择、转变、遗憾，总而言之，故事因他们而生动。有了这些，就可以更多地了解中国人民。"（Eduardo Abreu，2022，Goodreads）

这些激情而充满感性的评论可能与两个因素有关：第一，巴西人民的国民性格比较热情、开朗、直白，阅读行为倾向于满足自己的身心、爱好，这是一种偏向娱乐的取向，而不是作为学习、训练或寻求某种进步的手段；第二，《白鹿原》葡语版 2019 年在巴西面世，接触的读者比较少。目前收获的首批读者，对《白鹿原》的印象还是偏感性为主，受到网上推介、封底介绍的影响比较大。只有读者累积到一定程度后，才会出现大量的分析性文章。

③ "巴尔扎克" 及其他中外作家

除中葡读者对分析 / 感性评价的区别，读者评论中还有一个特点，那就是双方读者都在谈论作者陈忠实，并都引用了各自熟悉的作家来对《白鹿原》进行比较。葡语读者熟悉法国现实主义文学大师巴尔扎克，喜欢提及陈忠实在《白鹿原》中的献词，也就是葡语版首页中所引用巴尔扎克的名言，"小说被认为是一个民族的秘史"。这句话普遍被认为反映了作者写作的高远的立意和广阔的视野，也是小说《白鹿原》的生动写照。中国读者也喜欢引用巴尔扎克。除巴尔扎克（191 次）外，以频率高低排列，中国读者还用以批判现实著称的鲁迅（125 次）、同为陕西籍作家的贾平凹（113 次）和以乡土作品崛起的莫言（94 次）来比较。在叙事手法上，不少中国读者提到了《红楼梦》。此外，中葡读者都提到了《白鹿原》所获得的 "茅盾文学奖"。

葡语读者则喜欢用西方作家特别是中南美洲本土的作家进行比较。

O choque do antigo com o novo, a tradição com a transição, tudo perfilado com os conceitos de honra e sabedoria chinesa e pelos ensinamentos do confucionismo, além da mistura daquilo que é lenda com história, tornam esse grosso calhamaço uma leitura leve e até mesmo divertida. Como referencial, se assemelha com a obra de O Tempo e o Vento do Érico Veríssimo, Cem Anos de Solidão do Gabriel Garcia Márquez, e, ligeiramente, com Os Buddenbrook, de Thomas Mann. Recomendo a todos!

新与旧的冲突，传统与过渡的冲突，在传说与历史融合的基础上，所有这些都与荣誉的概念、中国的智慧、儒家的教义合二为一。这使这本厚重的书读起来轻松甚至有趣。作为参考，它类似于埃里克·维利西莫（Érico Verissimo）的《岁月如风》（O Tempo e o Vento，另译《时间与风》）、马尔克斯的《百年孤独》，也有点儿类似于托马斯·曼的《布登勃洛克一家》。我把这本书推荐给大家！（NAo.Livro，2021.9.20，Skoob）

《百年孤独》是 1982 年诺贝尔文学奖获得者、哥伦比亚作家加布里埃尔·加西亚·马尔克斯（Gabriel García Márquez）创作的魔幻现实主义巨作，讲述了布恩迪亚家族的多代人故事，葡语版《白鹿原》的编辑博亚德森就以"马尔克斯魔幻现实主义式的小说"赞誉《白鹿原》。《布登勃洛克一家》是 1929 年诺贝尔文学奖得主、德国作家托马斯·曼（Thomas Mann）的现实主义小说，记录了吕贝克望族布登勃洛克家族四代人从 1835 年到 1877 年的兴衰史。《岁月如风》是巴西本土作家埃里克·维利西莫（Érico Verissimo）撰写的历史小说三部曲，讲述了巴西南部两个传统家族——泰拉和坎巴拉的故事。故事从 1745 年讲到 1945 年，穿插了 200 年间的战争、革命、政治危机和历史事件。这位葡语读者推荐的 3 部西方作品，尽管讲述的家族和民族的背景不同，获得奖项不同，但都是结合了家族兴衰和历史发展的史诗般巨作。在题材和文学水准上，这名葡语读者认为，《白鹿原》完全能够与之相媲美。

　　④《白鹿原》给葡语读者带来的震撼

　　除此之外，葡语读者还提到了作为外语翻译类书籍《白鹿原》增加了自己的见识，给予了自己非常不一样的文学体验，因为来自中国的作品代表了除却欧美标准以外的另一种标准，是文学世界多样化的表现。

　　Um convite para que nossa zona de conforto seja rompida e possamos ver a literatura e universal, e não um duplo-universo Euro-Americano. Gostosa, cativante e com certeza uma experiência literária dentro de um cultura milenar, cheia de muitas virtudes. Vale demais entrar nesse estilo e torna-se um leitor de várias experiências.

　　本书让我们去打破舒适区，让我们可以看到文学和普世性，而不是欧洲和美洲构成的双重宇宙。热烈、吸引，当然了，还有对充满了诸多美德的千年古老文化中的文学的体验。进入这种风格真是太值得了，你会成为一名具有不一样的经历的读者。（Prof. Jorge，2020，Amazon. br）

　　有读者体会到了中国文化的博大精深，哲学、诗歌、戏剧（秦腔）在文学中的体现，让阅读变得"营养丰富"。

Leitura enriquecedora! Uma imersão pela cultura chinesa! Personagens bem construídos, um culto a arte com citações aos grandes pensadores e poetas chineses ao decorrer da leitura.

营养丰富的阅读！沉浸在中国文化中！……精心构造的人物，对艺术的崇拜，在阅读过程中引用伟大的中国思想家和诗人。(Jader，2021.5.21，Skoob)

读完如此精彩的故事，有葡语读者呼吁人们摆脱固有的传统，来了解一下异国之邦的文学，这将会对自己大有裨益。

Enfim, eu super recomendo esse livro, seja pra quem quer uma boa história, ou pra quem quer conhecer mais da China em todos os aspectos. Ou até mesmo pra quem está procurando fugir um pouco do tradicional, e quer arriscar na literatura de outros países.

无论如何，我强烈推荐这本书，无论是给那些想要一个好故事的人，还是那些想全面了解中国的人。甚至是对于那些希望摆脱传统，并希望借此机会了解其他国家文学的人。(Jesse，2020，Amazon. br)

这些来自葡语读者的高度赞叹，为《白鹿原》树立了口碑，为作品的继续流传、播散、真正走进西方世界打下了基础。

5. 读者评论中的质量评估

质量评估类关键词涉及读者对作品本身质量的判断以及读者如何描述这部作品，主要由形容词、副词等修饰语构成，如"宏大""优秀"；还有一些对小说的调性进行定论的词语，如"跌宕""悲哀"；还包括表示读后意图的词语，如"推荐"。提取出频数超过 35 次的汉语的评估关键词有 32 个，频数超过 1 次的葡语关键词 27 个。现以出现频数为顺序，列出前 18 名。葡语类的评估关键词数量虽然不少，但分布零散。从第 11 位开始，每个关键词只出现了 1 次。如表 5 所示。

表5 汉语读者和葡语读者评论中的形容词

排序	关键词	频数	频率（每百万）	关键词（葡语）	中文译文	频数	频率
	汉语读者			葡语读者			
1	深刻	714	179.7	bem/boa/bom	好	17	5662.9
2	悲哀	234	58.9	recomendo	推荐	3	999.3
3	跌宕	230	57.9	humor	幽默	2	666.2
4	优秀	212	53.4	excelente/excelência	优秀	2	666.2
5	残酷	188	47.3	cativantes	吸引	2	666.2
6	宏大	182	45.8	perfeitas/perfeição	完美	2	666.2
7	淋漓尽致	117	29.5	fluida	流畅	2	666.2
8	有血有肉	103	25.9	interessante/interesse	有趣	2	666.2
9	惊心动魄	96	24.2	espetacular	壮观	1	333.1
10	风土人情	86	21.6	divertida	好玩	1	333.1
11	波澜壮阔	79	19.9	enriquecedora	营养	1	333.1
12	轰轰烈烈	73	18.4	excepcional	非常好	1	333.1
13	大起大落	60	15.1	gostosa	美味	1	333.1
14	引人入胜	58	14.6	obsceno	淫秽	1	333.1
15	触目惊心	58	14.6	agrada	喜欢	1	333.1
16	形形色色	57	14.3	fascinante	吸引人	1	333.1
17	荡气回肠	57	14.3	profundo	深刻	1	333.1
18	丑恶	56	14.1	leve	轻松	1	333.1

① "好""优秀""完美""非凡""推荐"

中葡读者普遍评价《白鹿原》为"优秀"的"好"作品。汉语语料库中"优秀"列于评估类词语前10名，排在第4位。中国读者对《白鹿原》"优秀"的方面进行了概括和分析，有评价小说是"优秀的（当代长篇）小说""优秀的（文学）作品"、体现了"优秀的传统文化/精神"；评价陈忠实为"优秀的作家"；书中人物具有某种"优秀的品质"。

葡语列表中关于"优秀"和"好"的词语也不少，如列第一位的bem/

boa/bom。boa 和 bom 分别是"好的"的阴性单数和阳性单数形容词，bem 是表示"好 / 很"的名词或副词。尽管不是所有的 bem 都反映了作品的质量，但由于其他语义的词语较为分散，包含"好"语义的词语因此得到了凸显。

Foi com grande prazer que conclui a leitura desse épico Chinês escrito pelo romancista Chen Zhongshi. E posso dizer sem sombra de dúvidas que foi a melhor leitura que fiz em 2020 até aqui.

我怀着极大的喜悦读完了小说家陈忠实的这部中国史诗。我可以毫无疑问地说，这是我在 2020 年到目前为止读过的最好的书。(Jessé，2020，Skoob)

除了"好"之外，葡语读者还用 excelente/excelência（优秀）、perfeitas/perfeição（完美）、excepcional（非常棒、非凡的）、extraordinária（非凡的）来描述《白鹿原》的写作质量。葡语读者普遍认为《白鹿原》写作品质卓越，直言自己经历了一场"美妙的旅行"（Eduardo Abreu，2022，Goodreads），读者在留言中说"毫不犹豫地给了五颗星"（jesse，2020，Amazon；Jessé，2020，Skoob），并对《白鹿原》进行了强烈地推荐，"无论如何，我强烈推荐这本书"（jesse，2020，Amazon. br），"我推荐给大家"（NAo.Livro，2021，Skoob）。

还有读者认为《白鹿原》适合所有身份和背景的读者，邀请大家一起来阅读。

Mas que livro! Muito, mas muito bom mesmo, uma daquelas raras obras perfeitas para todo o tipo de público: jovens, adultos, idosos, comunistas, liberais, de centro ou conservadores, de todos os gêneros, de qualquer origem. Fãs de história e jogos com temática asiática vão gostar ainda mais. É uma obra com a qual qualquer um vai se identificar, tirar suas lições e valorizar seus aprendizados e origens.

多好的书啊！非常，非常好，这是为数不多的适合所有类型的观众的作品之一：年轻人、成年人、老年人、共产主义者、自由主义者、中间派或保守派，所有类型、任何背景。亚洲主题故事和游戏的爱好者会更喜欢它。这是一部任何人都能找到自己认同感的作品，任何人都能从中吸取教训、重视自己的学习和根源。（NAo.Livro，2021.9.20，Skoob）

《白鹿原》质量的优秀也体现在分数表上，表现为亚马逊巴西评分 4.60，Goodreads 评分 4.47，Skoob 评分 4.70，都是非常高的分数。其中 88.9% 的亚马逊读者给了满分好评，66.7% 的 Goodreads 读者给出了 "It was amazing"（太惊艳）的评价，其余给出了 "really like it"（真的喜欢）的评价。

②"深刻"

汉语读者中，使用得最多的评估类关键词是"深刻"，和"深刻"搭配最多的是"（最）深刻的印象／理解／记忆／体会""深刻（地）反映／影响"。可见，汉语读者非常喜欢谈论《白鹿原》中某一片段或某一处的细节对自己的影响和体会。很多读者认为《白鹿原》讲述的故事十分透彻，达到了主题的本质，令人感受很深。葡语读者也体会到了《白鹿原》的深刻性，例子可见有关"小说"和"史诗"的描述："这是一部离奇、荒诞、深刻的小说。"（Kalil Zaidan，2020，Goodreads）"这部作品是中国深刻、密集、充满动荡和幽默的真正史诗。"（Biblioteca Álvaro Guerra，2022，Skoob）

③"吸引""迷人""魅力""幽默""流畅"

葡语读者注重阅读体验。他们判断一本作品好坏的标准之一，便是作品是否具有足够的魅力吸引读者。葡语评语中出现了相当多的和"魅力"有关的词语，如 gostosa（美味的、高兴的、愉快的、性感的）、cativante（诱惑的、引诱的、吸引的）和 encanto（对……施用魔法、妖术、念咒语）等。

A forma como o livro foi escrito é apaixonante, e nem reparei nas 857 páginas que ele possui. Na verdade eu nem queria que acabasse, pois a narrativa e seus personagens são tão cativantes, que é difícil se despedir deles.

这本书的写作方式令人着迷，我甚至没有注意到它有 857 页。事实上，我甚至不想让它结束，因为它的叙述和它的人物是如此的迷人，我很难和他们说再见。（Jesse，2020，Amazon. br）

Gostosa, cativante e com certeza uma experiência literária dentro de um cultura milenar, cheia de muitas virtudes.

热烈、吸引，当然了，还有对充满了诸多美德的千年古老文化中的文学的体验。（Prof. Jorge，2020，Amazon. br）

这种吸引力可能来自很多方面，即便同是葡语背景，不同的个体也会和作品产生不一样的化学反应。对《白鹿原》的评判，除了有上述的"离奇""荒诞""密集""充满动荡""幽默"，还有bonita（漂亮，用于形容书本的装潢）。值得一提的是"幽默"（humor）这一评价。汉语读者可能并不认为《白鹿原》有什么幽默之处。相反，《白鹿原》的历史"厚重"感（汉语语料库中关键词之一）决定了其与诙谐幽默无关。但葡语读者认为《白鹿原》是幽默的。简短的评语中，"幽默"已出现了2次。我们猜测，葡语读者所认为的幽默可能来自书中描述的农村粗陋习俗、农民的怪异行为或某些粗俗的语言方式。这些遥远的农村现实，在西方读者看来，实质上具有某种荒诞性。葡语读者并不像汉语读者那样背负着历史的厚重感，故能以幽默来释放原始的、痛苦的，甚至是扭曲的农村魔幻现实。另外，fluida（流畅）也是在葡语读者出现2次的正面评价。语言的流畅性是阅读愉悦的基本。它让阅读体验变得"轻松"（leve）、无负担。流畅和轻松的语言来自本书三位葡语译者高超的翻译水准。这样的评价应该带给我国外译事业一些启发。

④"悲哀"

在汉语读者中，排在第2位的是"悲哀"。读者用"悲哀"比喻这本小说，"这是一首悲哀的长歌"；用来描述小说中的人物，如"黑娃是悲哀的""孝文是悲哀的""中国农民是悲哀的"；和"悲哀"搭配得最多的是"时代"，不约而同地评述"田小娥是'时代的悲哀'"。而葡语读者中未见到使用"悲哀"来评价此书。中国读者是书中所述的文化、社会、历史的共同经历者，一切的命运跌宕起伏都感同身受，具有足够的共情力来同情和理解陈忠实所描述的悲情，因此中国读者能够读出作者悲凉的情绪。对于中国读者来说，《白鹿原》是一首厚重的史诗，更是一首悲情的史诗。中国读者乐意去咀嚼"悲哀"这种不适感，直击本土文化中残酷的一面，从而进行深刻的反思。这种深深的民族同理心是现有的国外读者所不具备的。外国读者若不是工作职责所在（如汉学家），很少会去主动寻求这种不适感。选择阅读是选择愉悦，和书本共度时光是由于互相吸引。跌宕的情节、新鲜的事物、有趣的角色和幽默的语言能够带来吸引力，而寻求"悲哀"并不是葡语读者阅读的初衷。

⑤"离奇""荒诞""淫秽""有趣"

有葡语读者认为《白鹿原》"离奇"（bizarro）而"荒诞"（absurdo）。虽然这位读者并未给出具体的理由，但一旦我们尝试用西方的视角去看待这部小说，就不难看出其"离奇"和"荒诞"之处。例如，一开篇时秉德老汉病危，冷先生让人压紧老人的腿脚脖颈，把钢板"塞进秉德老汉的口腔，用左手食指一分就变成一个 V 形的撑板，把秉德老汉的嘴撬撑到极限，右手里那根正在烧酒火焰上烧得发红变黄的钢针一下戳进喉咙"的起死回生的景象，足以让西方人瞠目结舌。再如，传说中白鹿真身的出现，是荒诞而神奇的。书中固然有离奇和荒诞的一面，但葡语读者刻意强调"离奇"和"荒诞"，属于文化上的理解错位。错位并不是误读，而是跨文化传播中的正常规律。对一部优秀作品的解读是多方面的，跨越文化之后，某些品质能够在异语文化读者中留下深刻印象，而有一些或许不能。这都是正常的现象。

另外，书中有不少毫不忌讳的关于生殖器、性爱和强奸的描写，让葡语读者直言"淫秽"。葡萄牙和巴西都是天主教盛行的国家，在性爱伦理上存在禁忌，普通民众很难接受过于直白粗俗的性爱描写。即便是葡语版《白鹿原》已经对过于禁忌描写进行了较为隐晦的缩略和改写，仍然会让人感觉不适。当然，这一部分描写在中国国内也存在不少争议，不过目前为止，"淫秽"和"下流"的词汇仅局限对小说中某些人物的描写。

结　语

《白鹿原》是中国当代作家陈忠实的长篇乡土小说，作品讲述了陕西关中地区一个叫白鹿村的地方发生的故事。作品主要描写了白姓和鹿姓两大家族间长达半个多世纪的恩怨情仇。尽管《白鹿原》英语的外译遇到了困难，但这并不妨碍它在葡语世界被认可为一部优秀的小说。在巴西，葡萄牙语《白鹿原》以其独特的魅力吸引了许多读者。本文通过研究葡语读者的反应，将其与中国读者的反应作对比，了解这部作品在葡语读者中的接受程度。

从葡语读者对《白鹿原》的反响来看，葡语读者能同中国读者一样，准确理解小说的人物和事件。但葡语读者是外来的，他们将《白鹿原》视为"中国"的符号。这个标签象征着中国的文化，时刻提醒着人们，这是一本充满中国特色的中国故事，这个故事与他们自身经历不同。在与异质文化的碰撞中，沉淀在记忆深处的文化基因自然显露，形成文化间的疏离、审视和认同。置身于充满神秘的中国文化，他们对"共产主义""革命""大家族""关中"等原汁原味的地理风貌印象深刻。如果说中国读者会感叹命运的捉弄，感受书中人物的悲哀，体现了民族群体中"同呼吸、共命运"的同理心的话，那么，葡语读者更多的是从异邦的想象出发，以一种理性、常识性的方式，回归对生活和生存的真实感受。葡语读者以幽默来释放原始的、痛苦的，甚至是扭曲的农村魔幻现实。在他们看来，《白鹿原》不仅是中国的也是世界的，是来自中国的讽刺整个世界的魔幻现实主义小说。

葡语读者并不擅长分析人物，但这并不妨碍他们理解和鉴别优秀的文学作品，他们为这部作品疯狂。对他们而言，使用"棒极了""史诗般的叙述"等任何的赞誉都不过分。《白鹿原》是伟大的文学作品，不会因为翻译成异邦的语言而变得平庸。毫无疑问，在将来，无论是华语世界、葡语世界还是其他西方世界，《白鹿原》都将在读者中引起广泛的共鸣。它是 20 世纪中国文坛最具影响力的作品之一，也会是一部伟大的世界文学作品。从这种意义上讲，《白鹿原》在西方的被认可逐渐终将会成为一个巨大的文学事件。

参考文献

[1] 欣闻 .《白鹿原》法文版推出一个多月 售出 3000 余册 [N/OL]. 文艺报，2012 年 07 月 18 日 . https://www.chinanews.com.cn/cul/2012/07-18/4042292.shtml.

[2] 人民网 .《白鹿原的故事》将发行英文版 [EB/OL]. 2013 年 6 月 4 日 . http://culture.people.com.cn/n/2013/0604/c172318-21730677.html.

[3] 杨孝明 . 试译《白鹿原》[J]. 中国翻译，2013，34（06）：87-93.

[4] 人民网 . 陈忠实自曝合同陷阱绊住《白鹿原》英文版 [EB/OL]. 2013 年 3 月 22 日 . http://culture.people.com.cn/n/2013/0322/c172318-20885937.html.

[5] Lu R. Tradução de "Na Terra do Cervo Branco" Reforça Trocas Culturais entre China e Brasil[EB/OL]. 新华社.2020 年 1 月 15 日. http://portuguese.people.com.cn/n3/2020/0115/c309810-9649023.html.

[6] Chen Z. Na Terra do Cervo Branco[M]. Ho Yeh Chia M S, Mauro Pinheiro（译）. São Paulo: Estação Liberdade, 2019.

[7] Magazineluiza. Livro-Na Terra do Cervo Branco[EB/OL]. https://www.magazineluiza.com.br/livro-na-terra-do-cervo-branco/p/ff12jgd4dg/li/llit/.

[8] 姚斯 H R，霍拉勃 R C. 接受美学与接受理论 [M]. 沈阳：辽宁人民出版社，1987.

[9] 孙会军 . 茅盾文学奖获奖小说在英语世界的接受研究——以 World Literature Today 和 Chinese Literature Today 为着眼点 [R]. "'茅盾文学奖'作品英译与国际传播研究"高层论坛，广州，2022.

虚拟的华夏

——《铁寡妇》：一部 Z 代的网络畅销神话

2021 年，一部名为《铁寡妇》（*Iron Widow*）的英文小说入围了星云奖的子奖项"安德烈·诺顿优秀青少年科幻奖"。这部被称为以"武则天驾驶机甲长城内外打天下"为线索的故事，在《纽约时报》畅销书榜单盘踞了 10 个多月，销售量为传统文学所不能匹敌，成为一部惊人的畅销神话。

这部小说在 2022 年迅速被翻译为葡萄牙语，书名为 *Viúva de Ferro*，受到了葡萄牙语世界中青少年的热烈追捧。在巴西最大的读者网站 Skoob，《铁寡妇》的参与评分者超过 2000 人，在所有中国人创作的文学作品中排名第一，评分人数和点评人数都大大超过了著名的硬科幻《三体问题 1》。

从北美席卷到南美，《铁寡妇》引起了国内外网友的热议。小说走红的秘诀，在于使用了网络时代的传播手段，精准定位了所谓 Z 代读者，内容上紧紧契合了他们的胃口。一个脑洞大开的故事红极一时，《铁寡妇》给我们带来了哪些启示？它里面所描述的华夏和中国文化是怎样的？葡语读者从中了解到了什么，又需要了解什么？本文将阐述这部小说的创作过程、写作特点，介绍图书作者，调查走红的经过，探讨《铁寡妇》在葡萄牙语世界的宣传营销及对读者造成的影响。通过了解《铁寡妇》在国外走红的案例，探讨中华文化"走出去"战略的内涵，重新思考与审视新流量时代的图书转型之路。

一、《铁寡妇》故事梗概

《铁寡妇》是一部用英语写成的玄幻历史小说。故事发生在虚构的古代中国。"华夏"民族不断受到被称为"混沌"的外星生物的攻击，文明被摧毁。在神秘的天会（神）的帮助下，人类试图重建文明，恢复实力。此时，人类已经学会了收集那些战败的"混沌"的尸体，创造出巨大的、被称为"蝶蛹"（Chrysalis）的战斗飞行机甲。

蝶蛹的飞行员是精气高强的年轻男子。他们享受媒体推崇和众生膜拜，地位远比女性飞行员崇高。男飞行员在驾驶蝶蛹时，需要释放"气"，而他们补充额外的"气"的时候，又必须依赖于那些被称为"妾"的女飞行员。女飞行员往往牺牲自己的生命来为男飞行员提供"气"。女飞行员的心灵依附于男飞行员，因此有时候男飞行员可以感受到女飞行员的感觉和思想。男女共同驾驶蝶蛹而女性无须死亡的配对称为"平衡配对"。平衡配对属于凤毛麟角，被视为"高贵的婚姻"。在男飞行员中，最强悍的是驾驶"黄龙"蝶蛹的皇帝"秦政"。相传，几百年前，秦政为了延缓疾病，将自己封冻在蝶蛹中，等待治愈的那一天。"黄龙"位于昆仑山，而这个地方在几个世纪以前，就已成为失土落入到混沌的手中。

"武则天"成长于重男轻女的社会。女孩的唯一价值在于成为妾以及在死亡时家人得到的一笔赏金。武则天的姐姐死于与飞行员杨光同驾蝶蛹。为了给姐姐报仇，武则天冒着生命危险入伍为妾。她当时已经和富家公子高易之相恋。入伍后，武则天与杨光配对成功。飞行时，武则天通过与杨光的心灵融合看到了多位被杨光虐待的女孩的记忆。武则天于是杀死了杨光。武则天武力升级后，被称为"铁寡妇"。她决心去摧毁蝶蛹系统，解除蝶蛹对女性牺牲的依赖。

为了控制武则天，军队将她与最强健的男飞行员、应征入伍的罪犯"李世民"配对。他们成为"平衡配对"。武则天发现了李世民温柔、文艺的一面。原来，李世民是因正义杀人，军队也正利用酒精来控制他。李世民为武则天的正义感和意志而感到钦佩，两人坠入爱河。当他们重回都城训练时，易之过来帮助则天维持生命力，也帮助世民戒酒。则天和易之情愫重燃。同时，则天也意识到，世民和易之彼此吸引。三人不自觉地陷入了一段三角恋。在一场激烈的战斗中，易之贡献了自己的"气"，帮助他们打败了混沌。面对电视直播，三人与"高俅"达成了一项协议，以提升则天和世民的公众形象。三人质疑蝶蛹系统对男性的偏向。高俅承认，男女具有相同的精气能力，但双驾驶系统的设计就是确保男性飞行员利益。

与此同时，对领土的收复异常艰难。三人还需应对政府对他们的暗中杀戮。为了保护则天和易之，世民将二人从驾驶舱中弹射出来，独自一人驾驶蝶蛹。世民因蝶蛹的压力牺牲。则天则流落失土，在游牧民的帮助下找到了传说中的秦始皇。她将秦政唤醒，用治愈疾病的承诺来换取他的座驾"黄龙"。凭借黄龙，则天轻易击败了混沌和其他阵营的蝶蛹飞行员。然后，她转向军队和都城，把中央指挥塔夷平，向媒体揭露真相。最后，武则天自己成为华夏新的统治者——"武皇后"，与易之一起命令军政力量臣服。

武则天想要收回世民的尸体，却得知尸体已被天会取走。易之发现了一份秘密档案，原来，华夏实际上是外星人在地球的殖民地，混沌才是本土物种，混沌正在保护自己免受人类的入侵。则天想要向公众公布这个震惊的消息，但天会告诉她，她只有继续臣服于天会，他们才会复活李世民。

二、《铁寡妇》作者介绍

作者赵希然（音译，Xiran Jay Zhao）于 20 世纪 90 年代出生在中国。据媒体介绍，她在上小学的午休时间看到了在《百家讲坛》中易中天等老师讲历史，从此对中国历史产生了浓厚的兴趣[1]。赵希然小学五年级随父母来到了加拿大温哥华生活。初到加拿大的她感受到了孤立，随着年龄的增长和语言水平的提高，她更为自己身上传承的中国文化而自豪。赵希然对自己的描述是"总是喜欢通过混乱和无能来粉碎对亚洲人的刻板印象"。赵希然 15 岁开始学习写作。2020 年之前，她已经完成了《铁寡妇》的手稿。

2020 年 9 月，迪士尼真人版电影《花木兰》在全球开播，熟悉中国历史的赵希然在 YouTube 上发布了一条长达 35 分钟的英语视频，吐槽真人版电影的同时，考察和指出了 1998 年动画版《花木兰》在画面、道具、叙事等细节上的常识性错误，将真实的中国文化和历史展现出来进行比对，语言幽默，爆笑全场。这条视频大火，赵希然立即就在 YouTube 上收获了 8 万订阅者[1]。YouTube 上花木兰的视频，是否是为了推出《铁寡妇》而进行的故意炒作，现已无证可考。但她通过这一事件，打造了"Xiran Jay Zhao"这一能够影响众多粉丝的 IP（个人品牌），彻底完成了从一名健康科学专业的大学毕业生到"网红＋作家"的身份转变。

赵希然继续专注于网上的活动。她在 Twitter 上发文，在 Instagram 上身着汉服进行 Cosplay，在抖音上发布短视频、玩梗，在 YouTube 上展示关于中国历史和文化的长视频，继续吐槽西方世界"中国文化谬误"。在得知自己的作品将被翻译成葡萄牙语之后，赵希然开始和巴西网民互动，包括发表对巴西总统候选人的看法。截至 2022 年 9 月，赵希然在 YouTube、抖音、Twitter 和 Instagram 上分别拥有 47.8 万（注：李子柒在 YouTube 的粉丝为 1720 万）、26.59 万、11.52 万、7.23 万粉丝，她的网红事业与其写作事业相得益彰。

《铁寡妇》出版 6 个月后，赵希然用 2 个月的时间，凭借着强大的 IP 品牌效应，出版了另一本针对相对年长读者的同类型小说 *Zachary Ying*。

三、《铁寡妇》写作特点

1. 以动漫和电影为灵感

赵希然把《铁寡妇》一书定位为"植根于科幻和中国历史神话"的故事，而不是"历史幻想小说"（historical fantasy）或是例如穿越类的虚构"架空历史小说"（alternate history）。在构架上，它是自己对所热爱的"日本动漫和中国宫斗剧的混合"。根据媒体的采访，《铁寡妇》的故事构架，部分来自日本动漫 *DARLING in the Fran XX*：幸存的人类发明了人形战斗机甲"Fran XX"，将男孩和女孩训练成"操纵者"（パラサイト，Parasite），配成一对共同驾驶 Fran XX 与半机械生命体"叫龙"作战。对 2016 年张艺谋执导的《长城》的失望激发了写作的热情[2]。所不同的是，赵希然希望自己的作品在女性主题方面探索得更多。在语言方面，赵希然认为美国作家莱尼·泰勒（Laini Taylor）对自己产生很大影响。"《烟与骨的女儿》让我意识到（英语）散文是多么的美"[3]。

2. 以中国元素为亮点

《铁寡妇》故事中包含了非常典型的中国传统元素。这本书读起来好像一本中国历史名人录，故事中几乎所有人物的名字都取自中国历史。"武则天"的搭档叫"李世民"，书中还有"司马懿""杨广""安禄山""独孤伽罗"等中国人广而熟知的历史人物。不过，这些名字与历史上的同名人物只有微不足道的相似之处。而这也正是中国网友争议的地方。但是，历史的"移花接木"在西方读者看来并没有太大的问题，赵希然也坦言这是一部写给西方读者看的作品。西方读者表示看得乐此不疲。

故事的地点是"华夏"，具体而言，是长安及长城内外。书中的魔幻体系，是以"气"的概念为基础的，其构成是金、木、水、火、土5种元素组成的"五行"。书中还有许多关于中国文化和历史习俗的典故。

书中的中国美学元素如"襦裙""阴阳""麝香""屏风"等随处可见。例如，主人公易之身着带有中国常见图案和中国特色材质的服装。

His white silk robes, embroidered with golden patterns of bamboo shoots and leaves, practically glow like an otherworldly material.

他那绣金竹笋和竹叶的白色丝绸长袍闪闪发光，像是某种与世隔绝的材质做成的。

尽管金色的竹笋并不是中国古代服饰上常见的图案，但这些图案，在异国空间被想象成是中国服饰美的典型。"白色的丝绸长袍"在古代也不作为男子外装，即便在当代，尤其是2020年后的中国虚构古装电视剧中屡见不鲜。但有不少中外读者仍觉得书中的服饰非常美。年轻的赵希然，自然掌握了流量密码，行云流水般地将这种流行审美运用到写作当中。而中国古代的服饰也是赵希然在视频中经常涉及的主题之一。

作者在描写景物时，将中国的山林、梯田、农舍等意象与西方叙述相结合，创作了瑰丽的景象。

A bloody haze of sunset gapes at the end of the forest path. When the shadows release me, my view opens to the rice terraces I grew up in, whole mountainsides carved like stairways soaring for the skies. Trenches of collected rainwater gleam on each tier, nourishing rice seedlings and mirroring the scorching sky. Fevered clouds drift across every wedge of water as I make my way between them. My cane squelches over platforms of gray mud. Smoke from roasting dinners rises from the clusters of houses nestled in the terraces. The plumes weave into the orange, dusk-tinged mist swirling around the highest summits.

在林间小路的尽头，暮色中的暗红薄雾崩裂开来。当阴影不再笼罩，我的视野豁然开朗，眼前是生我养我的水稻梯田，整个山坡被雕刻得像台阶一样直冲云霄。灌满雨水的沟壑在每一层阶梯上闪闪发光。它们滋养着水稻的幼苗，映照着灼热的天空。我在田埂间穿行，狂热的云朵在每一汪楔形的水体上面飘过。手杖在灰色泥浆的地面上嘎吱作响。梯田间散落着几户农舍，炊烟从小屋的上空升起。羽毛似的炊烟交织成一片暮霭薄淡的橙雾，在高高的山峰周围盘旋。

文中的"暮色""禾苗""炊烟"是中国古代文学和绘画中经典的形象，a bloody haze of sunset（"夕阳的血色"）、fevered clouds（"狂热的云朵"）、scorching sky（"灼热的天空"）则是带有表达强烈情感的戏剧性想象，是暗含了隐喻的典型西化搭配。my view opens（"我的视野展开"）也是英语文学语言常见的表达，强调了个体观察者的视角。和"情感内敛，景物为主"的传统中式散文不同，《铁寡妇》是对中国传统元素进行了情感化、浪漫化的叙述。

故事中杨广的机甲飞行器——"九尾狐"，名字取材于《山海经·南山经》。《铁寡妇》第一部分介绍了这个名字的由来："青丘之山，有兽焉，其状如狐而九尾，其音如婴儿，能食人，食者不蛊。"故事中的"九尾狐"战甲飞行器是类似于木质的混沌的外壳做成的，像生长的树木那样，具有"传导性和延展性"。它"有七八层楼高"，长着"毛茸茸的绿色"，有"金属的大爪子，砰砰砰地震撼着大地"。它可以随着意念变形，如四肢可以"变细变长，腰部内收，肩膀向后卷起，像人一样"。九条尾巴还可以"变得像长矛一样锋利，像太阳光线一样从背底下呈扇形展开，就像真正的九尾狐竖起尾巴恐吓敌人一样"。九尾狐可以直立起来，这样"前爪就可以自由地抓住武器战斗"。

这种中国古代意象、事物、工程，并被有意地置于西方史诗性叙事中元素中的做法，被美国华裔科幻作家称为"丝绸朋克"。这个术语是刘宇昆对其科幻小说《蒲公英王朝》中独特美学的概括。他声称，自己在小说中借鉴了东亚及太平洋岛国中"技术的语言"[4]，这种语言包含了强调仿生学"语法"，依靠竹子、贝壳、珊瑚、纸张等作为载体，"将中国古代有趣的工程魔幻化、夸张化"。"朋克"在西方原是一种反叛的音乐形式，刘宇昆把 punk 作为"丝绸朋克"一词的后缀，意指在西方幻想小说体裁上，"囊括全新世界观的创建与对固有结构、刻板概念的反叛"[5]。耶鲁大学东亚文学与文学系博士、科幻译者金雪妮认为，"丝绸朋克"解构了西方幻想小说的定义。当英语世界许多自我标榜"史诗幻想"的小说大部分取材自盎格鲁–萨克逊、凯尔特、罗马和希腊神话时，丝绸朋克"恰到好处地把'史诗幻想'的骨骼与东方神话历史的血肉结合在了一起""在抒情层面尽情表达知音情、师生情、江湖义气等在西方文艺作品中几乎不存在的感情，在文字层面融入了《史记》式的人物列传手法、武侠小说式的流畅武戏、工笔白描、山水写意，又在审美层面彻底地'丝绸'化"[6]。在科幻的层面，《铁寡妇》的"朋克"融合了东西方的幻想叙述，颠覆西方话语中机器主义、逻辑主义和霸权主义。

"丝绸朋克"顺应了当今北美青少年文学主题多元化的趋势。据市场的调查，青少年越来越倾向于在网络上尤其是社交媒体上寻找书籍，加上草根组织的推波助澜，形成了出版主题多样化的趋势。现在越来越多的书籍以不同文化背景、种族、宗教信仰、性别认同和性取向的人物为特色[7]。亚裔作者推出和亚洲有关的作品，积极倡导自我身份的认同，受到了年轻人的喜爱。

3. 以多重主题为呈现

《铁寡妇》的成功，原因之一在于其小说的主题思想上，体现了多重叠加的流行观点。首先是用西方流行的女性主义视角营造了反乌托邦的主题。反乌托邦主题类青少年作品在《暮光之城》流行之后就已经风靡全球[7]。《铁寡妇》作者想象了亚洲女性的生活经历，把主人公的成长环境描述为"极度厌女（misogynist）的社会"。作者引用中国的俗语："嫁出去的女儿，泼出去的水"，主人公深受裹脚残害（虽然在中国历史上身在唐朝的武则天不能穿越到宋朝裹脚），被当作家中赚钱的工具。当主人公发现了蝶蛹的秘密之后，勇敢地站起来反抗男性权威，武功不断增强，最后获得最高权力并打败了入侵者。这本书里，最引人注目的一句话，表达了女性对于男权的愤怒的呼喊。

The entitled assholes of the world are sustained by girls who forgive too easily.
世界上混蛋之所以成为混蛋，都是因为姑娘们太轻易就原谅。

小说表达出对女性自我思想的珍视和个体人格的尊重，呼吁女性们去"爱自己"。

Men wants us so badly for our bodies, yet hate us so much for our minds.
男人是如此渴望我们的身体，但又因为我们的思想而憎恨我们。

对于爱情，小说的态度是女性需要自己作出选择。爱情不是生命的全部，女性应该更勇敢地去跟随自己的野心，而不必依赖于男性的爱。爱情也是包容的。

But I have no faith in love. Love cannot save me. I choose vengeance.
可是，我对爱没有信心。爱情不能拯救我。我选择复仇。

其次，书中出现了多角恋关系（polyamory），并成为人物的主要关系。如赵希然所说，"她的两个男友和她的男友也是男友关系"，这也是赵希然在网上造的一个梗。书中的主角并不遵循传统的"一对一"，而是宣称"爱不是什么稀缺资源，不需要你去争夺。只要你的心能打开，爱就是无限的"。（Love isn't some scarce resource to battle over. Love can be infinite, as much as your heart can open）书中对于多角恋关系的处理在北美引起了不小的争议，有人认为这样的主题，在青少年读物中不应该出现。但又有人认为，这些情节在呈现时表现得比较温情、唯美、幽默，两个男主人物性格简单，恋爱关系完全笼罩于女主人公的"大女主"光环下，语言描写并不十分激进和刺激，因此，这本小说放在如今的西方青少年市场，还算比较新颖健康。从目前的西方评论来看，绝大多数是比较正面的评价。

另外，故事中饱含了对现代社会的讽刺和批判。网络媒体是作者嘲讽的对象之一。例如，作者通过武则天考虑是否签约传媒公司时的心理状态，犀利地揭露网络媒体流量不惜手段攫取利益的真实面目。

But there is money to be made in being hated this much, and being a source of money means power and protection. Media traffic doesn't care about right or wrong. Every click on a scandalous headline brings profit; every view of a condemning picture generates revenue. If you're a big enough cash cow, the media companies will lobby and bribe every government connection they have to keep from losing you. I know this because Pan Jinlian, a close friend of Yizhi's family, is constantly in the headlines for being frivolous and outrageous. By all means, the Sages should've banned her from the media long ago for "corrupting social values," but as long as people can't stop talking about her, the media companies will always support her from the shadows. Yizhi says she knows exactly what she's doing. She laughs at the hateful comments while watching her fortune tick higher and higher.

但是，被人如此之憎恨，是可以赚钱的。而成为摇钱树，则意味着拥有权力和保护。媒体和流量不在乎对错。丑闻标题的每一次点击都会带来利润；恶俗照片每吸引一次目光都会产生效益。如果你是巨大的摇钱树，传媒公司会游说并贿赂每一个相关的政府部门，不让你消失。我之所以知道这个，是因为易之家有一个好友，名叫"潘金莲"。她以轻佻和雷人的形象频频登上新闻头条。否则，圣贤们早该以"败坏社会价值"为由禁止她出现在媒体上了。但是，只要人们不断地谈论她，传媒公司就会一直在暗地里支持她。易之说，她很清楚自己在干什么。她一边嘲笑着那些充满仇恨的评论，一边坐看着自己的运气越来越好。

武则天认为，传媒公司绝大多都做过偷鸡摸狗的事情。但个人为了达到某种目的，有时不得不依赖于媒体。为了证明这一点，她用虚构的"孙悟空"来补充说明。在纯粹的中国读者看来可能具有滑稽的超现实感，但抛掉历史和文化成分，似乎又顺理成章。

But the influence of media companies is the only thing I've seen that has changed a pilot's fate. The biggest example is Sun Wukong, ex-pilot of the Monkey King. He helped a distinguished monk cross the Hundun wilds and complete a legendary mission to retrieve academic manuscripts and tech diagrams from another human stronghold, Indu, which Huaxia lost communication with after losing Zhou. After his Journey to the Western Stronghold memoir and its adaptations, he exploded to such popularity that his media engagements saved him from going into serious battle for the rest of his Chrysalis-capable years. He then retired to become an actor and comedian, and is still super popular. My brother watches his videos daily.

媒体影响力是我所知道的、唯一能改变飞行员命运的东西。最典型的例子就是孙悟空，"猴王"的前飞行员。孙悟空帮助一位杰出的僧侣穿越混沌荒野，完成了一项传奇使命，从另一个人类据点——印度，那是华夏在失去周之后失联了的地方，取回了学术手稿和科技图表。完成了西部要塞之旅、写完回忆录并改编之后，孙悟空声名鹊起。他突然变得如此受欢迎，以至频频参加媒体活动，余生甚至不再需要参加艰苦的蝶蛹战斗。然后他退休了，成为一名演员和喜剧演员。他现在仍然超级受欢迎。我哥哥每天都看他的视频。

四、《铁寡妇》的西方影响

《铁寡妇》的宣传口号，是"融合了《环太平洋》和《侍女的故事》的科幻小说"，以科幻、历史、爱情、同性、打斗、反抗、多角恋、女性主义等诸多元素为看点。纸质版《铁寡妇》于 2021 年 9 月 21 日出版后，在纽约时报青少年读物 14~17 岁排行榜上榜。截至 2022 年 10 月，《铁寡妇》已经在《纽约时报》畅销书榜单停留了 41 周。《铁寡妇》于 2021 年获得了英国科幻协会奖（BSFA Award）中"年轻读者最佳小说奖"[4]、2022 年美国太平洋西北书商协会奖（Pacific Northwest Book Award）及巴诺少年儿童奖（Barnes & Noble Children's & YA Book Awards）。同时《铁寡妇》还入围了星云奖的子奖项、针对青年科幻小说家的安德烈·诺顿奖（Andre Norton Award），在与雨果奖一同颁奖的"最佳新人作家奖"（Astounding Award for best new writer）和"最佳青少年书籍北极星奖"（Lodestar Award for best young adult book）、"'轨迹'科幻杂志"最佳虚构小说和最佳青少年小说中也被题名。此外，该书还赢得了亚马逊网站的最佳青少年、最佳科幻小说和奇幻小说，加拿大英迪戈（Indigo）书店年度最佳青少年图书，纽约公共图书馆最佳青少年图书，2021 年 Goodreads 最佳青少年和科幻题材题名，等等。

《铁寡妇》目前已经被翻译成法语、意大利语、西班牙语、德语、罗马尼亚语、捷克语、斯拉夫语、波兰语、土耳其语及葡萄牙语等 15 个语种。另外，在"铁寡妇"的 IP 下，有不少周边纪念品、玩具正在不断地开发。其中葡萄牙语版本分别有巴西 Intrinseca 出版社的葡萄牙语版本和葡萄牙 Saida de Emergência 出版社的葡萄牙语版本。由于 Saida 出版社的时间比较晚，2022 年 5 月才出版，在网上的受众和信息都比较少，我们甚至无法在亚马逊找到任何信息，故下文集中讨论巴西出版社葡语版本的营销状况和影响。

五、《铁寡妇》的葡语译本

1. 葡语《铁寡妇》：推出与营销

葡语《铁寡妇》的推出可以说是 Xiran Jay Zhao 这一强大的 IP 凭借自身的影响力，挣脱英语世界这一束缚，在葡语书籍、视频等平台上获得流量的必然结果。2021 年 8 月，巴西 Intrinseca 出版社在网站上透露消息，赵希然的葡语版《铁寡妇》将于 2022 年正式进入巴西[8]。由于赵希然在巴西拥有不少粉丝，出版社的着力点在强调"赵希然的精彩视频"，并在宣传网页上搬运了抖音、YouTube 的剪辑视频。2021 年 12 月，出版社告知读者葡语版将于 2022 年 2 月 24 日推出，称这部小说是"结合了科幻小说、奇幻小说和中国历史元素，是 2022 年最受期待的作品之一"，描述其为"呈现出一个大胆而原始的宇宙，在其中重新想象了中国第一位也是唯一一位皇后武则天的旅程，从而进入了一个反乌托邦、充满威胁和激动人心的未来"[9]。

在 2022 年 2 月 24 日，英文版推出后的第 5 个月，文学界如期迎来了 Intrinseca 的葡语版《铁寡妇》——*Viúva de Ferro*。电子书和纸质版书籍同时推出。译者是 Caroline Chang。Chang 是一位高产的葡语译者，翻译出版了 20 多部小说著作，其中包括 3 部华人畅销书作者薛欣然的英文著作。她还在 2006 年在 L & MP Pocket 翻译出版了《论语》。

在巴西，Intrinseca 出版社对《铁寡妇》的宣传大致沿用了北美的宣传口号。出版商列出的"必读理由"，包括"性别角色、女性主义和父权论""中国文化元素""科幻星云奖题名""精美的包装""精彩的视频""畅销书排行榜持续走高"等[14]。

葡语版《铁寡妇》正式发售时，Intrinseca 为《铁寡妇》的亮相进行了精心的营造。"完美的书面装潢"是宣传点之一。除了硬皮装书本外，还设计了 4 张人物卡片，列出了人物信息，尤其强调每个人"气的构成"。卡片虽然普通，吸粉效果却十分明显。网上有粉丝向赵希然展示这几张卡片，赵希然也立刻以惊喜来回应："哦，我的天哪！巴西出版商为我们做了角色卡？！在每个人物上都有正确的主要的气的成分！"2022 年 3 月 27 日，在葡语版《铁寡妇》推出后的第二个月，赵希然在推特上晒出了葡萄牙语版《铁寡妇》的精装礼盒，里面有书本、卡片和袋子。非常兴奋地配文说："哦，我的天哪！我从我的巴西出版商那里得到了《铁寡妇》礼品盒！！！这是我拿到的一个本《铁寡妇》翻译！！！！！！！"一时间她的粉丝、追随者奔走相告。

在小说开始销售后，出版社开始和读者互动。例如，一个有趣的互动是在网页上测出"如果是在《铁寡妇》中，你的'气'主要是由什么构成"。网友在"朋友如何描述你""你希望在哪里居住""选择哪儿种土豆"等问题下选择自己喜欢的答案，最后网页跳出"金""木""水""火""土"中的其中一个。葡语读者们乐此不疲。

2022年7月1-4日，赵希然参加了巴西圣保罗的国际图书双年展，受到了巴西青少年网友的热烈欢迎。她用抖音记录下了见面会上享受众人欢呼的那一刻。

在亚马逊巴西网站，《铁寡妇》拿下了"青少年文学和小说类：女性"排名的第14名、"青少年科幻类"第16名及"青少年文学和小说：动作和冒险类"第33名，在所有图书类总排名第2138名。亚马逊巴西评分4.6分，参与评分人数为267人。虽然和英语版的5398人相比，267人的参与评分量相形见绌，但对于一本以中国文化为背景的作品，能够实现这样的参与度，已经非常引人注目。

葡语《铁寡妇》在Skoob的参与度也非常热烈，自从出版以后，参与评论的人数居高不下。截至2022年10月31日，Skoob参与评分人数高达2010人，是巴西读者点评人数（参评率）排名第一的华裔作家作品，每月点评率目前仍在高位。葡语《铁寡妇》在Skoob平均分4.10分（满分6.0），虽然不及《白鹿原》《丰乳肥臀》《道德经》等严肃文学，但高于《蛙》《论语》及中国古代诗歌类书籍。参与点评人数总共为484人次（见图1）。

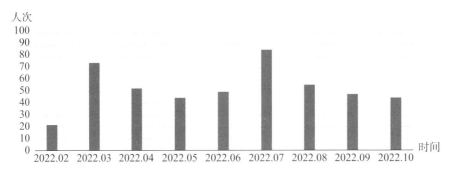

图1 巴西葡萄牙语版《铁寡妇》出版以来，Skoob网站每月的葡语点评量

截至 2022 年 8 月，《铁寡妇》在 Goodreads 使用葡萄牙语点评《铁寡妇》的评论多达 70 条，是数量最多的少数语种评论。这些评论中有的是对英文版的点评。最早的葡语点评见于 2021 年 10 月 11 日，说明葡语读者的阅读早于葡语版本的发行。随着多语言版本的出现，参与阅读的人数以较快的速度开始增长。

2.《铁寡妇》的葡语赞誉之声

在上述网站中，对《铁寡妇》的赞誉之声不绝于耳。Skoob 中点赞最多的读者 Let（2022.3.22）为本书评分 5 星，几乎用咆哮之声，对故事的主角、叙述、结局等进行了激动的论述。另一名 Skoob 读者 bia（2022.7.18）说："我无法用语言来形容。我开始读这本书，是因为作者在她的抖音上谈到了这个话题，这真的让我很感兴趣。我发现了一个精彩的故事，它绝对适合作为今年我最爱书本之一。我无法用语言来形容这本书有多棒。我几乎从头到尾都没有过停止阅读，而且我一直非常投入地阅读它。老实说，这是我读过的最好的东西之一。读到最后 50 页我哭了，我忘乎所以，已经有一段时间没有一本书让我情绪激动这么久了。"不少网友把这本书与反乌托邦主题的 YA 的畅销书《饥饿游戏》进行了比较。

我们把 Sketch-Engine 的葡萄牙语网络语料库（Portuguese Web 2011）的葡语词汇列表作为参考语料库，比对了 Skoob 网站上对《铁寡妇》一书作出的 484 条、共 81,064 个葡语单词的语料库评论，得到关于评论的评价性关键词（括号内数字为出现频数）。可以说绝大多数关键词体现了对这部小说的好评。

"我喜欢"（amei，89 次）、"期待继续"（continua，74 次）、"极好的"（incrível，74 次）、"喜欢它"（gostei，72 次）、"有趣的"（interessante，50 次）、"完美的"（perfeito，39 次）、"哇"（nossa，36 次）、"极好的"（super，30 次）、"惊喜"（surpresa，18 次）、"精彩的"（maravilhosa，17 次）、"出色的"（ótimo，17 次）、"我爱它"（adorei，16 次）、"最好的"（melhores，16 次）、"最喜欢的"（favorito，13 次）、"最爱"（favoritos，13 次）、"完美的"（perfeita，12 次）、"有趣的"（divertido，11 次）、"活泼"（animada，9 次）、"令人兴奋的"（emocionante，8 次）、"惊人的"（espetacular，7 次）和"极好的"（fantástico，7 次）。

3.《铁寡妇》的葡语批评之声

不过，相对而言，从巴西的读者反应来看，本书并未达到在北美那样高的赞誉。截至 2022 年，Goodreads 网站显示，全球共有 37,957 人参加了阅读，9753 人参加点评，《铁寡妇》的全球总体评分 4.2 分，英语版《铁寡妇》在 4.2 分左右。但葡语版本的《铁寡妇》在 Goodreads 评分为 3.89 分，和英语版本接近 4.2 的评分相比，差距比较大。亚马逊巴西对《铁寡妇》的评分（4.6）也略为逊色于亚马逊全球对英文版的 4.7 分的评分，略低于亚马逊全球读者的评分。

现象级的作品自然会引起争议和不同的声音。在葡萄牙语的评论文本中，对本书的批评言论主要集中在以下几点。

第一，不充分的人物关系。亚马逊巴西站中对《铁寡妇》的葡语评论中收到最多支持的一条，显示了读者是如何从赵希然的抖音转战到她的书籍的。这名评分为 3 分的读者 Raquel Figueiredo 刚开始是被抖音宣传中的"多角关系"所吸引，在预售时就购买了这本书。但阅读后认为有一点儿失望，"estar faltando algo para enriquecê-lo"（缺少一些丰富的东西），因为作者并未对多个人物关系的发展做出逻辑充分的说明（2022.2.26）。另一名网友，Skoob 的 Giovana.Cobe（2022.7.15）认为，在作者最引以为豪的多角关系中，"浪漫关系处理得非常糟糕，感情没有很好的建构""没能很好地传达人物的感情……最终变得肤浅"（Além disso, o romance é bem ruim, dos três lados do triangulo. Não há uma boa construção de sentimentos, por que sinto que ela não passa bem as sensações dos personagens... que acabam ficando rasos）。

第二，女性主义主题的探讨不够深入。一名亚马逊评分为 5 分的读者 Danilo Barbosa 表示，阅读这本书确实很畅快，但这个故事的问题在于，女主角"像 20 年前的激进的女权主义者"，其为姐复仇的强烈动机缺乏合理解释。Skoob 的 Rainara（2022.7.15）评论，"女权主义的叙述未能奏效"，因为故事人物性格刻板、故事缺乏推动的力量。另一名 Goodreads 的葡语读者（Brenda Galvão，2022.4.14，评分 1.5）认为，书中并未展现真正的"女性主义"，因为武则天似乎只是"全世界唯一一个反体制的女人"。实际上，书里的女性无一例外，都是只考虑男性的"混蛋"。就连声称"为姐报仇"的武则天，也并未对其姐有任何的回忆、思念和热爱，武则天和其他任何女性"关系都不好"。Goodreads 的 Camila（2022.4.6）写道，最令她困扰的是，这应当是一部"摇着女权主义旗帜的书"，但只有武则天一人具有女性主义深度，其他所有女性角色都"对她很刻薄"，除了服从男人，并没有显示出行动的动机。"整本书都在强调，女人的生活总是围绕着男人的生活，而则天确实是唯一一个试图反对这一点的人。在整个华夏历史上，有没有女人试图反对这个制度？为什么不解决这个问题？还是，真实地发生了，却被故事所埋没？"Skoob 中获得高数点赞的 Queria Estar Lendo（2022.3.1）也提出了同样的问题，认为书中并没有反映出女性主义的历史，她质疑为什么女主角"会对身边的每一位女性都恨之入骨"，而人物的女性主义动机也没有得到合理的解释。

第三，情节推动缺乏合理动机。Skoob 的读者 Wa（2022.7.10）认为，过度地强调女权主义让人疲惫，"愤怒、仇恨和权力"这三个主题简化了书的内涵，让人感到痛苦和无力。另外，"每个角色的发展都很肤浅"（Zoni，2022.2.18，Goodreads）、"除了主角之外，人物的发展并不深入，"（Vitor Tenório，2022.4.29，Goodreads）。Skoob 的 Jandi（2022.7.2）有一个点赞很高的评论，认为这是"一个平淡而仓促的写作"。作者没有很好地交代人物的个性发展，正如"还没有能爬就想跑"。故事的导火索是姐姐的牺牲，但是，故事里看不到武则天的"痛苦、愤怒或悲伤"，作者好像"忘记了这个死亡"而任由故事发展，"仿佛这不是主要角色行为的主要动机"。故事中有两个男主角，但"总是和武则天缺乏化学反应""匆忙而无用的场景不允许人物间进行对话……使得一切都变得肤浅而毫无意义"（2022.7.2）。总体而言，除了主角之外，人物的发展并不深入，有些台词似乎只是为了增强战斗力而写，有时甚至是多余的（Vitor Tenório，2022.4.29，Goodreads）。

另外，故事的"发展不是很好"（Zoni，2022.2.18，Goodreads）。有人批评，故事陈词滥调，人物的性格没有什么变化，故事的发展从一开始就可以预示结尾。"这本书的结尾，你可能已经注意到了，是可以预见的。如果有剧情转折，那肯定是不存在的。故事是非常能够预见的……事件的情节本身没能随时给你惊喜。"（Camila，Goodreads）而结尾也比较草率，"最后的20%，结尾仓促，令人困惑"［Adhara Black（Clara Carvalho），2021.10.11，Goodreads］。

4. 葡语评论中中国元素的反映

即便如此，以中国历史为"彩蛋"，这本书有着非常令人惊喜的亮点。在 Skoob 所有对《铁寡妇》的评论中，有 30% 提到了"中国"。读者对书中的"中国元素"普遍是正面的评价。读者认为故事中的中国历史、中国文化令人着迷。

Mas não posso dizer que o livro não tenha pontos fortes. A representação da cultura chinesa é incrível, fazendo suas lendas se entrelaçarem com a história, e conhecer tudo isso foi a melhor parte, com certeza.

我不能说这本书缺乏优点。中国文化的呈现令人惊叹。中国传说和中国历史交织在一起。读者能了解这一切，无疑是本书最好的部分。我承认，我真的在某些地方被吸引，甚至变得情绪激动。（Rainara，2022.7.14，Skoob）

mas ainda é uma história criativa, carregada em pesquisa cultural e que traduz muito bem os costumes e essa releitura da cultura chinesa nesse novo mundo. Xiran Jay Zhao fez um trabalho extraordinário quando falamos sobre vestimentas, a aparência dos robôs gigantes, inspiradas em figuras míticas, o comportamento e o jeito como a sociedade é regida.

尽管有着（上述的缺点），它仍然是一个极具创意的故事。它充满了对文化的考究。它在这个新世界中，给予传统习俗和中国文化非常棒的阐释。在我们谈论受到神话形象启发的人物服装、巨型机甲外观以及社会运作方式时，赵希然做得非常棒。（Queria Estar Lendo，2022.3.15，Goodreads）

Goodreads 的读者 Vitor Lima（2022.3.15）非常具有创见地谈论了《铁寡妇》在普及中国文化方面的作用。

Xiran Zhao nasceu e passou boa parte da sua vida na China e deliberadamente colocou diversos elementos no livro, ao introduzir e desenvolver os personagens do livro foi-se usada uma forma parecida com a Jornada para o Oeste que consiste em: usar figuras e fatos históricos com seus nomes reais, e a partir daí criar a história mais fictícia. Wu Zetian– 武则天 –foi a única mulher na história a ter o título de imperador chinês, diferente de imperatrizes que eram chamadas de 皇后（lit. imperador atrás, ou seja aquela atrás do imperador）, na história temos personagens como: An Lu Shan que foi responsável por uma das maiores crises políticas da dinastia Tang, temos também Qin Zhang, o primeiro imperador da China, que no livro foi responsável pela unificação da Huaxia. Ademais, temos analogias mais culturais como o Dragão Imperador Amarelo, citações do Clássico das Montanhas e dos Mares（uma espécie de catálogo dos seres mitológicos）, Sun Wu Kong–o Rei Macaco–, o uso do sistema de 5 elementos que está presente na medicina, religião e filosofia chinesa, enfim, o livro vai muito mais além do que outras obras que se limitam apenas a referências ao Yin–yang e "seja água", ele é uma ótima forma de introduzir conceitos mais vastos e pode inspirar os leitores a pesquisarem sobre os personagens citados.

希然出生于中国。她刻意在书中加入各种中国元素。在介绍和发展人物时，她采用了类似于《西游记》的方式。这包括：使用了真实姓名的历史人物和事实，然后从中创造了虚构的故事。"武则天"是中国历史上唯一拥有皇帝称号的女性，她不是"皇后"（字面上意为：皇帝身后的那个人）。在历史上，我们是有这些人物的：造成了唐朝最大的政治危机之一的安禄山，以及在书中统一了华夏的中国第一位皇帝秦政。此外，我们还有很多的文化隐喻。例如，取材于《山海经》（一部神话怪志录）的"黄帝龙"，还有"孙悟空"，以及存在于中医、中国宗教和哲学中的"五行"体系。简而言之，这本书比其他仅限于提及"阴阳"和"像水一样"的著作走得更远。本书以一种极佳的方式，引入了更广泛的概念。这本书可以启发读者去深究上述人物。（Vitor Lima，2022.3.15，Goodreads）

虽然葡语读者普遍并不是十分了解《西游记》，也不是所有人都能同意评论者与"西游记"的类比，但评论中所提及的"使用了真实姓名的历史人物和事实，然后从中创造了最为虚构的故事"是对刘宇昆"丝绸朋克"这一概念的最好的诠释。曾几何时，葡语世界对中国的了解止于"像水一样"，这是李小龙在1971年的美国访谈节目中所谈论的哲学思想——"Be water my friend"。不少西方读者，包括葡萄牙语的读者，对中国文化的了解，源自李小龙的武术动作片。"像水一样"的中国武术思想曾经深入人心。李小龙的女儿李香凝著作《像水一样：李小龙的人生哲学和教诲》被译为葡萄牙语后，就深受武术爱好者的欢迎。而《铁寡妇》在介绍中国传统文化方面，比"像水一样"更进了一步。

5. 葡语读者的中国元素期待

吸引葡语读者的中国元素还有很多。事实上，读者们并不满足于对中国元素的点到为止。Skoob 的读者 BM02（2022.3.16）想为那些希望阅读的人强调一点，那就是，"如果您缺乏中国文化背景，可能会有些迷茫，因为作者并没有充分地解释这些细节"（se vc não tem uma base na cultura chinesa, pode ficar um pouco perdido, pq u autore não foca em explicar muito esses detalhes）。而 Skoob 的 Leo Oliveira（2022.6.12）认为，"即使在我读完之后，我仍然对'世界的构建'感到非常困惑"（Ler esse livro foi uma grande aventura e, mesmo depois de ter concluído, ainda me sinto extremamente confuso em relação ao worldbuilding）。这条评论得到很高的点赞数（77 次），其他读者也表示出对"世界构建"理解的困难。

所谓"世界构建"，指的是故事中人物故事发生的社会场景、地理位置和政治制度等细节的描述。一旦这些细节缺失，读者就难以身临其境地进入作者想要表达的幻想境地。显然，读者希望赵希然在虚拟世界的细节描写上更加充分一些、具体一些。

首先是对地理位置的交代。西方读者认为，他们对角色所处的地理位置的理解非常混乱。书中只说武则天来自中国农村，她的家乡是混沌所征服的"周"。根据第二章，武则天在 5 岁的时候，被迫在"结冰的梯田"上行走。这样的描述，即便是对于中国读者来说也难以理解，甚至有点儿古怪和荒谬。水稻属于季节性农作物，水浸稻田的景象一般出现在农作物需要灌溉的春天。水稻秋后收割，冬天的稻田只剩下干枯的禾秆和硬泥，而梯田又处于温暖的中国南方，因此，不存在冬季仍然水满稻田或稻田结冰的景象。中国传统意象中不存在"冰封梯田"的景象，更不用说在冰上行走。赵希然"结冰的梯田"是为了衬托身心的痛苦，达到情感宣泄的目的。但是，事实和逻辑在"丝绸朋克"中让位于气氛的烘托的做法，确实在场景塑造过程中引起了混乱。

实际上，能够让读者真正辨别的只有两个地方：一是长城，最强大的蝶蛹和飞行员的驻扎地；二是长安，男主角易之的家乡。绝大多数时候，角色所在的位置都只是被模糊地定位。当读者试图去回忆时，一切位置信息都是模糊的。

其次是对政治制度的构建。书中对华夏的政府及其政治制度的描述基本上是空缺的。读者能够知道的是，圣贤（Sage）位于在阶级统治的最高端，再就是为圣贤工作并监督蝶蛹和飞行员的中央指挥委员会，然后是负责当地的飞行员和其他战士的地方"军师"（strategist）。无所不在的神灵（God）与圣贤们沟通，但是这种沟通是通过怎样的方式尚不清楚。"狄戎"是村庄或部落、种族的统称，但长安和华夏人为什么如此之仇视狄戎，书中并未交代。

最后是中国传统元素如何构建科技的产物——"蝶蛹"。根据书中的描述，蝶蛹能够变形，其工作的动力是"气"。但直至本书的结尾，蝶蛹的工作原理仍未被很清楚地交代。书中只对飞行员的座位有所描述，除此之外，读者未能得知蝶蛹内饰如何，也无法确切知道"气"是怎样为蚕蛹提供动力的。正如 Skoob 的 Giovana.Cobe（2022.7.15）所说，"故事很有趣，但缺乏对'气'的解释。'气'是以中医为基础的，因此非常复杂、难以理解"（A história é bem interessante mas falta explicação dos qi, dos elementos que são baseados na medicina chinesa, e por isso são BEM complexos e muito difícil de entender）。

由此可见，由于事先的网络爆红，巴西读者和北美的读者比起来，不管是在人物关系方面、叙述方面，还是主题深度方面，对小说的期待都更高。事先的高期待不可避免地带来最后的轻微失望。但无论如何，《铁寡妇》在巴西的营销是成功的，吸引了众多的年轻读者。书中的中国元素让读者兴奋，也让人有所期待。读者对进一步了解中国有着迫切的渴求，这也说明这本书在事实上传播了中国文化，尽管不完美，但在现阶段还是比较成功的。

六、卷席南北美的网络传奇

《铁寡妇》的粉丝，除了人数最大的英语人群外，使用葡萄牙语的粉丝也非常多。这部分粉丝占据了非英语粉丝的第一位（见图 2）。可以说，从酝酿、诞生到走红，以及从加拿大一直红到巴西，都与互联网有着千丝万缕的联系。

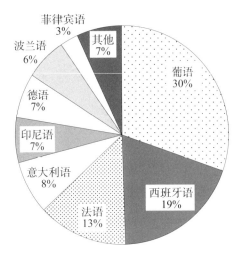

图 2　全球 "iron widow" 关键词的推文除英语以外的语言构成：葡萄牙语占 30%（来源：Twitter, 2021 年 1 月—2022 年 10 月）

1. 作品和网红相继孵化

在赵希然 15 岁开始用英语写作，但她坦言最先的两本书都不甚满意。当她写到第三本书的时候，她参加了网上的 2018 "投球战争" 计划（Pitch Wars）[10]。"投球战争" 是一个以写作指导活动为主的线上计划。这个活动由职业或签约作家、编辑和出版行业者组成指导小组，让有志于成为职业作家的文学作者在网上报名成为学员。学员选择自己心仪的导师组，向导师发送手稿第一章和故事梗概。导师就手稿给出写作和投稿上的建议，整个过程持续 3 个月。"投球战争" 计划在作家和出版经纪人之间牵线，至今已经成功帮助 500 多名作者开启职业生涯[11]。赵希然有意识地向读者和出版行业靠近，第三本小说在 "投球战争" 计划上便引起了 BookEnds Literary 代理商的文学代理瑞秋·布鲁克（Rachel Brooks）的注意。正是这位代理帮助赵希然出版了第四部小说——《铁寡妇》。《铁寡妇》爆红之后，又顺势推出了姐妹篇 *Zachary Ying*。迄今为止，BookEnds Literary 和瑞秋·布鲁克仍是赵希然在 Twitter 网络上互动最多的两位对象。

2020 年 3 月，赵希然与企鹅少年加拿大公司签订协议，出版这两本以中国元素为背景的幻想小说。同年 9 月，赵希然在油管上的两集长视频《电影〈花木兰〉2020 的文化谬误及如何更正》，以幽默又极具内涵的内容走红网络，总共获得了 754 万的点播量，同时赢得了众多包括葡语世界的追随者。不少读者是从 YouTube 直接找到 Goodreads 网站上的书本介绍页的。

显然，在《铁寡妇》一书正式在北美出版之前，赵希然在网络上已经具备很高的人气。根据加拿大广播公司的新闻，网络正在用全新的方式帮助他们本土的作家、零售书商们吸引读者[12]。赵希然持续不断地在网络上宣传、互动、在抖音上玩梗，出版商不断地把新书寄给在网络上活跃的大咖，让他们评论、转发，反过来又推动了赵希然的书籍热卖。根据企鹅兰登书屋市场部主任 Kara Savoy 的说法，《铁寡妇》原创在 2021 年 9 月 21 日正式出版之前，以及在开箱视频之前的几周，《铁寡妇》在美国的一周预售量就已经增加了 600%。

巴西有 1.5 亿网民，是世界上网民数量和比例最多的国家之一。赵希然的粉丝中就包括不少巴西的网友。《铁寡妇》在北美的走红，自然也进一步把欧洲、南美和其他地区网友的期待感推向高潮。2021 年 8 月 11 日，赵希然透露小说将于 2022 年年初进入巴西。实际上，2021 年 10 月 11 日，远在葡萄牙语版本未出版之前，就已经有葡萄牙语人士阅读了英语版的《铁寡妇》并在读书网站 Goodreads 中用葡语作出了好评。11 月 14 日，赵希然正式宣布："哦，我的天哪！《铁寡妇》现已向 10 个地区出售外国 / 翻译权！！如果您想检查您的国家 / 地区是否包括在内，请查看以下列表……"正式宣布小说将以包括葡萄牙语在内的文字向世界推广。该推文得到了 2000 多个回应"喜欢"及超过 100 次转发。

2. 多网络策略同时使用

《铁寡妇》的成功，很大程度上得益于网络的传播。《铁寡妇》的网络营销策略包括如下方面。

①个人推特的宣传

推特是微型博客和社交平台，其功能包括在发表推文、转发别人的推文、在别人的推文下面评论或点赞。推特规定了每条推文长度限制 280 个字符以内，可以附带图片。推特是多中心群组传播方式，也就是说，作为信息发布者，只要本人的信息引了别人讨论，在讨论的同时就被传播了，传播的同时又可以被引发新的讨论，信息顺着无数条链路快速传播开，边传播边分裂出更多分支，这是一种如同核爆一样的链式传播。推特内容具有简短、编辑和转发都很方便等特点，被认为是众多信息发布网站。赵希然在推特上手握12万名粉丝。她持续地在推特上发布《铁寡妇》的预售、发行、翻译、签约和周边产品售卖的信息，和出版商及同类作者、知名读者互动，讨论热门话题，吸引了众多的潜在读者。

赵希然在 Twitter 上的宣传带有一定的策略性。2020 年前后，赵希然就在网上透露自己将要推出这本科幻首秀。她谈论小说报价、销售号码，吊足了读者的胃口。从 2021 年 4 月，这本书开始在 Twitter 上预热。4 月发出关于《铁寡妇》的 10 条推文，告诉粉丝"《铁寡妇》脱胎于中国唯一的女皇帝，通过东亚神兽和巨型机甲，讲述女性愤怒的故事，大约 400 页"，并鼓动粉丝到各大网络阅读社区申请 ARC（Advanced Review Copy，即赠给相关领域或权威人士的"抢先预览版"）。此后每个月发推量逐渐上涨。5-6 月，赵希然在 Twitter 上回应并转发阅读大咖的好评，感谢创作插画的专业人士及大粉丝，使用惊叫、夸张的语气和表情包来表达兴奋的心情。7-8 月，赵希然在推特中进一步透露小说细节、历史常识，展示更多的周边动漫创作。

2021 年 9 月，《铁寡妇》正式面世前后，赵希然开始对自己的小说开展密集的宣传，推文数量急剧上升。到了 10 月 7 日，《铁寡妇》的 Kindle 电子书推出。10 月对《铁寡妇》的宣传推文达到总数量达到 34 条，以平均每天一条。至此，赵希然对《铁寡妇》的宣传达到高潮。赵希然推文内容主要是分享撰写故事过程的零碎琐事。例如，透露《铁寡妇》主人公的恋爱细节，对人物性格发表小感慨，聊聊他们和经典文学或当前热门影视剧形象之间的对比，抒发自己出版书籍的自豪感，吐槽收取版税的时间表，告诉读者《铁寡妇》在各大电商平台的战绩，通知《铁寡妇》有声读物或外语翻译版的出炉等，语言幽默，玩梗顺畅。例如，一次，赵希然在 Twitter 中为书中的主人公配了两幅图。左图是非常幼稚的简笔画，右图是中国插画师画的完稿，两幅画的结构、比例基本一致。她配文说："这是我自己为《铁寡妇》的画的草图，旁边是中国艺术家的场景渲染。艺术家真是奇迹的创造者！"图片的对比让人忍俊不禁。这条推文马上获得了 6300 多次的点赞和近 900 次的复制推送。复推的网民中有画家、作家、自媒体作者等。

持续的宣传贯穿 2021 年和 2022 年，报道书籍的销售战况，鼓动网友投票拿奖。对本书的宣传到了 2022 年 6 月才告一段落，此时赵希然的重点已经转向宣传她的第二本书 Zachary Ying。

2022 年，有媒体透露，好莱坞有意将《铁寡妇》搬上银幕。Picturestart 传媒公司已经取得了《铁寡妇》的改编权，官方也发布了机甲设计。9 月，赵希然又发起了一轮新的攻势，不时地为粉丝透露电影制作班底的信息，开选角演员玩笑，为粉丝送上"小福利"。这些消息也传到了巴西，巴西的读者为之雀跃。截至 2022 年 9 月，赵希然在推特上发出的包含 Iron Widow 关键词的推文已经达到 261 条（见表 1），转发量占所有含 Iorn widow 关键词的推文转发量的 58%。赵希然有时候也用葡语来发表推文，打招呼、开玩笑，以拉近和葡语读者之间的距离。10 月，巴西总统选举进入白热化，赵希然在推特号召网民保护好前任总统卢拉，而卢拉也是巴西年轻选民普遍支持的总统候选人[13]。

表 1　赵希然发布的"Iron Widow"关键词的推文数量时间趋势

（2021 年 1 月—2022 年 9 月）

时间	推文（条）
2021-01	3
2021-02	3
2021-03	0
2021-04	10
2021-05	9
2021-06	15
2021-07	18
2021-08	20
2021-09	24
2021-10	34
2021-11	17
2021-12	18
2022-01	15
2022-02	15
2022-03	16
2022-04	19
2022-05	12
2022-06	5
2022-07	3
2022-08	3
2022-09	2

表 2　全球包含"Iron Widow"关键词的推文数量时间趋势

（2021 年 1 月—2022 年 9 月）

时间	推文（条）
2021-01	39
2021-02	34
2021-03	15
2021-04	135
2021-05	291
2021-06	365
2021-07	491
2021-08	515
2021-09	1717
2021-10	2332
2021-11	1703
2021-12	2366
2022-01	2225
2022-02	1502
2022-03	1438
2022-04	1171
2022-05	1283
2022-06	1087
2022-07	873
2022-08	796
2022-09	334
	20,712

表 3　用葡萄牙语撰写的包含"Iron Widow"关键词的推文数量时间趋势

（2021 年 4 月—2022 年 9 月）

时间	推文（条）
2021-04	3
2021-05	4

时间	推文（条）
2021-06	16
2021-07	9
2021-08	38
2021-09	52
2021-10	73
2021-11	57
2021-12	62
2022-01	68
2022-02	89
2022-03	63
2022-04	33
2022-05	31
2022-06	29
2022-07	30
2022-08	14
2022-09	7

在赵希然的推动下，全球关于《铁寡妇》的讨论从 2021 年 4 月开始逐渐升温。4-5 月，变化并不明显。到了 6 月，关于铁寡妇的推文数量也不过只有 389 条。到了 7 月、8 月，随着赵希然的猛推和与第一批抢先预览版的阅读大咖的互动，裂变效应逐渐变得明朗。在 9 月新书发行之际，推文量飙升至每月 1817 条，说明读者对《铁寡妇》的正式推出有很高的期待。10 月，也就是《铁寡妇》纸质版推出之后的一个月，推特话题量更是升至每月 2506 条。这个现象似乎是第一批预览版阅读者和第二批纸质版阅读者反馈过后，该书籍的口碑又反过来推进了推特的话题热度。2021 年 11 月，话题量有所回落，但在 12 月年度书单清点的阶段，热度又升至最高点，达到 2615 条，这种势头一直持续到作出下一年度阅读计划的 2022 年初。从 2021 年 1 月到 2022 年 9 月，赵希然推特中包含 "Iron widow" 关键词的推文虽然总共只有 261 条，但在全球已经有 22,943 条，《铁寡妇》已然成为一个炙手可热的话题。这里面虽然赵希然的推文数量只占 1.15%，但她包揽了所有推文中 59% 的点赞

率。可以说正因赵希然本人强大的影响力，才使其推文形成了一股爆炸性的力量。

②各个主体的合力

图书制作方、销售主体及网络阅读大咖形成了推动销售的合力。《铁寡妇》的出版社 Penguine Teen 即加拿大企鹅少年，拥有 Twitter、Facebook、Instagram、Spotify、YouTube、WordPress、Shopify 和抖音等社交媒体账号，不仅在其网页主页使用铁寡妇作为封面，而且在各大社交媒体全方位推介《铁寡妇》。加拿大企鹅少年出版社在推特上贡献了 67 条包含 "Iron widow" 的推文，占所有推文的 0.29%。加拿大企鹅少年出版社关于《铁寡妇》的推文也是网友转发量最多的来源之一（0.11%）。另一个大力支持《铁寡妇》的 Twitter 营销、贡献了 132 条（0.58%）推文量的是一个名为 Panediting 的账号。该账号属于一家独立书店，主打黑暗幻想类书籍。店主除了经营书店，还负责亲自在网上撰写书评博客。几乎每隔一段时间，店主就会在 Twitter 上艾特赵希然及合作伙伴，积极地汇报《铁寡妇》的销售量，分享阅读心得，营造了"洛阳纸贵"的氛围。

在巴西，最早报道《铁寡妇》的来自一个拥有 15 万名粉丝的打新书介绍、预订及购书折扣的账号 Sem Spoiler。早在 2021 年 4 月 21 日，这个账号就抛出了英文版《铁寡妇》的亚马逊预定链接，并用葡萄牙语写道："这是一个想要为姐报仇的女孩则天的故事。这个故事融合了中国文化和科学幻想。接受致命的挑战吧，则天将与她的敌人面对面。"这条推文得到了 500 条以上的点赞量。

英文版《铁寡妇》爆红后，葡语版的出版社和书商如法也炮制该小说在巴西的宣传策略。出版小说的巴西 Intrinseca 出版社，是近几年畅销书数量最多的出版社之一。该出版社的推特账号上，拥有 25.8 万名粉丝。与加拿大企鹅青少年出版社一样，该出版社还拥有内容丰富的独立网站、YouTube 账号等所有流行的社交平台账号。Intrinseca 在各大媒体平台都在着力宣传这部小说。

由表 4 得知，第一名为"文学时刻·温暖的黑色星期五"，第二名为"Promobooks4"，第三名为"mundodepromos"，均为促销账号。推文中包含葡语"铁寡妇"书名的，前 20 名均为书籍折扣账号，负责发放折扣卷、优惠券。

表4 葡语网友包含 "Viúva de Ferro" 关键词的推文中的 @ 账号的比例（截至 2022 年 10 月）

账号	推文（条）	比例
moliterarios	2193	26.71%
Promobooks4	1773	21.60%
mundodepromos	490	5.97%
promohunters_	382	4.65%
impaginebr	275	3.35%
42Clube	257	3.13%
911Literatura	226	2.75%
LivroscomPromo	205	2.50%
MlnhasHistorias	180	2.19%
litteraverso	163	1.99%
mestredaspromos	133	1.62%
Promobooks4_	121	1.47%
ofdv_diarias	119	1.45%
ronldweasleyy	99	1.21%
lohpromos	93	1.13%
supremeoutletbr	83	1.01%
promosdelivro	65	0.79%
promodebooks	47	0.57%
books_forall	47	0.57%
quoteseplots	46	0.56%
Mono_asAtreides	35	0.43%
ttliterario	34	0.41%
mozzeti	34	0.41%
submarino	24	0.29%
livroempromo	24	0.29%
jesca_tatu	23	0.28%
booksatnoon	23	0.28%
intrinseca	22	0.27%
EddieTejo	21	0.26%

续表

账号	推文（条）	比例
feysandislife	14	0.17%
PromoEmEstante	12	0.15%
littlebiggui	11	0.13%
anaestalendo	10	0.12%
其他	925	11.27%

如法炮制的还有预售策略。葡语版《铁寡妇》在 2022 年 2 月 24 日才开始公开发售，但早在 2021 年 12 月 22 日，书商就开始在网上预售。巴西的多个青年阅读及书籍销售类推特账号，在 12 月 22 日当天发出了 *Viúva de Ferro* 的优惠购买链接，引导网友流向亚马逊巴西及潜水艇等书店平台。之后的几个月，来自包括"文学时刻·温暖的黑色星期五"的图书折扣账号持续促销、打折、抽奖、赠送的轰炸，同时也引来了大量转发和艾特。宣传口号仍是"大家熟知的 Iron Widow""科幻、奇幻和中国历史元素的结合""重新塑造中国唯一女皇帝"等。

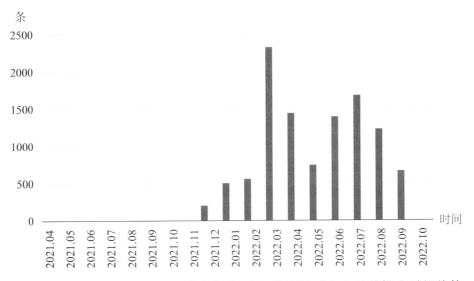

图 3　包含"Viúva de Ferro"（葡萄牙语"铁寡妇"）字眼的推文时间趋势（2021 年 4 月—2022 年 10 月）

在北美，阅读大咖成为连接作者和读者、推动销售的纽带。这其中包括大学生、专业书评人、作家、读书爱好者，他们中的许多人拥有 ARC。ARC 全名为 Advanced Review Copy，是书籍在非正式出版之前的、赠给相关领域或权威人士的"抢先预览版"或"预发本"。ARC 不能销售，只能用于收集反馈意见，之后还有可能对正式版本进行大幅的修改。如果书籍的作者是一位新人，或者出版社受众或规模比较小，出版商会利用 ARC 来组织口碑营销。出版商会通过如 NetGallary、推特或作者本人的社交平台等渠道去招募"抢先预览版"的阅读者。例如，Goodreads 上发表评论较为积极、粉丝数量较多、信用良好的申请者，将竞争赢得免费的书籍。这类似于我国汽车和电子产品行业的"测评"行为：商家把新出的产品免费或打折赠售给在网站上走红的大 V，让自家的产品在他们新一期的视频中亮相。同样，免费的书籍也会让年轻的读者，尤其是渴望"捡漏"的读者产生一种莫名的兴奋感。像 NetGallary、Goodreads 及社交网络的存在，又使得"写书评赢赠品"这样的活动易于展开。而出版方对抢先预览版阅读者的要求，就是要认真完成阅读并且在网上发表对这本书的长篇看法。

　　网上的证据表明，最早的 ARC 读者的秘密遴选组织于 2020 年或更早。2020 年 3 月 18 日，在 Goodreads 网站，出现了第一篇英文《铁寡妇》的评论。评论者声称受 NetGallery 的委托成为 ARC 读者撰写评论，并认为本书"写作很吸引人"（the writing was engaging）、"给人感动和强大的阅读体验，和之前大肆宣传的一样"（emotional and powerful reading experience that, in my opinion, justifies the pre-release hype）。

　　推特数据显示，2021 年 4 月上旬，又有一大批用户收到了被选为《铁寡妇》ARC 读者的通知。这些读者已经事先追随了赵希然一段时间，了解了《铁寡妇》的情况，他们无一例外毫不掩饰自己的兴奋心情，急迫地在网上分享这一好消息。一些 ARC 读者是英语 / 葡萄牙语双语者（比如，网名为 lesbicagnc 的 ARC 读者，2021.5.18），在网上用葡萄牙语撰写感受，实质上是向葡语世界宣告了《铁寡妇》的魅力。赵希然亲力亲为，在网上尽心回应，以鼓励下一步书评的撰写。随后，各种各样的抢先预览版的读后心得在网上随处可见。评论者们在表示非常热爱阅读的同时，稍微剧透一下情节，吊足了普通读者的胃口，口碑营销非常成功。于是，2021 年 9 月，书籍正式开售之时，谷歌中搜寻"Iron Widow"的数量猛增（见图 4）。

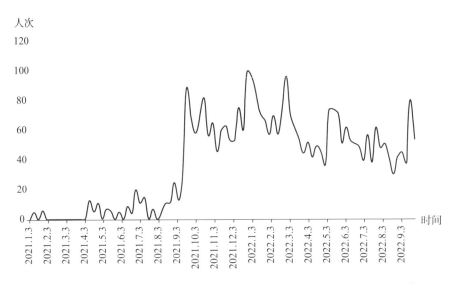

图 4　谷歌搜索"Iron Widow"的趋势：2021 年 9 月之后猛增

　　葡萄牙语版的《铁寡妇》也同样展开了提前的口碑营销。在 Skoob 和网站 Goodreads，在葡萄牙语版的《铁寡妇》的页面，早于 2022 年 2 月 24 日的 1000 字左右葡语长篇书评各一篇。两篇书评都对小说进行了肯定，"我必须说，我对这次阅读感到非常兴奋"（Gi，2022.2.14，Skoob），"这是一本很有潜力的书"（Zoni，2022.18，Goodreads）。两者的评论都是严肃而认真的。总体而言，评论的结论是：首先，故事叙述很好、章节简短，故事尤其是开始部分很吸引人，读者能够快速流畅地阅读；但最终因为之前对这本书的期望太高，阅读后发现情节发展比较肤浅，越往后越缺乏深度，让读者有点儿失望。网名 Goodreads 的读者委婉地说道，《铁寡妇》完全具有成为她今年最喜爱的书的潜力，如果不是用自己的标准来看，那它应当在排名中名列前茅。

表 5　在所有包含"Iron Widow"的推文中被转发的比例

账号	推文（条）	百分比
其他	196,463	35.86%
ragbonehair	2030	0.37%
riverr__t	2055	0.38%
OSPyoutube	2799	0.51%
Rocktheboatnews	2826	0.52%
_ashmackenzie	2990	0.55%

账号	推文（条）	百分比
semspoiler_	3088	0.56%
EmeryLeeWho	3882	0.71%
PenguinTeenCa	4807	0.88%
Panediting	5900	1.08%
XiranJayZhao	32,1096	58.60%

③ BookTok 标签下的模因

在推动《铁寡妇》成为网络热门的过程中，普通的读者成为散播口碑中最后关键的一环。赵希然抓住了重要的一点，那就是把书籍的目标读者直接定位 Young Adults，即 12—18 岁的年轻人。这个年龄段的年轻人精力充沛，对爱情充满幻想，渴望成长的力量。在当今西方的主流思潮的塑造下，他们广泛接受多元化的理念，蔑视刻板的传统和权威，从不掩饰自己奔放的个性。赵希然的作品讲述了一个卑微女性成长为一代女皇的故事，和她在走红视频中评论的《花木兰》一样，像极了"爽文"中的"大女主"。而故事中捉摸不透的逻辑和人物关系，其包容的女性主义和酷儿主张等亚文化思想，并不受到中国封建时代的社会、礼仪、制度的束缚，反而更多的是激起了激情和幻想。这很容易引起西方年轻人的共鸣。在赵希然的读者中，年轻女性占了绝大多数（见图 5），有一些读者具有比较强烈的意识形态偏好，如 LGBT、女性主义者和科幻爱好者。推特的转发构成比例中证明了这一点。

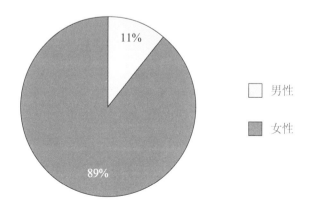

图 5　巴西的 Skoob 网站读者数据表明，《铁寡妇》葡语版的读者中，
女性为阅读的主体

此外，Young Adults 重要的一个特点，就是他们都是互联网时代的"原住民"，是一出生就与网络信息无缝对接，享受数字信息技术、又依赖于互联网生活的新一代人类（俗称"Z 代"）。他们习惯于使用即时通信设备或智能手机去认识世界、对话世界，使用网络输出自己的看法，结识志同道合的朋友。2020—2022 年疫情防控期间，人们出行受限，众多喜爱阅读的年轻人自发在网上组成了阅读社区，催生了 BookTok 标签。一开始，BookTok 标签并不存在。当疫情蔓延，人们在家中足不出户时，抖音（TikTok）App 以其强大的分类和精准算法，吸引着年龄在 35 岁以下的阅读爱好者用户，弥补了阅读类社交功能的空缺。2020 年 4 月之后，BookTok 成为短视频平台抖音海外版书籍相关视频的集合地，正式发展成为阅读社区。这几乎是人们所能想象到的内容形式最多元、用户互动最活跃的读书俱乐部的理想形态。这里集聚了一批热爱阅读的用户，他们通过制作时长不超过 1 分钟、精心剪辑的视频，呈现阅读感受，寻求情感共鸣，并直接或间接促进优质书籍的推广与传播 [14]。截至 2022 年 6 月的两年后，BookTok 社区已经拥有了 571 亿次的浏览量 [15]，BookTok 标签已成为图书世界中一股持续而强大的力量。根据美国市场调查公司尼尔森集团（NPD Group）的数据，2021 年年初至 2021 年 4 月，美国 YA 文学类别市场增长了 68%。其能取得上佳的市场表现，正是得益于 BookTok 的崛起，帮助打造了图书市场上最畅销的产品。例如，美国 YA 作家科琳·胡佛（Colleen Hoover）撰写的《阿喀琉斯之歌》，通过 BookTokyo 在 2022 年翻红成为爆款。不但如此，2022 年年初以来，书籍跨越美国的边界，在巴西，《阿喀琉斯之歌》售出了 50 万本 [16]。美国《纽约时报》称 TikTok 成了"畅销书机器"[17]；英国《卫报》说它"引发了一场图书革命"[18]。

BookTok 的特点在于，不是由作家、出版商等图书界传统的"权势方"作为主导，而是由普通读者作为力量主要构成。参与其中的绝大多数是年轻女性，她们热爱阅读，能够熟练运用社交媒体，参与度高，黏性大。支撑他们参与 BookTok 社区构建与运转的，是一种强烈而具有感染力的身份认同感。通过他们分享自己的推荐或视频，谈论自己喜欢的书，做出夸张的手势和动作、表情，甚至有时是哭泣、大喊大叫，甚至是扔书、倒地、奔跑。最火的视频，往往不像传统的文学评论那样直接给出书本的作者、写作的冗长信息，甚至有时连基本的情节信息也没有，而是读者直接地谈论这本书给自己的感受。

因此，具有强大黏性、能够展现瞬时动画的 BookTok 社区，成了"模因"的平台。"模因"是英文 meme 的译名，最早来自理查德·道金斯 1976 年出版的《自私的基因》。后来，"模因"用来指"使用非基因方式，尤其是通过模仿实现的人际传递的行为"。这种行为构成了"某种文化或体系的一部分"。"模因"作为网络用语，指"通常通过社交媒体平台传播、模仿的一种图像、想法、挑战、视频、风格化感觉或行为"，类似于中文的"网络梗"。"模因"的语义比中文"梗"涵盖更广，不仅包括了"网络笑话"，还包括表情包的再创作、某种视频中表达的某种情绪、某个流行于网络的挑战等。

赵希然是抖音的用户之一。随着 BookTok 标签和社区的兴起，2022 年 5 月，《铁寡妇》成为第一部在 TikTok 加拿大和英迪戈书店的虚拟读书俱乐部推出的图书[15]。赵希然把自己定位为 meme-loving weeb（类似于"爱玩梗的日漫爱好者"），联结了年轻女性、普通网民、日本文化和卡通文化爱好者和中国文化爱好者。赵希然本人抖音在 BookTok 标签下，以《铁寡妇》多元的主题，频频制造关于婚恋、政治、中国古代服饰、化妆、历史和普通话发音的视频，制造了多个"网络梗"，带动了模因在 BookTok 标签下的复制和散播。在年轻网民的眼中，赵希然是那个超级有"梗"的作家、搞笑女。

例如，赵希然抓住《铁寡妇》"少数裔作者、中国故事"这一主题，邀请了"emotional damage"口号而在英语世界走红的爱尔兰华人网红 Steven He 在自己的抖音上出镜并喊出那句原创口号梗，马上获得了 130 万次的播放量。

巴西有 1.5 亿网民，约 1/3 的人每天都会使用 TikTok[19]。有许多普通读者追随《铁寡妇》的 BookTok 视频。有展示亲手绘制书中图案的，有说让人想起某段音乐的，有捧着一大摞书籍变身的，有展示书架和播放读书感想的，有述说自己"爱上了中国文化"的，有列出年度书单的，有巴西网友晒出在圣保罗偶遇赵希然的激动和喜悦；还有网民通过推特或抖音带上"明年我决定要读的十本好书"的话题，获得了许多网友的效仿；也有拍摄阅读时的静谧场景：一杯香浓的咖啡、一台精美的计算机、街头书店的玻璃橱窗。在 BookTok 的标签下，年轻读者们尽情地表达自己对这本书的喜爱。

结　语

《铁寡妇》是一本由华人作家用英语撰写的，翻译成葡萄牙语的青少年科幻小说，内容涉及近年来西方青少年图书市场流行的女性主义、多元文化和反乌托邦主题，融合了西方叙事和中国历史、传统文化、科技幻想及中国美学。《铁寡妇》在青少年当中引起了很大的反响，成为近年来罕有的图书销售神话。

《铁寡妇》的中国元素吸引了西方读者，使他们的想象力得到了发挥，他们可以轻松地领略到中国文化的魅力，自由地欣赏描写中国的故事。小说中的科幻元素为西方读者提供了一个不一样的视角，他们从全新的角度来看待中国文化，获得了不同的体验。许多读者因为《铁寡妇》而喜欢上了中国文化，愿意进一步了解中国文化。

《铁寡妇》的成功，除了源于中华文化的魅力，还归功于现代新媒体的流行。在互联网社交媒体如 Twitter、抖音和 YouTube 等的推动下，读者自发形成阅读社区，促进了书籍销售。从网页上可以看到读者们分享他们对《铁寡妇》的读书心得和感受，并对书中人物和故事情节进行深入的讨论。抖音上也有许多读者利用趣味的短视频，介绍书籍，播放阅读小贴士，展示书籍中的经典台词，用轻松的方式吸引更多的读者加入阅读活动。这也成为《铁寡妇》宣传的重要力量。YouTube 上有许多读者分享读书经验，让观众体验到阅读的快乐，体会书中人物的复杂情感。这些都有助于推动《铁寡妇》的销售和流传。基于短视频平台的图书推荐标签效应说明，在社交媒体普及的巴西，社交媒体、网络社区能够成为图书推介和阅读推广的有力途径。

《铁寡妇》的网络营销神话表明，社交媒体可以帮助书籍传播者快速宣传书籍。通过社交媒体，作者和出版商发布新书的新闻、宣传片，介绍自己的新书，迅速吸引读者的注意力。在传统书籍销售普遍受阻的今天，社交媒体能帮助书籍传播者搭建书籍传播平台，让他们开设书籍相关的专栏、小组、讨论板块等，让更多书籍爱好者了解书籍，还可以根据读者的反馈，为书籍传播者提供有价值的信息。

《铁寡妇》在南北美爆火的现象也表明，即便是对东方描述不太准确、不太充分的作品，经过营销的手段，也能吸引大量的读者。但是，西方读者有可能把不准确的东方元素误认为是正确的并照搬全盘地接受。要解决这个问题，首先要意识到，只要是有利于中华文化的传播，都应该得到大力的支持。要鼓励作者们创作描述东方元素的作品，让读者更全方位地了解中华文化，避免误导和误解。其次要加强文化界和作者的联系，不管是中国本土作者还是海外华人作者，都要鼓励他们认真负责地研究中国文化，确保其中所涉及的历史、地理、人物、时间等信息准确无误，避免误导读者。作品中也可以穿插一些更丰富的中国文化内容，例如中国传统节日、民俗、美食等，让读者从不同的角度更加全面地感受中国文化。如果形成了 IP（个人品牌），可趁势在短视频、直播等平台对中华文化进行全方位、更准确的介绍。

参考文献

[1] Kirichanskaya M. Interview with Xiran Jay Zhao[EB/OL]. 2022. https://www.geeksout.org/2022/05/07/interview-with-xiran-jay-zhao/.

[2] Skye. Our Friend is Here! Asian Heritage Month Edition – An Interview with Xiran Jay Zhao, Author of Iron Widow; On Feminist Fantasy, Giant Robots, & Diaspora Worldbuilding[EB/OL]. The Quiet Pond. 2020. https://thequietpond.com/2020/05/07/our-friend-is-here-asian-heritage-month-edition-an-interview-with-xiran-jay-zhao-author-of-iron-widow-on-feminist-fantasy-giant-robots-diaspora-worldbuilding/.

[3] Booktopia. Ten Terrifying Questions with Xiran Jay Zhao![EB/OL]. Booktopia 2021. https://www.booktopia.com.au/blog/2021/10/08/ten-terrifying-questions-with-xiran-jay-zhao/.

[4] Liu K. What is "Silkpunk" ?[EB/OL]. 2022. https://kenliu.name/books/what-is-silkpunk/.

[5] 金雪妮. 亚裔主题电影突然火爆，科幻世界的这股朋克风或许能够解释 [EB/OL]. 腾讯网 . 2022. https://new.qq.com/omn/20220606/20220606A073HM00.html.

[6] 金雪妮 . 以器为道，以丝绸朋克为解药 [J]. 科幻研究通讯，2022，2（1）.

[7] 华风霞 . 粉丝文化驱动下的美国 YA 文学出版业发展研究 [J]. 出版科学，2022，30（3）：97-104.

[8] Intrinseca. Iron Widow, de Xiran Jay Zhao, Chega ao Brasil em 2022[EB/OL]. 2021. https://www.intrinseca.com.br/blog/2021/08/iron-widow-de-xiran-jay-zhao-chega-ao-brasil-em-2022/.

[9] Intrinseca. Confira a Data de Lançamento e a Capa de Viúva de Ferro[EB/OL]. 2021. https://www.intrinseca.com.br/blog/2021/12/confira-a-data-de-lancamento-e-a-capa-de-viuva-de-ferro/.

[10] Apipit. Xiran Jay Zhao[EB/OL]. Apipit.com. 2022. https://apipit.com/index.php/author-spotlight/xiran-jay-zhao/.

[11] O' Sullivan J. Pitch Wars Comes to an End[EB/OL]. Publishers Weekly. 2022. https://www.publishersweekly.com/pw/by-topic/childrens/childrens-industry-news/article/88660-pitch-wars-comes-to-an-end.html.

[12] Singer J. BookTok's Novel Approach to Books Is Helping Canadian Authors, Retailers Attract New Audiences[EB/OL]. CBC News. 2021. https://www.cbc.ca/news/entertainment/booktok-tiktok-canadian-authors-retailers-1.6154331.

[13] 联合早报 . 巴西总统选举年轻选民大增 普遍支持 76 岁前总统卢拉 [N/OL]. 联合早报，Oct 2 2022. https://www.zaobao.com.sg/news/world/story20221002-1318649.

[14] 韩冰 . BookTok 爆火，能否开启出版行业新篇章？ [EB/OL]. 罗兰贝格出版行业研究中心 . 2022. https://www.sohu.com/a/514277838_121118710.

[15] Scott A. Xiran Jay Zhao Uses the Power of #BookTok to Find New Audiences[N/OL]. The Globe and Mail, June 16 2022. https://www.theglobeandmail.com/arts/books/article-xiran-jay-zhao-

the-iron-widow/.

[16] ETX Daily Up. Colleen Hoover's Books Are All Sold Out Thanks to BookTok[N/OL]. Free Malaysia Today, August 18 2022. https://www.freemalaysiatoday.com/category/leisure/entertainment/2022/08/18/colleen-hoovers-books-are-all-sold-out-thanks-to-booktok/.

[17] Harris E A. How TikTok Became a Best-Seller Machine[N/OL]. The New York Times, July 1 2022. https://www.nytimes.com/2022/07/01/books/tiktok-books-booktok.html.

[18] Armitstead C. 'After Lockdown, Things Exploded' – How TikTok Triggered a Books Revolution[N/OL]. The Guardian, June 8 2022. https://www.theguardian.com/books/2022/jun/08/lockdown-exploded-tiktok-books-revolution-booktok.

[19] 高洪浩，时娴. TikTok 冲刺 10 亿日活，将去巴西直播卖货 [N/OL]. 新浪财经头条，2022 年 10 月 17 日 . https://new.qq.com/rain/a/20221017A08GMP00.

错位的凝视

——《中国的好女人们》葡语翻译与传播

在葡萄牙语书籍市场中，有一本书是个独特的存在。它在中国国内一直默默无闻，却在巴西的各大书店声名大噪。截至 2022 年 5 月 19 日，这本书在巴西亚马逊的销售量在"亚洲历史"类书籍中排名第 14 位，是 3 本在该类别列入前 20 名的由中国作者撰写、关于中国内容的图书之一，仅列于排名第 2 的《孙子兵法》和排名第 8 的《道德经》之后。在巴西的读者社区 Skoob 网站，有高达 3000 名的读者为此书评分，在所有调查的中国作家作品中排名第一。

这本书就是 *As Boas Mulheres da China-Vozes Ocultas*。它的中文版本为学林出版社出版的《中国的好女人们》[1]。这样一个独特的存在，在葡语世界中国文学文化的传播中，成为不能忽视的现象，在跨文化交流领域的研究中，这本书是一个绕不开的话题。

这本书之所以能被出版并在西方大受欢迎，源于本书的作者极大地利用了中西文体规则的错位，使读者对内容的解读恰好符合了西方对东方社会的刻板印象。而澳门大学学者姚京明也认为，在中葡翻译中，出版社有许多选择的标准，而《中国的好女人们》便是作者"思想倾向"于这一标准的突出代表。

一、文体、内容和作者

这是一部描述不同年龄和社会阶层的中国妇女"真实"生活的报告文学。报告文学是我国 20 世纪 30 年代到 90 年代盛行的一种文体。报告文学实质上"是散文的一种，介于新闻报道和小说之间"，是"兼有新闻和文学的特点的散文"[2]。报告文学除了取材来自真实新闻外，最大的特点是"表现手法具有文学性""运用形象化、典型化和文学手法，给新闻事件披上文学的彩衣"[3]。此外，它还具有"政论性"，即夹叙夹议，对当下社会进行抒情地评议。

《中国的好女人们》一共讲述了 15 个故事，分别名为《养苍蝇的小姑娘》《女大学生的新潮女人观》《垃圾婆的故事》《国民党将军的女儿》《45 年的等待》等。故事以人带事，主角有贫困的农村少女、为金钱名利迷失自己的女大学生、唐山地震亲历者，还有为爱情等待半个世纪的高知女性。作者声称，书中人物是在工作当中接触或有书信往来得来的。书中所有人名均为化名。故事的主人公在时代的浪潮下，或悲惨，或痛苦，或迷茫，或走入歧途。故事融入了作者丰沛的情感和感悟，人物形象十分丰满，细节刻画非常形象生动，丑恶现象得到了揭露。在写作手法上，使用了小说的描写技巧、戏剧化的对话，诗歌的跳跃法，甚至是电影分镜头的叙述方法。

作者薛欣然是一名电台节目主持人。根据《时代报告》杂志 2015 年的描述，薛欣然 1958 年出生于北京，1989 年大学毕业后在河南人民广播电台主持午夜谈话类节目"轻风夜话"。那些年代，媒体中有许许多多的电话访谈节目。欣然与同年代人讲述民间百姓的真实故事，公开讨论情感问题。她每天都收到近百封听众来信，其中大多数是女性。后来，她调入江苏人民广播电台主持类似的节目。1997 年，薛欣然来到了英国。她在伦敦亚非学院兼职，认识了后来的丈夫托比·伊迪（Toby Eady）。伊迪是英国著名的资深出版专家，也是著名小说家玛丽·卫斯理的儿子。伊迪后来还担任过中国国务院特聘中国图书国际顾问董事会董事、诺贝尔文学奖得主品特在华代理、中国作家于丹的在外代理，是一位很有影响力的出版人士。

2003 年，英文版 *The Good Women of China: Hidden Voices* 由 Vintage 出版。几乎就在此之前，中文版《中国的好女人们》也刚刚由学林出版社出版。之后不到半年时间，《中国的好女人们》就被翻译成包括葡萄牙语的 27 种文字、总共 64 个版本（Goodreads 数据），在 50 多个国家、地区出版，并在英国、澳大利亚、瑞典、巴西等 8 个国家登上畅销书排行榜[4]。同年，它还获得了桐山环太平洋图书奖（Kiriyama Prize）的提名。这本书让她在西方名声大噪，随后出版的《天葬》《给我天空》《筷子小姐》也登上畅销榜并翻译成葡萄牙语。迄今为止，薛欣然仍然是葡语出版界中作品被翻译得最多的作家。

二、国内外的反响

《中国的好女人们》的英文版本就有 5 个版本，面世于 2002 年、2003 年、2006 年和 2008 年，都获得了巨大的商业成功。英文译本由 Esther Tyldesley 翻译。Goodreads、Amazon、WorldCat、渥太华公共图书馆和 LibraryThing 等网站对外文译本进行了介绍并收到大量读者留言。该书的英译本获得了英语国家各大图书馆的收藏，如美国泰勒德克萨斯大学图书馆、加拿大多伦多公共图书馆、渥太华公共图书馆、英国三一学院图书馆、曼彻斯特大学图书馆等。其中，单单是澳大利亚就有 91 家图书馆收藏《中国的好女人们》的英译本[4]。

薛欣然后来成为英国《卫报》的专栏作家。2011 年，她被《卫报》评为"艺术、电影、音乐和时尚"全球 100 位杰出女性之一。西方国家主流媒体对《中国的好女人们》趋之若鹜。

《华盛顿邮报》评述："这本书被列入 2002 年最好的社会问题书籍之列。欣然的作品具有非凡的呼唤力，充满着使得每个叙述都让人难以忘怀的细节之处（Bursting with details that make each account haunting. These stories have all the force of good fiction）。这些故事有着优秀小说的所有智慧与活力。而更不寻常的是，它们将一种深入骨髓的（民族）文化烙痕与富有活力的朴实主义结合在一起。因此不难理解为什么《中国的好女人们》会被包括中国在内的 16 个国家推广出版。"[1]

《纽约客》评论："开创性的……这一亲密的记录读起来像是某种反抗行为，朴实无华的文笔让每个故事都可以作为见证。"（Groundbreaking... This intimate record reads like an act of defiance, and the unvarnished prose allows each story to stand as testimony.）

美籍华裔作家谭恩美说："这些无名的女人的生活如此打动人心，以至于当我读完她们的故事时，我的心灵被改变了。这是一本展示人性的尺度（标度），美好的和丑陋的，奇妙的和恐怖的书（A rare collection of testimonies that show the scale of our humanity, both good and bad, wondrous and horrific）。人物的声音与其简朴和政治而充满诗意。我为自己能目睹这些好女人的生活而感到万分荣幸。"[1]

不过，与在西方的火热相比，《中国的好女人们》在中国国内却遇冷。在中国豆瓣读书网站，评分为 8.2，点评的读者不过寥寥数十人，只有 17 条留言。在各大书店和图书馆，这本书也并未扬起太大的水花。《中国的好女人们》遇冷的原因是显而易见的。除了存在难以服众的观点外，故事的写作手法看起来比较粗暴简单，缺乏伟大文学作品的质感，书中的"事实性"也缺乏可信度。

这种粗糙感，很大程度上是源于书中所使用的"报告文学"这种过时的写作手法。报告文学诞生于 20 世纪，曾经在 80 年代也就是薛欣然读大学的时代，风靡全国，达到高潮。但随着社会的发展，报告文学在 90 年代后就明显地衰落了。在该书发表的 2003 年，国人民智已开，浪漫激荡的文字已经不足以让人产生精神崇拜。中国人更注重实际、追求经济，更崇尚理性，不愿意再看到浮夸的、理想化的、泛滥着情绪的"伪新闻"报道。而当时，报告文学已经沦为苍白的"表扬稿"，渐转变成歌功颂德的工具和评奖舞台的"戏子"而不再受到青睐。[5] 报告文学衰落的标志是，2009 年《报告文学》杂志由于缺少读者而被迫停刊;《红岩》杂志社发起的"红岩文学奖"也取消了报告文学单项奖。21 世纪，报告文学整体退出中国历史舞台。如果说当代中国国内读者还愿意去阅读媒体的深入报道的话，那么这时，他们更愿意阅读的是"非虚构写作"（non-fiction）——一种以挖掘人物、情节、故事为前提，再通过作者本人的学识修养、人生阅历，以及思想提炼，精心打磨而来的文体。

《中国的好女人们》声称是一本"真实的故事"，但隐匿人物真实姓名和地点、在故事中反复穿插作者评判和感叹的做法，使这本故事的粗糙"报告文学风格"显而易见，中国读者很容易就能辨别出这是打着纪实旗号，实则通俗煽情的普通文字。故事似乎毫无文学性，讲述的事件又让人难以分辨真假，因此读者不太可能把这本书归类为纪实类的"新闻报道"。

三、葡萄牙语版本

《中国的好女人们》的葡萄牙语版书名为 *As Boas Mulheres da China-Vozes Ocultas*（《中国的好女人们：隐匿的声音》）。此书有两个葡语版本，分别是由 Companhiadas Letras 出版的 2003 年版和由 Companhiade Bolso 出版社的 2007 年版。2003 年版封面为一个巨大的汉字"女"字。2007 年版的封面为紫黑色背景的"美""知""好""想"的白色汉字[6]。本书的译者,是巴西翻译家马诺埃尔·保罗·费雷拉(Manoel Paulo Ferreira)。费雷拉精通英语和葡萄牙语,是一位经验丰富的翻译,曾经翻译了一系列文学类书籍,包括著名作家托妮·莫里森(美)的《最蓝的眼睛》、三岛纪由夫(日)的《假面自白》、詹姆斯·克拉韦尔(James Clavell,澳大利亚)的《幕府将军》、朱利安·巴恩斯(Julian Barnes,英)的《福楼拜的鹦鹉》、博胡米尔·赫拉巴尔(Bohumil Hrabal,捷克)的《我曾侍候过英国国王》等。费雷拉不通中文,其葡语版《中国的好女人们》是由英文版转译而来。

葡文版《中国的好女人们》一经出版,就在葡语世界获得了追捧。巴西的书店在醒目位置摆放、宣传这本书。在 YouTube、亚马逊、谷歌书籍等媒体网站对该书进行了详细介绍。自 2003 年以来,在 YouTube 葡语频道,约有 2 万以上订阅者的人文阅读类主播 OláBocós,介绍了此书并分享了片段,补充了历史背景。这次视频得到了 5000 次以上的播放量和 700 多个点赞、50 多条读者留言。另几位葡语阅读类视频主播 PalomaLima、OLeitor 和 EpílogoLiteratura 也简述了书中的其中几个故事或陈述了社会背景。这些主播的页面都在显眼位置放置了购买该书的链接。

在亚马逊巴西频道,截至 2022 年 5 月 19 日,葡文版《中国的好女人们》得到了来自 492 名读者平均为 4.8 的评分(满分为 5 分),其中有 84% 的读者评分为 5 分;总共收到了 615 条留言书评。其销售量在"亚洲历史"类书籍中排名第 14,是 3 本在该类别列入前 20 名的由中国作者撰写、关于中国内容的图书之一。此书在"社区和文化传记"类销售量排名第 81 位,仅排在《西尔维娅·普拉斯日记》之后。

巴西最大的读者社交网络 Skoob 显示,截至 2022 年 6 月,本书在该网站拥有超过 8000 名的读者。其中,女性读者占 88%,男性读者占 12%。高达 3066 名的读者为此书评分,平均分为 4.6,高于绝大多数中译葡文学类书籍。4645 名读者表示阅读了此书,在本书的条目下共收到 268 条留言。

四、葡语读者的非虚构解读

YouTube 巴西频道、亚马逊巴西频道和 Skoob 网站的读者留言,大多数体现了对欣然所描述的中国现代女性状况的强烈兴趣。"阅读书中所描绘的女性历史，是了解与我们自己相去甚远的文化的绝妙方式，也是了解中国历史的绝妙方式"（读者萨米拉·梅斯基塔）。许多读者是把《中国的好女人》当作"历史类"或"传记类"这样的非虚构读物来阅读的。

在西方，非虚构（non-fiction）指的是"忠实（faithful），而非基于想象"地传达有关现实世界的信息文本。非虚构类文本通常基于历史、科学和经验，旨在客观地呈现主题，其特点是"在创作时保持真实（truthful）"（Wikipedia）。也就是说，非虚构类文本不一定反映真实，但非虚构的作者在创作时，一定相信所写的内容为真实。非虚构类的常见例子包括日记、传记、新闻故事、纪录片、教科书、旅行书籍、食谱和科学期刊等。非虚构也讲述事件，但和叙事小说（也就是 fiction，虚构）不同，叙事小说中的人物和事件都是虚构的。

因此，西方的文学类别一般只分为两大类：虚构类和非虚构类。文本要么是虚构的，要么是非虚构的。英语和葡语文学世界并不存在介于二者之间的"报告文学"体裁。因此，当葡语版的封底中声称"1989 年至 1997 年间，记者欣然采访了不同年龄、不同社会状况的女性"时，葡语读者自然而然地把这本读物归到了非虚构类的新闻采访手记。

于是，在默认这本书是完全忠于事实的前提下，读者认为，"欣然的写作方式非常开放"。故事通俗易懂，"十分精彩""令人惊叹""令人震惊""令人走出舒适区"，有时甚至是"痛苦"。通过阅读欣然的故事，他们得以一瞥中国女性的艰辛、忍辱和苦难，了解中国传统文化中对女性角色的期待，以及现代社会中传统社会遗留的历史印记。不少读者"获得了强烈的体验"，为故事感到"震惊"，看到悲惨之处为这些女性的命运而动容。另一些读者认为，这本书具有普遍的意义，因为它不仅描绘了 20 世纪中国女性的生活，也描绘了这一时期全世界所有女性的生活。在评论中，点赞（表示认为有用）最多的一条说："这是一本悲伤的书。似乎在任何文化或政治体制中，在世界的任何地方，男人都摧毁了女人的生活，而只是因为他们可以。但这是一本必要的书，因为没有它，女性将继续被置于沉默和遗忘之中，就像世界上许多其他地方一样。"（读者莱西西亚·迪亚斯）

五、来自西方女性的凝视

在葡语版《中国的好女人们》的 Skoob 评论页中可以发现，88% 的读者为女性。作者薛欣然巧妙地捕捉了西方女性对东方女性的双重凝视现象。

"凝视"是原指专注、有意识地、持续的注视或观看。这种注视可能带有特定的意图、情感或权力关系。Laura Mulvey 在 1975 年的论文《视觉快感与叙事电影》中提出了"男性凝视"的概念，强调电影中女性角色被摄影和呈现的方式体现了男女之间社会和政治权力的不平等。观看者被赋予"看"的权力，通过"看"的方式确认自己的主体地位。在文化和社会研究中，"凝视"不仅仅是一种视觉行为，更是一种具有深层文化和社会含义的观察方式，涉及更为复杂的关系，常常受到文化、性别、阶级等因素的影响，体现了权力结构、文化认知和审美观念。

西方女性对东方女性的双重凝视涵盖了两个层面，一方面是西方对东方文化的特定审视，另一方面则是对女性的关注。

首先，西方女性对东方文化的特定审视受到西方中心主义的影响，即她们有一种将西方文化置于中心、以西方标准来评价其他文化的倾向。在西方视角下，东方文化被视为异质、神秘且与西方有着明显的对立。东方人群体被简化和片面化，成为拥有同质文化、经验和观点的整体，而非具有个性的个体。西方读者在《中国的好女人们》中，把中国社会整体被简化成平面的、苍白的，甚至是原始的形象。在这个社会里，女性的角色是单一、笨拙的。在读者眼中的中国女性，在社会的期待下，总是以婚姻、家务、生育为存在目的，除此之外，没有其他的价值可言。西方视角的凝视还表现为对东方文化的浪漫化和夸大，将东方视为一个神秘、令人向往的地方，强调异域风情和古老传统，实则是对东方现实的误解和偏见。《中国的好女人们》的读者反应中，也明显看到了一种对东方女性的浪漫化幻想，她们单纯、美丽、可爱，执着于爱情。读者并非客观、理性地看待其现实的不同状况。

其次，对女性本身的关注构成了另一个层面的凝视。西方女性通过阅读，感受到了女性的生理性或社会性经历，体现了对女性生活本身的浓厚兴趣[7]。这种关注自然可能源于对异国文化的好奇心，但更可能源于对西方女性自身的一贯的劣势地位的关切。在职场中，女性面临性别歧视、薪酬差距和晋升机会不平等。在家庭中，传统的性别角色观念仍然存在。对女性的期望和要求，束缚了女性的自由选择。而在西方的刻板印象中，中国女性又似乎更容易受偏见所限制。面对社会传统力量，东方女性似乎比西方女性更加难以获得幸福。因此在读者眼中，中国女性更是被简化，更为传统、沉默寡言，更有可能在家庭和事业中面临困境。观看异域文化女性受虐的故事，西方女性心理上的"在场感"更强烈，更容易同情女性的遭遇。愤怒、悲伤、不安、震惊，这些情绪都反映在读者留言中。阅读更使她们意识到自己应该在呼吁女性平等中发挥积极作用，为所有女性谋福利，争取更多的权利和尊严。西方女性的关注，伴随着同情、愤怒和对女性困境的共鸣，形成了一道深刻的情感连接。

然而，由于中西方文学传统中体裁的差异性，这种来自西方女性的双重凝视显然是错位的。作者薛欣然原本无意将《中国的好女人们》写成"非虚构"的纪实新闻，然而事实上，葡语读者却认为这就是真实的"历史"和"人物传记"。文字的冲击性收获了极大的反响。因此，姚京明评论说，"尽管（《中国的好女人们》）（也）不是纯粹的文学作品，但它在编辑上取得了成功并赢得了人们的同情，他们对作者所描述的中国女性状况感到惊讶。"[8]

作为回应，作者似乎又故意迎合这种双重的凝视，创造出更具表演性质的被凝视状态。在这个过程中，文学作品成为文化互动的平台，引发出更为复杂的文化活动。继《中国的好女人们》后，作者似乎掌握了引起公众兴趣的流量密码，陆续推出了多部风格类似的作品，其中包括《来自无名母亲的信》《买给我天空》《无名女儿》《中国人不吃什么》《中国证人》《天葬》等等。在书中，作者描写中式母女关系、性别歧视和独生子女政策，继续强调女性在传统观念下的局限，强调了独生子女在实际生活中的孤立和困扰，继续引起西方读者的同情和关注。这一文化互动过程中，西方读者，尤其是西方女性读者，是薛欣然作品的观察者、评判者，而薛欣然作为被看的客体又成了"主动的表演者"，薛欣然作品的价值就这样被西方读者所决定。作者享受这种凝视，享受被关注，并且愿意继续表演。

六、学术界的传播

《中国的好女人们》原本的报告文学体裁，一旦在跨文化传播中发生文本类别上的重新划分，其社会功能就发生了转变。原本只是带着"一种报恩感""想写出中国女性的可爱"[1]，通过渲染、夸大她们成长和生活的恶劣环境，呼唤读者对女性群体的关注的《中国的好女人们》，成为非虚构文本后，就转变成了某种"客观"的报道。当这些"客观"的报道一旦迎合了西方读者的想象，即被用来作为"中国女性难以摆脱千年困境"的注解。

例如，一篇探讨中国武侠文化中的女性形象及其对两性关系塑造的葡语论文，就引用了《中国的好女人们》中所描写的对中国女性的暴力和压迫，以此来证明现实中的中国现代女性无法获得应有的地位。尽管文章目的是把现实生活中女性和武侠文化中女性的艺术形象进行对比，认为侠女的艺术形象有可能对两性平等起一定的积极作用，本书在此论文中的角色是一个反面的例子。

无独有偶，杰西卡·萨尤里·莫里·坎诺（Jéssica Sayuri Mori Kanno）将这部作品用作了历史研究的依据。坎诺的历史评论《中国好女人：欣然作品中中国女性形象的历史分析（1980—1997）》中，尽管坎诺承认"作为一部涉及于记忆的作品，《中国的好女人们》并不是完全公正的""它是有争议的，而不是一个绝对的、无可争议的真理""欣然在写作时，包含了自己的偏见和观点"[9]。作品中半带虚构的女性仍被直接用作是中国女性的代表，是中国传统文化中重男轻女思想的受害者，用以"证明"女性压迫和剥削在当代中国社会中的延续。

不过，与跨专业人士全盘接受书中内容和观点不同，学术批评界对于《中国的好女人们》的评价更偏向于克制和理性。有少数学者尖锐地指出了这本书的问题。

在细读了这本书之后，澳大利亚评论家安·斯基亚指出了这本书实际上不是一部纯粹的非虚构作品，而是带有文学抒情性质的散文集合。"她的新闻技巧不仅塑造了她与这些女人们的亲密关系，同时也塑造了文本中叙述的方式"[10]。她说，本书所产生的效果"很大程度上是由于遣词造句以及故事塑造的技巧"。"欣然在整本书中都将自己描绘成一个敏感的新闻调查员，令人惊讶的是，她对其他女性的生活一无所知。她作为记者的技巧又很明显地体现在了浓浓的人情味和与叙述者的亲密关系当中。这使得这本书流畅易读。我对她的写作方式和精心润色（以及泰德斯利高超翻译质量）充满钦佩。但是，我意识到，正是这双记者的手，塑造了她与这些妇女的互动以及她呈现故事的方式。我常常不自禁地想，'中国妇女的生活当然不至于全然如此之差'。"[10] 斯基亚还表达了对这种报道和出版的道德问题而感到的困扰。

巴西联邦弗鲁米嫩塞大学的塔米·科斯塔·达·安图内斯（Thamyda Costa Antunes）认为，欣然似乎将书中所描写中国女性的悲惨状况归因于特定的政治环境，但"众所周知，这种状况是古已有之的。从理论上讲，正是在社会主义制度下，中国女性才被赋予了和男性同等的政治、经济和社会文化权利"。[11]

另一名评论家、里约热内卢州立大学社会传播学学者珍妮特·奥利维拉（Janete Oliveira）在介绍此书后，面对书中的三大疑问，即"女人的哲学研究是什么？女人的幸福是什么？你认为怎样的女人才是好女人？"奥利维拉说，"也许还没有办法回答这些问题，因为这位记者的书是一篇情绪化的、不科学的报道"[12] 的确，欣然只是借新潮女大学生之口展示了那一刻中国女性思想上的十字路口，但网上的另一篇博客不客气地指出，虽然欣然说上述三个问题是书中的指导性问题，但是，"事实上，她没有回答，也没有对其中任何一个进行详细的解释"。[13] 评论者说，"她只揭露残酷的事实，并希望情感占据她的读者"。这篇博客认为，从某种意义上，作者欣然本身就存在着"性别主义"的悖论，作者似乎认为女性天生应当把爱情视为生命。这些思想体现在"女大学生的新潮爱情观""国民党将军的女儿""时髦女人"的故事中，并认为男权其实也存在于巴西，书中所描述的悲剧其实是"强者法则"的体现。而"时髦女人"故事中，"事业成功"和"爱情失败"没有因果关系，以爱情为代价换来事业的成功，是某种"男权主义"的陈词滥调。这篇博客被读者 Isotilia Melo 引用到了 Skoob 网站作为读后评论，引起了其他读者的强烈反响，是该书条目下得到评论最多的一条留言。

事实上，这篇博客所指出的"性别主义"，从另一个角度来说，是作者受"西方凝视"和"女性经验和幸福的刻板印象"双重影响的结果。凝视过程中，"被看"的一方体会着主体的权力压力，通过内化观看者的价值判断进行自我物化。一方面，在由西方主义者构建的"被凝视"期望中，作者呈现的中国女性仍然是麻木、任劳任怨的特质。作者未详细回答关于女性哲学和幸福的问题，回避了中国女性的意识觉醒和思想变革。另一方面，在对"女性体验"的期望下，欣然在其作品中对女性心理进行了特别关注。评论博客指出，作品中的女性形象仍然强调"爱情至上"的信仰，着重描绘女性在失去爱情和童真时的痛苦和绝望。这一观点反映了作者对性别角色的固有偏见，即将女性的幸福直接与爱情挂钩，而否认了女性对多元化、独立和事业追求。

性别凝视在作品中通过对女性形象的建构得到了充分体现。最终的结论是，欣然的作品中，固有的男性主导思维依然占据主导地位。

结　语

《中国的好女人们》是薛欣然撰写的关于中国当代女性状况的报告文学。但在跨文化传播过程中，西方"报告文学"这种文体类型的缺失，导致读者直接把这本书当成非虚构新闻报道进行阅读。这是凝视的错位。而书中关于中国女性的过时的描述，以及经过渲染并归咎于社会制度的悲惨命运，正好迎合了西方主义对于东方的刻板印象：传统、守旧、封闭、服从、保守、缺乏创造性、教育水平低。这是一本在编撰上获得了成功的书籍，赢得了人们的巨大同情，葡语读者对作者所描述的中国女性状况感到震惊。只有在严肃的学术界，才会见到学者对这本书作出的实际评价。

文体错位所导致的误读，在跨文化传播中是很常见的。如英国作家乔纳森·斯威夫特（Jonathan Swift）的《格列佛游记》，原作是一部成人政治讽刺寓言，但经过许多国家的翻译、改写，成了一部儿童童话小说。脱离了原有的社会环境，原本的故事成就了另一个领域的故事，也不失为一段佳话。《中国的好女人们》所体现的是原有文体类型的整体缺失所导致的目标语体类型的强行代入。而作者似乎利用了文本类型差，在销售上大获成功。姚京明曾说，葡语出版社选择出版的标准有很多，比如说于文学价值、作家的声誉、出版市场的预期接受程度以及作家的思想倾向等，而《中国的好女人们》能够入选，正是西方读者解读的作者思想倾向的原因。[8]

参考文献

[1] 欣然. 中国的好女人们 [M]. 上海：学林出版社，2003.

[2] 茅盾. 关于"报告文学"[J]. 中流，1937（11）.

[3] 杨如鹏. 报告文学若干史料考辨 [J]. 新文学史料，1982，4：180-189.

[4] 王桃红. 信息论视角下的《中国的好女人们》英译研究 [D]. 四川外国语大学，2019.

[5] 姜伯静. 报告文学为何衰落？现代人偶像从李四光转为乔布斯 [N/OL]. 北京青年报，2012 年 08 月 29 日 . http://culture.ifeng.com/1/detail_2012_08/29/17184728_0.shtml.

[6] Xinran. As Boas Mulheres da China[M]. Ferreira M P（译）. São Paulo: Companhia de Bolso, 2007.

[7] Brey I, Laugier S. Le Regard Féminin à l' Écran: Entretien avec Iris Brey et Sandra Laugier[J]. Esprit, 2021: 151-157.

[8] Yao J. Traduzindo a China Literária[J]. Rotas a Oriente. Revista de Estudos Sino-Portugueses, 2021(1): 199-214.

[9] Kanno J S M. As Boas Mulheres da China: Uma Análise Historiográfica a Respeito da Representação da Mulher Chinesa na Obra de Xinran (1980-1997)[J]. Seminário Interncional Fazendo Gênero, 2010, 9.

[10] Skea A. Review of The Good Women of China[EB/OL]. 2003. https://www.eclectica.org/v7n3/skea_xinran.html.

[11] Antunes T C. "As Boas Mulheres da China" -Resenha[EB/OL]. 2010.

[12] Oliveira J. As Boas Mulheres da China: Vozes Ocultas[J]. Contemporânea, 2004, 2(2): 220-224.

[13] Review of As Boas Mulheres da China-Xinran [EB/OL]. 600LIVROS. 2017. https://600livros.blogspot.com/2017/11/as-boas-mulheres-da-china-xinran.html.

诺奖的期待

——莫言《变》葡语版的翻译与传播

　　随着文化交流的加深，中国文学已经在葡萄牙语世界引起了较大的关注，一些优秀的中国作家和作品逐渐被葡语读者了解，中国作品也得到了越来越多的翻译和出版。2012 年，莫言获得诺贝尔文学奖，其原创的文学形式为葡萄牙语世界所知晓，开启了其作品在葡萄牙语世界的传播时代。莫言的作品描绘的是当代中国的景象，用一种发人深思的方式揭示了中国人民的精神世界。葡萄牙语世界热切地盼望莫言的作品能够更多地被翻译，使更多的读者能够体验到莫言的魅力。

　　目前能够找到公开出版信息和读者资料的莫言葡译小说有两部:《变》和《蛙》[①]。其中，《变》是莫言获得诺贝尔文学奖后第一部被翻译成葡萄牙语的小说。尽管它只是一本薄薄的小书，但它标志着中国文学与世界联结的新的开始:在葡萄牙语世界开启了当代中国文学大规模翻译的序幕。在此之后，《蛙》《三体》三部曲和《白鹿原》等非常优秀的作品得以翻译为葡萄牙语，穿越了语言障碍，在更多的文化社会中得到认可。《变》在多个阅读平台的读者参与度较高，在同类的翻译中国文学作品中脱颖而出。在《变》之后，葡萄牙语世界期待着更多的莫言及其他中国优秀作家的作品能够被翻译，能够被更多的国家和地区所接受，使更多的人能够感受中国人的精神世界。

一、《变》的创作及梗概

　　《变》原是莫言为印度加尔各答一家出版社所写的应邀之作。2005 年，

---

① 有资料显示，《丰乳肥臀》在《变》之前就被翻译成葡萄牙语，但笔者未找到公开的书目信息和读者评论。

莫言领取 NONINO 国际文学奖后，这家印度名出版社说希望莫言能"写一篇描述三十年来中国所发生的巨大变化的文章"（p.2）[1]。莫言感到题目太宽泛，但禁不住编辑"想怎么写就怎么写"的劝说，便开始提笔写作。结果便一发不可收拾。

《变》写成了一本自传体中篇小说，2009 年发表于《人民文学》杂志。2010年，特邀主编孙甘露将其收入海豚出版社"海豚书馆"书系中，于是《变》于 2010 年 6 月由海豚出版社出版。与此同时，《变》的英文版在海外面世。

《变》以莫言的成长地——山东高密为背景，描写了 1969 年至 2008 年"我"以及"我"身边几个同学，如何志武、鲁文莉等的生活、成长经历，截取了几个主人翁上学、入党、下海做房产商等富有社会意义的片段。从 20 世纪 30 年代出生的年轻人以参加抗美援朝战争为荣，到五六十年代出生的年轻人历经下海经商大浪潮，再到八九十年代出生的青年走上从艺明星路，赫然折射出中国改革开放 30 年来社会价值观的变化。

其中，"我"从小就"贱""倒霉"，家庭贫困，羡慕农场干部家的孩子鲁文莉，敬佩敢作敢为的何志武。"我"小时候冒冒失失，得罪了老师刘大嘴，被轰出学校，可我却对学校念念不忘。"我"不被他人接纳，被迫选择了参军，刻苦学习，冥冥之中走向了文学的道路。何志武从小自由不羁，中共十一届三中全会后靠倒卖牲畜发达，逐渐成为财富的追逐者，以至请求儿时的梦想——鲁文莉当情人。鲁文莉从小高高在上，长大后和教师刘大嘴结了婚，之后又不幸成了寡妇。发家后的何志武未能使鲁文莉动心，但鲁文莉为了自己的女儿，放下了骄傲，委身请求"我"疏通关系。

小说《变》只有 4 万字。和莫言在国内出版的长篇小说相比，本书篇幅短小，在国内影响力相对有限。在国内，豆瓣网站上只有 7.7 的评分，参评人数只有 671 人，远低于 2006 年出版的诺奖著作《生死疲劳》（8.2 分，参评者 18,145 人）及 2001 年出版的《檀香刑》（8.1 分，参评者 21,817 人）。《变》留下评论的有 265 条，而《生死疲劳》和《檀香刑》分别为 5538 条和 6394 条。但是，尽管如此，该书语言流畅风趣，故事情节巧妙连贯，结合中国近 40 年历史变迁，具有淡淡的"莫言风格"的魔幻色彩，让人读起来忍俊不禁、笑中带泪，仍不失为一部优秀作品。在本书中，莫言详细交代了走上文学道路的始末和学习经历，以及关于代表作《红高粱》的背后故事。熟悉莫言的读者能够看到更详细的莫言的成长经历，看到了书中展示的莫言生活环境的有趣内容。莫言还对本书的"真实性"写下注解。例如，他写国营胶河农场时,以另一篇中篇小说——《三十年前的一次长跑比赛》为例说,"那是一部小说,里边许多事是我瞎编的,而这一篇(《变》),则基本上是回忆录,如果有与历史事实不符之处,那也是因为事隔多年,我的记忆出了偏差。"(p.16)[1]

二、《变》的外译

小说目前已经被翻译成英文、日文、韩文、法文、德文、意大利文、西班牙文、葡萄牙文、荷兰文、波兰文、罗马尼亚文、克罗地亚文、阿拉伯文、越南文、泰米尔文等十几种文字,共有 51 个版本(根据 Goodreads 数据)在全世界发行。小说的英文版 *Change* 由美国著名翻译家葛浩文(Howard Goldblatt)翻译,2010 年由海鸥出版社出版,2012 年再版[2]。葛浩文几乎是莫言英文版的专属译者,目前译有《天堂蒜薹之歌》《红高粱家族》《生死疲劳》《檀香刑》。迄今为止,葡萄牙语《变》共有两个版本。

三、两个葡语版本

一直以来,中国作家的葡语翻译的作品中,大多数葡译都是通过中介语言特别是英语和法语来译介的。在选择翻译作者方面,葡萄牙出版商通常落后于欧美主要出版商。由于没有阅读和评价原文作品的能力,他们遵循的主要是这些欧美出版社所采用的选择标准。这些标准包括:作品的文学价值、作家的声誉、市场的预期接受程度以及作家的政治或思想倾向[3]。选择莫言的《变》作为翻译作品,很大程度上是因为作者诺奖得主的声誉和地位。当作品的品牌确立后,一般才会考虑直接翻译。葡萄牙语《变》的加托译本和雷斯译本两个版本,反映了上述规律。

1. 加托译本

2012 年,Objectiva 出版社的总编辑 Alexandre Vasconcelos e Sá 辞职,成立了神曲出版社(Divina Comédia)。他雄心勃勃地计划每年出版 100 本虚构和非虚构书籍,其中一半以上是翻译作品[4]。2012 年 10 月,当莫言被宣布为诺贝尔文学奖获得者时,他正在法兰克福国际书展。在那里,他据理力争,获得了葡萄牙《变》的出版权。他认为莫言的作品应该尽快地和葡萄牙语读者见面，于是，为了让这部作品尽快面世，他把翻译交给了葡萄牙诗人瓦斯科·加托（Vasco Gato）。《变》也成了神曲出版社首部向市场推出的作品。

瓦斯科·加托 1978 年出生于葡萄牙里斯本，曾经学习经济学和哲学。在葡萄牙，加托更多地被誉为诗人而不是翻译。自 2000 年以来，他已经出版了 15 本诗集、1 部戏剧，2 本翻译诗集。2016 年，他将自己的所有诗歌汇集在《我对我说话》一书中。2006 年，加托因对外语的兴趣而成了一名专职翻译。他翻译了多部英文、西班牙文和意大利文小说，作者包括安东尼·伯吉斯（Anthony Burguess）、查尔斯·布科夫斯基（Charles Bukowski）、斯科特·菲茨杰拉德（Scott Fitzgerald）、爱丽斯·默多克（Iris Murdoch）、胡安·加夫列尔·巴斯克斯（Juan Gabriel Vásquez）、曼努埃尔·比拉斯（Manuel Vilas）、马里奥·巴尔加斯·略萨（Mario Vargas Llosa）、多米尼科·斯塔诺内（Domenico Starnone）、伊塔洛·斯韦沃（Italo Svevo）和罗伯特·萨维亚诺（Roberto Saviano）。翻译小说中，最引人注目的译作是安东尼·伯吉斯的《发条橙》。

媒体对加托的采访资料相对有限。在采访中，加托更愿意谈论诗歌而并非小说翻译。不过，从极少的采访可以得知，翻译的经历丰富了加托诗歌的创作，外语的词汇、结构、和写作方式给予他非常多的母语诗歌创新灵感[5]。

在翻译小说时，当问题更多出在源语言上时，在你试图有效、忠实地表达某个想法上时，你就更注重源语言的结构和延展性。在诗歌翻译中，情况正好相反。

在被问及"当不知何故与某种语言的命运联系在一起，你会不会羡慕说那种语言的人，以及他们所提供的可能性"时，加托的回答是"是的"，并且说英语语言似乎对命名、对事物的修饰有着更加细微的语言方式，表达上更有创造性。翻译诗歌有时候存在着比自己创作诗歌更加诱人的一面。译诗让他感到挑战，有一种心悸的感觉。"在去年（2016）年搜集了一系列的译诗之后，突然我就发现，我已经有一百多页的诗歌了……这是译者的享受。"

而加托把翻译作为职业的原因，或许更多的是经济上的考虑。他曾笑着回答记者的问题，"翻译散文是因为有报酬，而翻译诗歌是因为没有报酬"。他其实并不十分喜欢阅读小说，因为"我在系统阅读方面存在困难，因为我从不是小说和故事的优秀的读者"，只不过在翻译小说的个别时候（指胡安·加夫列尔·巴斯克《废墟的形状》），有一种"解除武装"的感觉，被小说深深地吸引住了。

Vasco Gato 并不懂中文，当年因为时间、条件的限制，与其他许多来自中国的文学作品一样，《变》的源文采用了英语的版本，即由葛浩文翻译、2010 海鸥出版社出版的 Change。2012 年神曲出版社的葡语《变》出版时，封面为简洁的白色背景和莫言的红色拼音，书名为 Mudanças，并注明了"诺贝尔文学奖"。[6] 在葡萄牙语中，并不存在如英语 change 这样既可作动词又可作名词的词语对应语（汉语和英语一样）。葡语中语义为"变"的只有两个词：动词 mudar 和名词 mudança（s）。可能是因为葡语中选择用动词作为标题的情况极少，所以加托使用了名词作为书名。有意思的是，加托给"变"加上了复数形式 –s。而后来的 2013 版 Amilton Reis 翻译"变"时，使用的是 mudança 的单数形式。单数的 mudança，寓意变化发生于人的心理层面上，而复数的 mudanças，变化更加具体而具有层次 [7]。

当时，Mudanças 这本小书，以诺贝尔文学奖获得者为卖点，标价为 14.9 欧元。有读者回忆，当时以仅 3 欧元就能买到，这也许是神曲出版社当时为了吸引读者的营销策略。之前莫言的作品中，译成葡语的当中，有的只有《丰乳肥臀》。《丰乳肥臀》受到了一些读者的欢迎，只是读者数目比较少。这批读者成了 Mudanças 的读者。如今，神曲版《变》在各大书籍销售网站已难见踪迹。尽管如此，随着首部莫言作品在作者获得奖之后的译介，从中文到葡萄牙语的直接翻译开启了全新的篇章。据统计，自 2004 年到 2013 年，中国文学在拉丁美洲直接翻译的作品不超过 20 部，而中国古典文学中的诗歌和散文又构成了绝大多数 [8]。2012 年神曲版的 Mudanças 可以说是吹响了中葡直接翻译的号角。随着中国经济和政治影响力的不断增长，在莫言获奖之后，中文到葡萄牙语的直接翻译即将呈现出"井喷"的状态。

2. 雷斯译本

2013 年前后，巴西的 Cosac Naify 出版社决定将《变》重新翻译。这一次，直接从中文版本翻译成葡萄牙语。C & N 挑选了精通汉语、曾经在北京浸润 6 年的巴西学者埃米顿·雷斯（Amilton Reis 中文名为何觅东）来翻译这部小说。雷斯毕业于巴西圣保罗大学语言学系，在圣保罗大学、当地中文学校及四川大学辅以自学和私教学习了汉语，目前在圣保罗大学翻译研究攻读博士学位，研究方向为中葡翻译。雷斯曾经为北京新华社、澳门文华学院、孔子学院杂志以及其他文学公司工作。在翻译《变》之后，还翻译了莫言的《三十年前的一次长跑比赛》《蛙》（2015）以及麦加的《解密》。翻译完《变》之后，雷斯也进入了我国外译事业的视野[9-12]。

在接受中国国际广播电台采访时，他谈论了如何翻译莫言作品中强烈的"乡土气息"。他说，对于巴西读者而言，作品所呈现的文化和历史是完全陌生的。他不能逐字逐词地翻译，也无法对每一个故事片段作出解释。所以，对他而言，最大的挑战就是理解原意，用葡语的表达方式重新组织句子，同时保证语言流畅、自然、忠于原文。当然，巨大的挑战还在于保留中国的味道。雷斯认为，中国文学进入巴西最大的阻碍在于距离：中国与巴西的现实社会相距甚远。过去，巴西人对中国的兴趣主要集中在传统领域，但现在这一点正在改变。中国的影响在扩大，巴西人对今日中国所具有的好奇心也随之增大。中葡翻译的工作还需要更多的学者、更多的翻译家，让双方可以更好地相互了解[12]。

2013 年，由 C & N 出版的直接翻译版《变》和葡语读者见面。C & N 创立于 1996 年，以其设计奢华的艺术、人文、文学和童书而闻名，是巴西首屈一指的出版社，出版了 Alejandro Zambra（亚历杭德罗·赞布拉）、valter hugo mãe（瓦尔特·雨果·梅）、Karen Blixen（恩里克·维拉 – 马塔斯）、Karen Blixen（凯伦·布利森）、Herman Melville（赫尔曼·梅尔维尔）、Leo Tolstoy（列夫·托尔斯泰）和 Victor Hugo（维克多·雨果）等小说家的书籍。根据尼尔森的数据，2014 年 C & N 在巴西图书市场的市场份额占总收入的 0.69%。在销售方面，出版商的市场份额为 0.51%。

这一版本的《变》（*Mudança*）[13] 沿用 C & N 一贯注重图书装潢的风格，在设计上下足了功夫。全书约 120 页，7.48 × 4.57 英寸，是一本轻便精致的小书。书的外壳为纯净的深蓝色。封面和封底展开后面积是原来的两倍，呈现的是贯穿全书的线索——用白色线条勾勒的苏式嘎斯 51 卡车零部件机械工程图以及卡车的剖面图。封面和封底内页，分别是两张巨幅黑白照片，展现了空中鸟瞰的北京某个繁忙的施工现场，寓意了中国 40 年来躁动、喧嚣的变化。图书排版精美，字体娟秀。难能可贵的是，这一版的译文封皮注明了译者雷斯的姓名。用亚马逊读者的话来说，"Cosac 版一如既往地无可挑剔""如果你现在不买的话，很快就会卖光，因为 Cosac 是质量的保证"[14]。

可惜的是，2015 年，在巴西经济危机下，该出版社因经营问题及合作者分歧而停止运营。随后，Companhia das Letras 出版社获得了 C & N 的一些书目[15]。

3. 两个译本的区别

有关两个葡语版本《变》在翻译方式上的具体区别，葡萄牙天主教大学的 Cheng Guanyu 博士在其论文《当代中国文学到欧洲葡萄牙语的间接翻译：以莫言为例》[7]中有所论述。该论文对小说翻译中的删除、减译、增译等技术手段，拟声词、叠词、禁忌语、成语、习语和文化指称的处理作出了比较，结论是两个译本各有特点和优缺点。除去葡萄牙和巴西葡萄牙语语言上的区别，神曲版更多地依赖于葛浩文在其英文译本中对原文诠释。英文版刻意删除的部分，神曲版难以恢复。但神曲版译文的质量未必不如 C & N，原因是其源文——葛浩文的英文版已经比较地忠实于原文，而葡萄牙语语言文化体系与英语语言文化体系的距离又小于其与汉语语言体系的距离。读者在阅读时，在已有西方阐释的铺垫下，反而比较能够容易看懂并接受中国文化。例如，在文化负载词方面：

汉语原文：那确是张飞吃豆芽，小菜儿一碟。（p.17）[1]

英文源文：like giving the Han dynasty heroic figure Zhang Fei a plate of bean sprouts.（p.19）[2]

（"就像给汉朝英雄人物张飞一盘豆芽"）

神曲版葡语译文：assemelhando-se a dar Zhang Fei, figura heróica da dinastia Han, um prato de rebentos de soja.（p.31）[6]

（"就像给汉朝英雄人物张飞一盘黄豆芽"）

C & N 版葡语译文：era realmente uma ninharia.（p.16）[13]

（"那真的是一件小事"）

在 C & N 版的这一句译文中，没有引入和解释中国谚语，而是使用了适应的策略，用点明其义的方法进行葡语表达。尽管易于理解，但 Cheng 认为这并不是最好的翻译方式。有关文化负载词的翻译，Hu 在对 C & N 版本的研究[16]中，为总结埃米顿·雷斯的归化和异化策略，作出了逐条分析。

另外，在拟声词方面，Cheng 认为神曲版的译者有比较大的发挥空间，而叠词方面，可能 C & N 版更为接近原文。

四、《变》葡语版的推介

《变》葡语版出版后，在线上线下的书店，如亚马逊和当时在巴西红极一时的连锁书店 Saraiva、文化书店（Livraria Cultura）、Folha 书店和法国文化和电子产品零售连锁店 Fnac 均有对此书的推介和销售。

巴西是世界上最热衷于上网的国家之一，巴西人经常通过 YouTube、Facebook 和 Twitter 等自发分享各类包括书籍的信息。通过了解 YouTube 博主对《变》的宣传，可以管窥该书在西方国家传播的裂变效果。

调查表明，介绍《变》的视频博主并不多见，可能是和本书属于小众文学爱好者的兴趣有关。分享了《变》的视频博主都是文学爱好者，讲述时都轻松平静、语句清晰，给人以良好的观看体验，获得了较好的传播效果。专注于历史、文学及分类阅读的博主罗德里戈·维拉（Rodrigo Villela）以其年轻帅气的面容，在其主持的"阅读生活"节目分享时，以历史话题"变化"切入，谈到 1987 年到上海访问的摄影师卡洛斯·巴拉（Carlos Barra）见证的中国及其变化，再谈到《变》的故事情节。维拉节选了西方人感到有趣的部分，娓娓道来莫言的励志故事。例如，莫言被分到部队单位后，虽然只是个小学未毕业的兵，但被派去给战士们讲数学课；当上解放军后，有缘坐上嘎斯 51，一路开到北京；过了几年，村庄和城市都发生了巨大的变化。"那时候（1978）的北京，城区面积连今日北京城区面积的十分之一都不到"；火车也从摇摇晃晃的从时速 100 公里提高到 800 公里。维拉最后对莫言的总结是"从一个被认为不可能有机会上大学的农民的孩子，到现在能够以文学才华脱颖而出，而不需要任何背景，简直令人惊叹"。维拉的分享友好而温和，深入浅出，得到了 1500 以上的播放量。

五、《变》的葡语读者反应

《变》自从 2012 年面世以来，读者参与在 2013—2015 年达到高潮，2018 年后渐入尾声。

1. 巴西亚马逊读者

2013 年 C & N 的直接翻译版是目前在亚马逊网站唯一能找到的葡萄牙语《变》的版本。相对于其他文学作品，本书的销量排行一般，但能得到此销量已实属难得。在亚马逊巴西频道上《变》评分为 4.3 分，共有 56 名读者参与了评分，参与评分人数不及《蛙》（114 人），但高于《活着》（43 人）和《许三观卖血记》（7 人）；留言 25 条，绝大多数为正面评价。在这些评价中，"有趣""简洁""流畅""令人愉快""易于阅读"是出现频率最高的词语。一些读者表示想要进一步了解莫言，关注过去几十年中国发生的变化。

Biografia ficcional que mistura a estoria da China e as lembranças curiosas e até divertidas da vida do autor. É uma estória interessante, sem dúvida, porem, não é cativante.

"虚构的传记，融合了中国的故事和作者对生活的好奇甚至有趣的回忆。毫无疑问，这是一个有趣的故事。"（Amazon Customer，2017.2.24）

Achei muito bem escrito, e interessante.

"我发现它写得很好，而且非常有趣。"（Amazon Customer，2016.11.2）

Ficamos sabendo da historia, trabalhosa de um escritor nacido na China, muito pobre, que chegou com o tempo a ganhar o premio Nobel. Fala da corrupção, do quem indica (que vale ouro nessa China), de um jeito diferente. Ele nace em esse mundo e transita por ele como pode...É muito cheio de anedotas. Se conhece um pouco da China.,e de um modo de pensar diferente ao occidental. Indico a leitores que gostem de literatura nao comercial.

"我们了解到，这一位出生在中国的作家，辛勤工作，非常贫穷，最终获得了诺贝尔奖。他以不同的方式谈论腐败。他降临在这个世界，并尽其所能地穿越这个世界。……它充满了逸事。你会对中国有了一些了解，知道它和西方不同的思维方式。我推荐给喜欢非商业文学的读者。"（Amazon Customer，2016.11.2）

Mudança é o primeiro livro que li de Mo Yan-depois da leitura de Mudança, pretendo ler outros do autor-e fiquei surpreso pela simplicidade com que o autor narra acontecimentos tão singelos, mas que ganham significado quando juntos. O foco do livro são as mudanças ocorridas na China e na vida do autor, em tom bem autobiográfico é íntimo, o chinês Mo Yan cria um espaço curto-cerca de 120 páginas-para contar histórias belas.

《变》是我读过的第一本莫言的书。看完《变》，我打算再看作者写的其他书——作者把简单的事件叙述得如此简洁，但放在一起却有了意义。这让我感到惊讶。这本书关注中国和作者生活中发生的变化，中国的莫言以非常的自传风格和亲密的语气，创造了一个简短的空间，大约 120 页——他讲述了漂亮的故事。"（Heitor Btti, 2017.7.22）

Vale a compra. Recomendo. Interessante conhecer, mesmo que em poucas pgs, a história da China e as mudanças do país refletidas nas atitudes dos personagens. Texto fácil de ler. Nunca tinha lido nada do autor e fiquei curioso por mais.

"我的建议是，值得购买。有趣的是，即便是在几页纸中，中国的历史和国家的变化也反映在人物的态度上。这是易于阅读的文本。我从来没有读过作者的任何东西，我对更多内容感到好奇。"（Marcos Silva dos Santos, 2017.12.19）

Não sabia muito sobre a história do livro e nem conhecia o autor, de modo, que li sem muitas expectativas e talvez por esse motivo eu tenha gostado tanto dessa leitura. Achei o estilo de escrita do autor muito agradável e fluído. De modo geral, leitura é fácil e rápida.

"我对这本书的历史知之甚少，我甚至不认识作者，所以我没有抱太大期望就读了它，也许这就是我如此喜欢这本书的原因。我发现作者的写作风格非常的愉快和流畅。总的来说，阅读是快速和容易的。"（Maria Jülia, 2017.12.24）

Muito bom, com seu estilo peculiar, tem uma narrativa cativante, carregando uma "cultura oriental" muito interessante. Gostamos muito. Recomendamos a todos.

"很好，风格奇特，叙事引人入胜，承载着非常有趣的'东方文化'。我们非常喜欢。我们向所有人推荐它。"（Amazon Customer, 2017.9.14）

2. Goodreads 葡语读者

在全球最大的读书社区网站 Goodreads，两个葡语版本合二为一，列于 2013 年 C & N 版书名之下。截至 2022 年 6 月，《变》葡语版获得了 3.44 的平均分，略高于包括英语在内的所有版本的 3.34 分。共有 201 人参与了葡语版《变》的打分。相比于亚马逊，Goodreads 的评论更加详细、具体和个人化。在《变》所有版本的频道下，用葡萄牙语撰写的评论共有 44 条。

有读者对其写作风格、写作手法及叙事角度的表达其深刻的印象。

Bem-humorado, de linguagem fluida.

"幽默风趣，语言流畅。"（Monis，2016.11.26）

Despretensioso, leve e bem divertido, daqueles perfeitos para levar pra praia e ler num fim de semana.

"朴实无华，轻松有趣，非常适合周末去海滩阅读。"（Fernando Hisi，2015.9.1）

Parece que o autor é nosso amigo e estamos sentados num barzinho e ele contando as histórias da vida dele e as mudanças que aconteceram na China (o que por si só é interessante)

"似乎作者是我们的朋友。我们坐在一个小酒吧里，他正在讲述他的生活故事和中国发生的变化（这本身很有趣）。"（Alexandre，2013.9.27）

O caminhão Gaz 51 que atravessa a história é um personagem fundamental que liga os pontos entre o narrador Mo Yan, Lu Wenli e He Zhiwu de uma forma cômica e interessante. O jeito que escrevem sobre casamento também, a escolha de maridos e esposas é sempre peculiar.

Uma boa leitura leve e divertida, recomendo!

"贯穿整个故事的嘎斯 51 卡车是一个关键事物，它以滑稽有趣的方式将叙述者莫言、鲁文莉和何志武之间的点点滴滴联系起来。描写婚姻的方式也是如此，丈夫和妻子的选择总是很奇特。一本轻松有趣的好书，我推荐它！"（杰西卡·卡瓦略）（Jéssica Carvalho，2016.5.31）

读者了解了莫言的人生，对莫言的励志故事而感动。

Interessante ver uma história de um simples camponês que tornou-se professor e escritor.

"有趣的是，我看到了一个俭朴的农民成为教师、作家的故事。"（Jéssica Carvalho，2016.5.31）

Nesta curta autobiografia, Mo Yan descreve a sua ascensão desde a pobreza camponesa até ao estatuto de escritor-celebridade, bem como a transformação da China após a morte de Mao Zedong nos anos 70..., mas é uma leitura interessante e, acima de tudo, uma história de vida inspiradora sobre um escritor que mesmo sem completar a educação secundária conseguiu ascender à honra máxima do mundo da literatura: o Nobel.

"在这本简短的自传中，莫言描述了他从穷苦的农民到著名作家的地位变化，以及1976年毛泽东逝世后中国的变化。这是一本有趣的读物，最重要的是，这是一个关于作家的励志人生故事。莫言虽然没有完成中学教育，却成功登上文学界的最高荣誉：诺贝尔奖。"（tiago，2019.12.1）

有的读者看到了中国40年间的变化，并为了解了中国而感到满足和欣慰，为过去的误解而困惑。

O livro "Mudança" narra acontecimentos marcantes na vida do autor e de seus contemporâneos em sintonia com as mudanças que ocorreram na China no decorrer dos últimos cinquenta anos... No decorrer do livro, com base nos relatos de Mo, percebe-se as transições de uma China agrária construindo grandes centros urbanos, revoluções políticas, a presença de ícones chineses (como o presidente Mao Tsé-Tung e a Praça da Paz Celestial) e compreendemos como a vida das pessoas é afetada pelo contexto no qual estão inseridas.

"《变》一书讲述了作者及其同时代人生活中的重要事件，与过去50年来中国发生的变化保持一致。……根据莫言的叙述，在整本书中，我们看到了中国从农业大国到大型城市化国家的转变，政治革命、中国标志性人物和事物（如毛主席和天安门广场）的存在，让我们了解了人们的生活如何受到环境介入的影响。"（Taina da Rosa Bourckhardt，2016.1.3）

... achei o livro curto e pouco envolvente, mas ao mesmo tempo foi

interessante acompanhar algumas mudanças sociais, econômicas e políticas
na China entre 1969 e o fim do século XX.

"（本书）很有趣地伴随着中国从 1969 年到 20 世纪末期的一些社会、经济
和政治变化。"（Ligia Carriel，2017.6.21）

A China aos nossos olhos ocidentais parece insondável, e ter a
possibilidade de ler um escritor chinês é conseguir alcançar um pouco do
que é esse país. Ainda que seja suspeito o fato dele ter vivido bem durante
um regime ditatorial.

"中国在我们西方人看来是深不可测的，读懂一个中国作家的作品，就能
够稍微了解一下那个国家是怎样的，尽管我怀疑是否如他写的，他在独裁政权
下生活得很好。"（Jéssica Carvalho，2016.5.31）

一些读者是冲着诺奖来阅读莫言的作品的，寄希望于作品中了解中国历
史和社会，但由于这是葡语读者第一次接触到莫言的作品，而在葡语《变》
出版之时，莫言的作品只有《丰乳肥臀》进入了葡语读者市场，因此读者意
识到了《变》难以满足需求，于是期待更多的莫言的其他作品。

Apesar de não ser nada de muito impressionante, foi uma leitura
agradável.

"虽然不是很令人印象深刻，但这是一本令人愉快的阅读。"（tiago，
2019.12.1）

Minha primeira incursão no universo de literário de Mo Yan foi
decepcionante, achei o livro curto e pouco envolvente.

"我第一次进入莫言的文学世界是令人失望的……这本书很短，也不是很
吸引人。"（Ligia Carriel，2017.6.21）

Fica devendo muito se comparado, por exemplo, a Patrick Modiano.
Mas acho que não é difícil, depois de ler, saber porque essas foram as obras
escolhidas para serem publicadas por aqui. Elas parecem corresponder ao
que as editoras acham que os leitores querem, assim como o que acham
que é "literatura séria". Isso é uma pena, porque os outros livros do autor,
que não chegaram aqui ainda, parecem ser muito mais interessantes.
Esse, infelizmente, é uma narrativa bastante pedestre, não tem nada que

a torne interessante para além do fato de ser "real". É o tipo de coisa que as pessoas leem para querer saber como China mudou nas últimas décadas (que é o objetivo explícito do livro, desde o início), mas, mesmo que só pelas sinopses, os livros mais "literários" de Mo Yan parecem fazer isso ainda melhor do que esse. Espero que cheguem por aqui, eventualmente.

"尽管他是诺贝尔奖获得者，如果与帕特里克·莫迪亚诺（Patrick Modiano）[1]相比，它差了很多。但我认为，读完之后，不难明白为什么这些作品会选择在这里出版。除了他们所认为的'严肃文学'外，它似乎符合出版商所认为的读者想要的这些内容。很可惜，作者的其他书籍似乎更有趣，只不过它们还没有传播到这里。不幸的是，这本书除了它的'真实性'这一事实外，这是一本相当平淡的叙述，它没有什么能让它变得有趣。这是人们想知道中国在过去几十年里发生了怎样的变化（这是这本书一开始就明确的目的）而阅读的那种东西。但即便只是从概要来看，莫言的那些'文学性'更强的书似乎比这本做得更好。我希望那些书最终能传播到这里。"（Emannuel K.，2019.1.16）

... foi uma leitura agradável que me deixou alguma curiosidade de ler um ou outro dos seus trabalhos mais(re) conhecidos, como Red Sorghum.

"这是一本令人愉快的读物，它让我对阅读作者的另一部更为知名的作品产生了好奇心，例如《红高粱》。"（tiago，2019.12.1）

Ainda têm-se uma visão exótica da China, com cultura e costumes que podem parecer estranhos aos ocidentais. "Mudança" não irá esclarecer tudo sobre o país, mas, sem dúvida alguma, ampliará a compreensão dos que são leigos acerca da civilização.

"（在对《变》的阅读中），仍然存在着对中国'异国情调'的视角。中国的文化和习俗在西方人看来可能很陌生。《变》不可能展示清楚这个国家的一切，但无疑，它会拓宽门外的人对于中国文明的理解。"（Taina da Rosa Bourckhardt，2016.1.3）

---

① 帕特里克·莫迪亚诺（1945—）法国小说家。1968 年，发表处女作《星形广场》。1978 年，发表小说《暗店街》；同年，获得龚古尔文学奖。2003 年，获得 21 世纪年度最佳外国小说奖。2010 年，获得奇诺·德尔杜卡世界奖。2014 年 10 月 9 日，获得诺贝尔文学奖。

3. Skoob 读者

巴西国内最大的阅读分享网站 Skoob，有着众多读者分享的心得，文章篇幅比较长，也比其他网站来得更加详细。在这个网站上，截至 2022 年 6 月，共有 554 名读者参与评分，平均分为 3.6 分（满分为 5 分），评论有 49 条。参与阅读的男性占 37%，女性占 63%。读者的参与程度超过了同类作品《蛙》（345 人）、余华《活着》（155 人）及《许三观卖血记》（112 人）。

来自布朗大学的访问学者、葡萄牙语文学及巴西研究学者、巴西利亚大学的博士 Berttoni Licarião，贡献了对《变》文学特点及译本角色的极具专业的评论。他用诗意的表达，留下了一条被多名读者点赞的留言。

A narrativa pouco linear de Mo Yan faz a linha do uma-coisa-puxa-a-outra, e enreda o leitor num amaranhado de lembranças, prejudicadas ou não pela distância no tempo, modificadas ou não pela memória afetiva. O fato do olhar memorialístico do autor focar tão bem certas personagens, fazendo-as renascer a cada capítulo com novas cores e seus matizes problematizantes, torna toda aleatoriedade um encadeamento suspeito. Não obstante, o vai-e-vem contínuo da narrativa representa um dos pilares da filosofia chinesa, e contribue de maneira sobretudo agradável para este primeiro contato do leitor brasileiro com o prêmio Nobel de Literatura de 2012.

莫言的微弱的线性叙事遵循一事牵一事的路线，将读者纠缠在记忆的网中，不管这些记忆是否被时间距离而伤害，是否因情感记忆而改变。作者的回忆式凝视如此专注于某些角色，使他们在每一章中以全新的色彩和令人不安的光影重生，这使得疑问的链条不断地或然涌现。尽管如此，叙事的连续性体现了中国哲学的支柱之一，并以一种特别愉快的方式促成了巴西读者与 2012 年诺贝尔文学奖的首次接触。[17]

有位读者在分析了莫言在叙述历史和自我角色之间的关系后，深受启发，写下她深刻的反思。

Mo Yan narra a história e as transformações sociais de seu país de forma delicada e bastante singela, em sintonia com a própria história e com a história de alguns de seus contemporâneos. Os acontecimentos sociais, políticos e econômicos não estão em primeiro plano, mas entranhamos na vida de Mo que os conta a partir da perspectiva de alguém que vê os anos passarem e tenta extrair o melhor deles, sem possuir uma consciência clara de que a história está sendo escrita e é dela um personagem. Não é a análise de um cientista política ou de um historiador que põe uma lupa em fatos e estabelece relações de causa e efeito. É a visão de um homem que simplesmente viveu aqueles anos.

Terminei a leitura do livro tentando perceber a minha própria realidade, me perguntando o quanto das minhas duas décadas de vida e das minhas decisões já foram influenciadas pela política, economia, cultura e sociedade do meu tempo(todas, talvez?); me interrogando o que se dirá amanhã dos dias de hoje.

"莫言以一种微妙而简单的方式叙述了他的国家的历史和社会变革。讲述的是他自己的历史，也是他的同时代人们的历史。社会、政治和经济事件不在前景之中，但是，我们得以进入莫言的生活。

莫言试图从这样的人物角度讲述故事——一个看着岁月流逝，并试图战胜岁月的人。这个人并没有意识到，历史正在被书写，而他便是历史的角色之一。这个故事不是像政治学家或历史学家那样把放大镜放架于事实上，试图建立起因果的联系。这个故事只是一个简单地度过了那些年岁的人们的愿景。

读完这本书，我试图去了解自己周围的现实，想知道我 20 年的人生和所作出的决定中，有多大程度上受到我那个时代的政治、经济、文化和社会的影响？或许，一切都在受影响。"（Letícia Ortiz，2014.12.16）

另一位读者通过极其冷静的笔触，认为莫言的这部作品存在形式和内容的鸿沟，但他也期待有更多的作品，去了解这位诺奖获得者。

A verdade é que Mo Yan sabe contar histórias. É um contador de histórias. Neste livro, o autor descreve transições na sua vida intimamente ligadas às modificações políticas e culturais do seu país, especialmente após a morte do líder Mao Tsé-tung. Ambientações detalhadas de uma vida sob a autoridade do Partido Comunista(do qual Mo Yan é integrante e-o que mais impressiona-um velado crítico), expondo os fatos com singeleza, mas sem se posicionar de forma explícita. E aí aparece seu maior valor e seu pior demérito: o abissal desnível entre forma e conteúdo. Um estilista das palavras, Mo Yan escreve de forma leve e bem humorada. O leitor sente-se como ouvinte de um eloquente e divertido contador de histórias numa roda de amigos. Não há brilhantismo, o texto não empolga, mas o autor constrói sua narrativa com inegável criatividade. Introduz um relato que seduz (de um amigo motorista de caminhão), porém faz uma providencial introdução retratando os caminhos que o levou a conhecer o suposto protagonista-e assim fala sobre si e da China. Por outro lado, é tão superficial, não se aprofundando em nenhuma das histórias. Temos prazer em ler apenas pela estética e estrutura narrativa, mas nenhuma informação importante é trazida. Será necessário ler outros livros de Mo Yan para entender o porquê, além da boa prosa, ele é considerado um grande historiador.

"真相是，莫言知道怎样讲故事。他是个说书人。在这本书中，作者描述了与他的国家的政治和文化变化联系在一起的，特别是在领导人毛主席去世之后，他生活中的转变。故事中有详细的共产党政权下周围生活环境的描写（莫言也是其中一员，这最令人印象深刻——他是一个隐晦的批评家）。他简单地揭露事实，不表明明确的立场。他的最大的价值和最坏的不足也由此而显现：形式和内容之间的巨大鸿沟。莫言作为文字的设计师，其文笔轻松幽默。读者的感觉就像在一群朋友里，听一个能说会道、风趣幽默的人说书。在没有华丽的文采，没有刺激的文字情况下，作者以无可争辩的创造力建立起自己的叙述。它介绍了一个（关于一位卡车司机朋友的）引人入胜的故事，通过描绘了他和所谓的主角的相识相知，作出巧妙的引入，从而讲到了自己和中国。另外，它是如此地停留在表面，而没有深究任何一个故事。我们很乐意单独就美学和叙事结构而阅读，但本书没有提供重要信息。莫言除了散文好外，还被认为是一位伟大的历史学家。为什么是这样，这其实还需要阅读其他书籍才能理解。"
（Mauricio Simões，2017.10.10）

4. 博客评论

另外，还有不少读者把长篇细读分析分享在博客上。可以看出，巴西读者非常用心，对莫言的作品抱有热情。

O livro acompanha dois tipos de mudanças, intercaladas numa narrativa ágil, rápida, mas dispersa, cheia de derivações, saltos no tempo e uma assumida «verbosidade» («Tenho a cabeça atulhada de lembranças variegadas que, não sendo minha intenção anotá-las, brotam de moto próprio»). Por um lado, acompanhamos as muitas incidências da vida de Yan: o trabalho numa fábrica de algodão; o receio de ficar «entalado no degrau mais baixo da sociedade»; o fascínio infantil por camiões(sobretudo um certo Gaz 51, de fabrico soviético e «rápido que nem uma flecha»); o alistamento no exército, sempre com funções menores; e por fim a redenção pela escrita literária. Para Yan, «os acontecimentos estão em fluxo permanente», num cortejo de «acidentes», «estranhezas» e «curiosidades», narrado com a volúpia dos melhores contadores de histórias. As outras mudanças são as de um país que nos anos 60 não tinha um único quilómetro de auto-estrada mas se transformou, em poucas décadas, numa potência económica à escala mundial.

"这本书追踪着两种类型的变化，交替出现在一个敏捷、迅速但分散、充满分歧、时间跳跃和明显'冗长'的叙述中（'我的脑袋里塞满了各种各样的回忆，不是我要写它们，是它们自己往外冒。'）。一方面，莫言叙述了生活中的众多事件：在棉厂工作；害怕被'困在社会的最底层'；童年时对卡车的迷恋（尤其是某种苏联制造的 Gaz 51，'像箭一样快'）；应征入伍，总是在打杂；最后通过文学写作进行救赎。对莫言来说，他用极佳的说书人的吸引力来讲述'事件不断流动'，'意外''奇怪'和'好奇'的过程。另外，'变'指的是一个国家的变化。在 20 世纪 60 年代，中国连一公里高速公路都没有，但几十年内，中国成为了世界经济强国。"[18]

六、二次传播与学术解读

《变》在文学及文学评论圈内曾被多次引用。巴西作家玛丽亚·瓦莱里娅·雷森德（Maria Valéria Rezende）在 2015 年发表小说《四十天》（Quarenta Dias）[19] 时，用了以下语句作为文中情节的引言。

Desculpem minha narrativa prolixa, minha cabeça está cheia de lembranças embaralhadas. Não tenho intenção de escrevê-las, elas é que vão brotando por conta própria. ——Mo Yan

各位千万别嫌我啰唆，因为我脑子里这些杂七杂八的记忆太多了，不是我要写它们，是它们自己往外冒。(p.17)

《四十天》获得了 2015 年巴西文学奖雅布提奖（Prêmio Jabuti），这是巴西最重要的文学奖项之一。该小说以极具特点的编排方式，在故事中穿插了数十幅图像及不同作家的引文。莫言的这句话是所有引言中唯一一来自东方的引文。雷森德的笔法以诡异精彩而闻名。马托格罗索州立大学文学博士露西恩·坎迪亚（Luciene Candia）认为，这句话作为引言有助于读者解读人物角色的内心冲突[20]。

有趣的是，莫言的这一小段话在不同场合、文章被葡语人士反复引用。里约热内卢天主教大学文学、文化与当代博士玛丽亚·费尔南德斯·德梅洛（Maíra Fernandes de Melo）一篇名为《文学地缘政治》[21] 的论文中，引用上述文本时评论，"莫言使用绰号和形容词，以令人惊奇的流畅文笔在情节中穿梭，让人无法将故事和历史剥离"。[21]

德梅洛借助巴西作家西尔维亚诺·圣地亚哥（Silviano Santiago）的视角，把罗兰·巴特于 1974 年的中国之行穿插于对莫言的《变》解读之中，试图探讨拉美作为后起的后殖民地国家处于全球经济变革中时，其作家的身份和地位以及其文学和政治之间的关系，指出文学批评应有的责任。

莫言的这一段话还在博客、留言众读者中多次被引用。一般认为，这句话是英语版推介说明中所谓"《变》是伪装成自传的虚构小说"的准确注解。

结　语

　　葡语读者满怀着热情、期待和欢迎的态度迎接了《变》葡语译本的到来。阅读《变》的原因包括：作者的诺奖得主地位、对中国历史文化的好奇、个人的阅读兴趣以及对出版社的信任。从译文分析来看，不管是神曲版还是 C & N 版，都忠实、流畅地翻译了《变》的原文。自媒体的宣传力度并非十分强烈，但仍然可见。

　　从读者反馈上来看，读者能够很轻松地阅读完整部作品并且理解作品中所传达的思想。不过，这本书只不过是莫言应邀而写的一本小故事，虽然以自传体小说的形式出现，却不是莫言最精彩、最具代表性的小说。它和莫言的其他伟大作品相比，未能完整呈现作者的文学功力，也不能完全展现当代中国卷帙浩繁的历史画面，因此还未能满足读者对于"诺贝尔文学奖"的期待。

　　《变》在葡语学术界内受到了一定的关注和认可。学者们有时会提及它，并用它作为研究和讨论的素材。《变》被认为是一部具有一定意义的文学作品，具有比较重要的文化价值。

　　由于《变》是莫言获奖后不久即在葡语国家出版的首部作品，其翻译具有划时代的意义。《变》的翻译表达出了中国文学的魅力，使国外读者能够以更深刻的方式体验莫言的文学作品，获得更多的文学收获。这本书的翻译为葡萄牙语读者和莫言之间建立了桥梁，让葡萄牙语读者能够进一步了解莫言的文学思想，深入体会他的文学风格。在美国销售量最大的几部莫言作品，也是莫言最具代表性的作品，如《红高粱》《生死疲劳》《天堂蒜薹之歌》，都还未曾翻译成葡萄牙语。《变》的面世，使葡语读者更热切地期待欣赏到莫言的代表，欣赏到莫言文学的精髓。

参考文献

[1] 莫言 . 变 [M]. 北京：海豚出版社，2010.

[2] Mo Yan. Change[M]. Goldblatt H（译）. London/New York: Seagull Books, 2012.

[3] Yao J. Traduzindo a China Literária[J]. Rotas a Oriente. Revista de Estudos Sino-Portugueses, 2021(1): 199-214.

[4] Coutinho I. Divina Comédia é a Nova Editora de Alexandre Vasconcelos e Sá que Já Faz Compras em Frankfurt[EB/OL]. Público. 2012. https://www.publico.pt/2012/10/12/culturaipsilon/noticia/divina-comedia-e-a-nova-editora-de-alexandre-vasconcelos-e-sa-que-ja-faz-compras-em-frankfurt-311582.

[5] Pinto D V. Vasco Gato. A Poesia Como o Grande Adversário da Complacência[EB/OL]. 2017. https://ionline.sapo.pt/545609.

[6] Mo Yan. Mudanças[M]. Gato V（译）. Portugal: Divina Comédia, 2012.

[7] Cheng G. A Tradução Indireta de Literatura Chinesa Contemporânea para Português Europeu: O Caso de Mo Yan[D]. Universidade Católica Portuguesa, 2021.

[8] Schmaltz M. Apresentação e Panorama da Tradução entre as Línguas Chinesa e Portuguesa[J]. Cadernos de Literatura em Tradução, 2013(14): 13-22.

[9] 人民网. 何觅东：第一位翻译莫言作品的巴西人 [EB/OL]. 2015. http://politics.people.com.cn/n/2015/0426/c70731-26905947.html.

[10] 王正润. 将莫言作品译成葡文的巴西翻译家 [EB/OL]. 新浪网. 2017. https://k.sina.cn/article_1787920531_6a918093034003wih.html.

[11] 王正润. 专访：为了让巴西人了解今天的中国——访巴西翻译家阿尔米顿·雷斯 [EB/OL]. 新华网. 2017. http://m.xinhuanet.com/2017-08/27/c_1121549902.htm.

[12] Zeng Y. Amilton Reis: Minha Viagem com a Narrativa de Mo Yan[J]. Fanzine Magazine, 2015, 56(6).

[13] Mo Yan. Mudança[M]. Reis A（译）. São Paulo: Cosac Naify, 2013.

[14] Heliangelo V. Mudança – Mo Yan[EB/OL]. 2016. http://ourbravenewblog.weebly.com/home/mudanca-por-mo-yan.

[15] Neto L. Brazil's Prestige Publisher Cosac Naify to Close[EB/OL]. Publishing Perspectives. 2015. https://publishingperspectives.com/2015/12/brazils-prestige-publishers-cosac-naify-closes/.

[16] Hu Z. Difusão e Tradução das Obras de Mo Yan em Países Lusófonos: Análise das Palavras Culturais na Obra "Mudança" [M]. São Paulo/Lisboa: Lisbon International Press, 2022.

[17] Licariao B. Resenhas-Mudança[EB/OL]. Skoob. 2013. https://www.skoob.com.br/livro/resenhas/324348/edicao:363474/mpage:4.

[18] Silva J M. Camiões, Bocarras e a Nova China[EB/OL]. Librarian of Babel. 2012. http://bibliotecariodebabel.com/2012/.

[19] Rezende M V. Quarenta Dias[M]. Alfaguara Brasil, 2015.

[20] Candia L. Epígrafes em Quarenta Dias: Um Mapa de Leituras Contemporâneas[J]. Revista Alere, 2020, 22(2): 303-322.

[21] De Melo M F. Geopolíticas do Literário: Blocos de Alteridade Possível[J]. Revista Garrafa, 2018, 16(46): 118-134.

后　记

　　我曾经在澳门大学度过五年的读博时光。那时，我常常漫步于澳门葡萄牙风情的街头巷尾——石板路上铺满怀旧的气息，五彩斑斓的小店与古老教堂交相辉映。那些迷人的葡式建筑、飘荡在街角的特色美食香气，以及悠扬的法多音乐，都深深地烙印在我的记忆中。文化碰撞和交融，让我深刻领悟到了文化交流的魅力，也成了我探索葡语世界华人与华语文化传播现状的起点。

　　学习结束之后，我回到了暨南大学。2021 年，我申请到了暨南大学中华文化港澳台及海外传承传播协同创新中心项目"中国现当代文学在葡语国家的传播：现状、问题与对策"。随着课题的深入，我越来越意识到，这个领域蕴藏着无尽的学术宝藏，具有非常重要的社会价值。

　　于是，我开始对各类平台和数据库进行大规模的数据采集和整理。我在豆瓣、亚马逊、Goodreads、Skoob 等平台按照出版时间、出版社、作者、译者、编辑、价格、源语、评分、点赞数量等方面进行了精细分类。在推特平台收集关于中国作品的葡语推文数据——它们反映了作品在网络上的传播情况和讨论热度，为研究中国文学在葡语国家的传播提供了全新的视角。由于数据处理量巨大，在工作最繁忙的时候，三台计算机和一台手机同时运转。这项研究的艰辛可想而知。我仔细地研读读者在网上的反馈和评价。对我来说，读者留言不仅仅是文字，更是内心深处对中国文化的倾慕与热忱，是他们对于文学世界中那份纯粹而浪漫的钟情表达。倾听他们对中国文学的感受，让我觉得一切付出都是值得的。

　　接下来的整个 2022 年是这本书写作的关键时期。在这年的暑假，在我的家乡广西梧州——这座具有典型中国传统乡土风情的城市，我每天都会到肯德基餐厅进行一个多小时写作。坐定喧嚣的角落，一打开计算机，我的思绪立刻飘越到大洋彼岸。我想象着远渡重洋的华人的模样。我迷失在异域风情的热烈的丛林中。我用夹杂着英语词汇的葡萄牙语，与遥远时代翻译中国经典著作的学者对话，与对中国文化充满了好奇的葡语读者对话。有时，我又好像做梦一般，回到色彩斑驳的澳门街头。在小城的肯德基店，人们乘凉、打扑克，大声喧哗。而我，却完全听不见周围的嘈杂声，写作以每天 5000 字的速度进行。写作让我跨越时空，记录东方与西方、传统与现代碰撞的火花，抽离了世俗的烦恼。写作是愉快的，它成了我整个 2022 年最重要与最美好的回忆。

在学术研究的旅途中，有老师、同行和家人的陪伴，我感到非常幸运和幸福。我的搭档——澳门理工大学语言及翻译学院中葡翻译专业的张翔老师，为本书的撰写提供了关于中国文学葡语外译的信息以及关于葡萄牙语言和文化等非常专业的意见。我的项目组成员——澳门科技大学的朱从迁老师，多年从事文学创作，为本书增添了关于文学对外传播的独到见解。还有暨南大学计算传播研究中心的赵杰老师，为本项目的数据搜集提供了技术保障。此外，暨南大学翻译学院的院长廖开洪以及各位同事，也一直给我的工作以莫大的鼓励和帮助。

感谢我的博士生导师李德凤教授、李丽青教授，他们以独特的人格魅力、深厚的学识修养和丰富的研究经验培养了我，为我奠定了坚实的学术理论基础，教给我科学研究的方法。这些终身受益的本领让我有信心能将事实与观点相结合，让学术理论与社会观察相得益彰。有了他们，我才具备做科研的素养。

感谢中国华侨出版社的桑梦娟老师，我很荣幸这本书能够出版。我还要感谢暨南大学中华文化港澳台及海外传承传播协同创新中心的杨艳老师、柯昱老师、郝锦玥老师，在项目进行过程中为我加油打气，给予了我全方位的支持和帮助。

最后，我要感谢家人一路的陪伴，给予漫长伏案的我以充分的理解。你们一直是我坚强的后盾和存在的意义。大家一起加油努力！我也要诚挚地感谢各位读者对本研究的关注和支持。我深知自己的研究可能存在不足之处，欢迎大家批评和指正。

黄 欣

2023 年 10 月 13 日于暨南园